"인류의 구원은 하나님의 절대적인 의지와
목적을 따라 정한 것이다."

– 존 칼빈(John Calvin)

"성경 전체는 하나님의 뜻을 계시하고 있다."

- 프랜시스 베이컨(Francis Bacon)

당신에게 하나님의 사랑이 넘치기를
소망합니다.

_____ 님께

"우리는 확신을 가지고
성경이라는 굳건한 반석을 의지한다."
– 윈스턴 처칠(Winston Churchill)

한눈에 명화로 보는

구약 성경

한눈에 명화로 보는

구약 성경

아이템하우스

명화 감상을 통해 성경을 만난다

성경(聖書, Bible)은 기독교의 경전으로 사실상 기독교의 전부라고 할 수 있다. 총 66권(구약 성경 39, 신약 성경 27권)의 말씀으로 이루어진 성경은, 막대한 분량은 물론 수많은 상징과 비유로 쓰여 있어서 '어려운 책'이라는 평가를 받기도 한다. 사실 성경을 제대로 읽고 이해하는 것은 쉬운 일이 아니다. 이스라엘 역사가 중심이 되어 펼쳐지는 이야기는 읽기 힘든 부분이 많다.

그렇다고 성경 읽기를 포기해야 할까? 이렇게 어렵고 읽기 힘든 성경이 왜 세계적인 베스트셀러로 평가받고 있을까? 성경은 인간의 이성과 경험으로는 알 수 없는 '하나님의 말씀'을 기록한 책이다. 또한, 죄와 고통, 죽음 등 인간의 가장 근원적인 문제를 다루고 있다.

《한눈에 명화로 보는 구약 성경》의 출간은 '어려운 성경을 명화를 감상하면서 읽을 수는 없을까?'라는 물음에서 시작되었다. 이 책은 성경의 주요 사건이나 인물들을 소재로 그린 명화를 통해 기독교의 주제들을 누구나 쉽게 읽고 이해할 수 있도록 풀어쓴 책이다. 성경 말씀은 당대 예술가들에게 영감(靈感, Inspiration)을 주는 주제였다.

레오나르도 다 빈치, 미켈란젤로, 루벤스 등 미술사에 이름을 남긴 거장들은 모두 성경을 소재로 한 명작들을 다수 남겼다. 세계적인 거장들의 다채롭게 그린 명작을 감상해보노라면 계속해서 성경 이야기를 알고 싶어질 것이다.

《한눈에 명화로 보는 구약 성경》은 '천지 창조'부터 '마지막 심판'까지 〈구약 성경〉의 중요한 사건과 이를 다룬 명화를 연대기 순으로 담았다. 단순히 성경을 소재로 한 작품의 나열이 아닌, 미술사의 걸작으로 남을 만한 작품과 기독교 신앙의 관점으로 구성하여 '신앙과 예술의 만남'을 추구했다.

독자들은 마치 미술관에 전시된 미술 작품을 감상하듯이 한 장씩 읽을 때마다 기독교인으로서 배워야 할 '하나님의 뜻'과 함께 인간으로서 배워야 할 삶의 가치와 방향을 알 수 있다. 명화가 전하는 메시지를 자신의 신앙을 점검하며 읽는 성경 말씀은 독자들에게 새로운 길을 제시한다.

또한, 이 책을 통해서 신앙의 깨달음뿐 아니라 역사적 흐름과 미술사적 지식도 함께 얻을 수 있다. 서양미술사의 중요한 원류인 헬레니즘과 함께 헤브라이즘을 접할 수 있어 미술사에 관심이 많은 사람에게도 큰 도움을 줄 것이다.

모쪼록 이 책을 통해 많은 사람이 성경 말씀을 친숙하게 느끼고, 하나님이 당신에게 보내는 메시지를 깨닫기를 바란다. 일반인은 물론 특히 기독교 신자들이 많이 접하기를 바란다. 그래서 성경이 '읽히는 책'에서 끝나는 것이 아닌 '명화를 감상하는 책'으로, 성경 속 '구약 시대'를 상상해보며 기독교의 참된 의미를 깨닫기를 바란다.

차례

제1장

창세기

성경의 첫 번째 권인 〈창세기〉는 '시작, 기원'이란 뜻이다. 〈창세기〉는 하나님이 전능하시다는 것을 중점적으로 가르치고 있다. 하나님은 창조자이시고 우주와 인류 역사를 통치하시는 분이다. 또한, 하나님께서는 인류를 향한 계획이 있다. 그래서 하나님은 그 계획을 이룰 수 있는 백성을 선택하신다. 하나님은 사람들의 실수와 죄까지도 자기 목적을 이루기 위해서 사용하신다.

▌천지 창조

하나님이 이르시되 땅은 풀과 씨 맺는 채소와 각기 종류대로 씨 가진 열매 맺는 나
무를 내라 하시니 그대로 되어
–창세기 1장 11절

태초에 이 지구는 고요와 암흑 가운데 우주를 떠다녔다. 땅도 없었고,
오직 깊은 바다의 물만이 세상을 덮고 있었다.

아무것도 없었던 태초의 세상에 하나님이 처음으로 말하였다.

"빛이 있으라."

하나님의 말대로 어둠 속에서 최초의 여명(黎明)이 나타났다. 하나님은
여명을 '날'이라 하였다. 그러나 밝게 빛나던 빛은 곧 사라졌고, 모든 것
이 어둠에 휩싸였다. 하나님은 이것을 '밤'이라 하였다. 이 일을 마치자
하나님은 쉬었으며, 모든 날의 첫째 날은 이렇게 끝났다.

어둠의 밤은 다시 여명으로 밝아졌다. 태초의 세상은 둘째 날이 밝은
것이다.

"하늘이 있어 아래로 물을 가로지르게 하고, 바다 위로 구름과 바람이
있게 하여라."

옛적부터 항상 계신 이(11쪽 그림)_구약 성경 〈다니엘〉 7장 9절에 나오는 하나님의 이름(The Ancient of Days)
으로 '하나님의 영원성'을 나타내는 용어로 사용되었다. 하나님으로 보이는 이가 천지 창조를 위해 컴
퍼스로 세상을 계측하는 장면이다. **윌리엄 블레이크의 작품, 워싱턴 국회도서관 소장.**

천지창조_천지 창조 둘째 날을 묘사한 그림으로, 하나님이 물과 물을 분리하여 하늘(궁창)과 바다를 만드시는 장면이다. **이반 아이바좁스키의 작품.**

하나님께서 바다와 구름과 바람을 창조하였다. 또다시 둘째 날이 끝나고 다음 날이 밝았다.

"물 중에 땅이 있으라."

하나님이 말하자, 아직도 물을 머금은 산들이 꼭대기를 바다 위로 솟구치더니 산이 되었다. 산 아래에는 계곡이 생기고 드넓은 대지가 생겨났다.

"땅은 씨를 품은 식물과 꽃과 열매를 생산하는 나무들로 비옥해져라."

하나님이 대지를 향해 말하자 드넓은 대지에는 부드러운 푸른 잔디가 돋아났고, 나무들은 여러 가지의 열매를 맺는 나무로 번성하였다. 하나님이 창조한 셋째 날의 모습이었다.

"하늘에는 별이 가득 차서 계절과 날들, 한 해가 구별되게 하라. 낮은 해가 지배하지만, 밤은 휴식의 시간이 되어 고요함을 보여주도록 하라."

넷째 날, 하나님은 아름다운 별들과 계절의 날들, 해가 낮을 밝히고 고요한 밤의 휴식을 창조하였다.

"물에는 물고기가, 하늘에는 새가 가득 차게 하라."

다섯째 날에 이르러 하나님은 거대한 고래와 작은 물고기, 타조와 참새를 만들어 살 곳으로 땅과 바다를 내어주고, 그 수가 번창하여 축복받은 생명을 즐기라고 말했다. 그러자 새들은 자유롭게 하늘을 날고, 물고기는 넓은 바닷속을 헤엄쳤다. 밤이 되어 새들이 지친 머리를 날개깃 아래에 접고, 물고기들은 깊은 바닷속으로 들어가자 다섯째 날도 끝이 났다.

동물창조_하나님이 하늘의 새와 바다의 물고기, 땅의 동물을 창조하시는 장면이다. 또한, 인간에게 모든 창조물을 다스릴 권한을 부여하셨다. 어두운 배경과 세차게 움직이는 동물들은 신비로운 분위기를 더해주고, 강렬한 노란색은 하나님의 역동성을 나타내고 있다. **틴토레토의 작품, 베네치아 아카데미아 미술관 소장.**

▌아담과 하와의 창조

아담이 이르되 이는 내 뼈 중의 뼈요 살 중의 살이라 이것을 남자에게서 취하였은
즉 여자라 부르리라 하니라
-창세기 2장 23절

　여섯째 날에 이르러 하나님은 자신이 만든 세상이 아직 충분하지 않다
고 여겼다. 하나님은 곧 소와 호랑이, 그리고 우리가 아는 짐승들 모두와
이 땅에서 사라진 여러 동물을 만들었다. 그리고 땅의 흙으로 자신을 닮
은 형상을 빚어서, 생명을 주었다. 하나님은 이를 '아담(Adam, 히브리어로 '사
람'을 뜻함)'이라고 불렀다.
　이렇게 엿새 동안 하나님은 자신이 만든 천지 만물이 마음에 들었고,
일곱째 날에는 일하지 않고 쉬었다.

아담의 창조_하나님이 자신과 닮은 아담을 흙으로 빚어 창조하는 모습을 묘사한 그림이다. **얀 브뤼헐**
의 작품.

하와의 창조_하나님이 아담에 이어 그의 짝이 될 하와를 창조하는 모습을 묘사한 그림이다. **파울로 베로네세의 작품.**

여덟 번째 날이 되자, 아담은 자신이 태어난 곳이 아름다운 에덴동산이라는 것을 알게 되었다. 그는 아름다운 꽃이 가득한 정원에서 살았다. 하지만 아담은 혼자라는 것을 알았다. 온순한 동물들은 그가 외로움을 잊을 수 있도록 새끼들을 데리고 왔다. 하지만 아담은 행복하지 못했다. 다른 동물들은 모두 짝이 있었기 때문이었다.

그 모습을 지켜본 하나님은 아담의 몸에서 갈비뼈 하나를 빼내어 여자를 만들었다. 이제 아담은 혼자가 아니었다. 아담과 여자는 에덴동산의 이곳저곳을 돌아다니며 행복한 나날을 보냈다.

에덴동산의 선악과

아담에게 이르시되 네가 네 아내의 말을 듣고 내가 네게 먹지 말라 한 나무의 열
매를 먹었은즉 땅은 너로 말미암아 저주를 받고 너는 네 평생에 수고하여야 그 소
산을 먹으리라
–창세기 3장 17절

───────────────────────────────

아담과 여자가 한 나무를 보았을 때, 하나님이 말했다.

"에덴동산에 있는 모든 나무 열매는 마음껏 먹어도 좋다. 그러나 이 나무
는 선악(善惡)을 알게 하는 나무로, 이 열매를 먹으면 스스로 부끄러움과 사
악함을 알게 될 것이다. 너희들은 절대로 이 나무를 바라보지 말고 열매를
먹지도 말아야 한다. 이 열매를 먹는 날에는 너희가 반드시 죽을 것이다."

하나님의 경고에 아담과 여자는 하나님의 말을 따르겠다고 약속하였
다. 아담은 곧 잠들었지만, 여자는 동산의 주위를 돌아다녔다. 그때 갑자
기 풀숲에서 들짐승 가운데 가장 교활한 뱀이 나타나 말했다.

"선악과(善惡果)를 먹으면 선악을 알게 되어 하나님과 같이 된다."

당시에는 동물들의 말을 사람이 알아들을 수 있었다. 뱀은 여자에게
하나님의 말을 우연히 엿들었다면서, 하나님의 말을 곧이곧대로 받아들
이는 것은 정말 어리석은 짓이라고 말했다.

뱀의 유혹에 넘어가는 하와(17쪽 그림)_뱀의 유혹에 넘어가 선악을 알게 하는 열매인 선악과(善惡果)를 먹
은 하와는 곧 아담에게도 선악과를 건네주어 먹게 하였다. 그러자 두 사람의 눈이 열려 자기들이 알몸
인 것을 알고, 무화과나무 잎을 엮어서 치마를 만들어 입었다. **페테르 파울 루벤스의 작품.**

하나님의 질책_ 하나님이 타락한 아담과 하와에게 다가가 꾸짖는 장면이다. 하나님은 아담을 가리키고, 아담은 하와를 가리킨다. 또 하와는 땅 위의 뱀을 가리키고 있다. 아담은 하나님의 시선이 두려워 몸을 비틀면서 피하지만, 하와는 몸을 비틀지 않고 왼손으로 당당하게 뱀을 가리키며 고개를 들고 하나님께 항변한다. 즉 죄를 뉘우치지 않고, 자기 죄를 뱀에게 돌리는 것이다. 바로 이점 때문에 하와는 '출산의 고통'을 받게 된다. **힐데스하임 대성당의 베르바르트 문에 새겨진 청동 부조.**

여자는 하나님의 말보다 뱀의 말이 옳다고 믿었다. 결국, 여자는 뱀이 건네준 선악과를 조금 먹은 후 아담에게도 건네주어 먹게 했다. 그러자 눈이 밝아져 자기들이 벌거벗은 것을 알고 부끄러워했다.

그때 아담과 여자는 하나님이 동산을 거니는 소리를 들었다. 아담은 여자의 손을 잡고는 하나님을 피해 동산 나무 사이에 숨었다. 하나님이 아담을 불렀다.

"아담아, 네가 어디에 있느냐?"

"제가 하나님의 소리를 들었지만, 벌거벗은 몸이라 부끄러워 피했습니다."

"네가 벌거벗었다고 누가 말해 주었느냐? 내가 먹지 말라고 한 나무의 열매를 먹었느냐?"

"하나님이 짝지어주신 여자가 그 나무의 열매를 줘서 먹었습니다."

하나님은 여자에게 말했다.

"도대체 네가 무슨 일을 저지른 것이냐?"

"뱀이 저를 속였습니다. 그래서 제가 그 열매를 먹었습니다."

하나님에게 책망받는 아담과 하와_ 하나님의 명령을 어기고 선악과를 먹은 아담과 하와가 하나님으로
부터 책망받고 있는 장면이다. **샤를 나투아르의 작품.**

하나님은 뱀에게 말했다.

"네가 이런 일을 했으므로, 너는 배로 기어 다니며 평생토록 흙먼지를
먹고 살아야 할 것이다."

또 하나님은 여자에게 말했다.

"내가 너에게 아기를 가지는 고통을 크게 하고, 너는 고통 중에 아기를 낳게
될 것이다. 너는 남편을 원하고, 남편은 너를 다스릴 것이다."

하나님은 아담에게도 말했다.

"너 때문에 땅이 저주를 받고, 너는 평생토록 수고하여야 땅에서 나는 것을
먹을 수 있게 될 것이다. 너는 먹기 위하여 얼굴에 땀을 흘리고, 열심히 일하
다가 마침내 흙으로 돌아갈 것이다."

▌에덴동산의 생명 나무

여호와 하나님이 이르시되 보라 이 사람이 선악을 아는 일에 우리 중 하나 같이 되었으니 그가 그의 손을 들어 생명 나무 열매도 따먹고 영생할까 하노라 하시고
-창세기 3장 22절

하나님이 말한 생명 나무는 에덴동산에 선악을 알게 하는 나무와 함께 있던 특별한 나무로 영생(永生)을 상징한다. 생명 나무의 열매는 영원히 죽지 않는 생명의 원천을 뜻하는 것이었다. 죄를 저지른 아담과 하와는 생명 나무의 열매를 먹을 수 없게 되었으며, 영혼과 육체 모두 죽음의 저주 아래 놓이게 되었다. 그러나 구원되어 죄악(罪惡)에서 승리한 인간은 생명 나무의 열매를 먹을 수 있게 된다.

생명 나무의 열매는 두 가지 의미가 있다. 먼저 '자연적인 의미'로, 만약 인간이 이 열매를 먹으면 인간의 생명을 강건하게 하여 영원한 삶을 살게 하는 특별한 열매이다. 또 상징적인 의미로, 인간이 이 열매를 먹을 때마다 생명의 근원인 하나님을 기억하고, 은혜에 감사하며 성례 전적(聖禮典的, 기독교의 성찬식과 세례식, 또는 이와 비슷한 중요성이나 가치를 가진 의식) 역할을 하도록 하는 열매이다.

하나님은 생명 나무를 보호하기 위해 아담과 여자에게 가죽옷을 입히고 그들을 에덴동산에서 쫓아냈다. 그리고 에덴동산의 동쪽에 천사를 두어 사방을 돌며 칼날같이 타오르는 불꽃을 피워 생명 나무를 지키게 하였다.

에덴동산에서 쫓겨나는 아담과 하와_인류의 조상인 아담과 하와가 에덴동산에서 쫓겨나는 장면이다. 그들이 에덴동산으로 돌아오지 못하게 천사가 지키고 있다. 아담과 하와는 하나님의 명령을 어기고 선악과를 먹는 죄를 저질렀다. 그러나 우리 죄를 대신하여 자기 생명을 바친 예수 그리스도를 믿음으로써 인류는 다시 '에덴동산(하나님 나라)'으로 돌아갈 수 있게 되었다. 아담과 하와가 입은 '가죽옷'은 바로 예수 그리스도를 의미하는 것이다. **벤자민 위스트의 작품.**

▌카인과 아벨

아담이 그의 아내 하와와 동침하매 하와가 임신하여 카인을 낳고 이르되 내가 여호와로 말미암아 득남하였다 하니라
—창세기 4장 1절

분노한 하나님은 아담과 여자를 에덴동산에서 쫓아냈다. 아담은 여자의 이름을 '하와(히브리어로 '삶'을 뜻함, 이브(Eve)는 영어식 발음)'라고 불렀다. 이는 여자가 모든 생명의 어머니가 되었기 때문이다. 아담과 하와는 거친 세상 밖으로 나가 스스로 생계를 꾸려나가야만 했다. 이후 아담은 하와와 잠자리를 하여 두 아들을 낳았다. 형은 카인(Cain)이었고, 동생은 아벨(Abel)이었다.

카인과 아벨은 자라서 집안에 도움이 되는 일을 열심히 하였다. 카인은 들에서 농사를 지었고, 아벨은 아버지의 양 떼를 몰았다. 물론 그들은 여느 형제들처럼 다투기도 했다.

하루는 그들 모두 하나님께 제물을 바쳤다. 아벨은 새끼 양을 잡았고, 카인은 땅의 소산인 곡식을 거친 돌 제단에 올렸다. 그런데 아벨의 제단에 있는 장작은 불이 잘 타올랐지만, 카인은 불을 붙이려고 부싯돌을 켜느라 애를 먹었다.

카인은 아벨이 자신을 비웃는다고 생각했다. 하지만 아벨은 옆에서 그저 바라보고 있었을 뿐이라며 부인했다. 카인은 그에게 사라지라고 말

했지만, 아벨은 거절했다. 이에 화가 난 카인은 아벨을 마구 때려죽이고 말았다.

카인은 자신이 저지른 일이 너무나 무서운 나머지 도망쳤다. 그러나 무슨 일이 있었는지 알고 있던 하나님은 덤불 사이에 숨은 그를 찾아냈다.

"네 동생 아벨은 어디 있느냐?"

하나님의 말에 카인은 둘러댔다.

"저는 모릅니다. 제가 동생을 지키는 사람입니까?"

하나님은 아담과 하와를 에덴동산에서 쫓아낸 것처럼 카인도 쫓아냈다. 이후 카인은 에덴동산의 동쪽 놋 땅에 거주하며 에녹을 낳고 살아갔다. 비록 카인은 오래 살았지만, 부모들은 그를 다시는 볼 수 없었다.

아벨의 죽음_카인이 동생 아벨을 죽이는 장면이다. 친형에게 살해당한 아벨의 죽음은 동족에게 죽임을 당한 예수 그리스도의 죽음을 예표한다. **틴토레토의 작품.**

▌노아의 방주

하나님이 노아에게 이르시되 모든 혈육 있는 자의 포악함이 땅에 가득하므로 그
끝 날이 내 앞에 이르렀으니 내가 그들을 땅과 함께 멸하리라
-창세기 6장 13절

카인이 아벨을 죽인 후, 아담은 다시 하와와 잠자리를 가져 아들 '셋
(Seth)'을 낳았다. 셋을 낳은 후에도 아담은 자녀들을 낳았으며 930세를 살
고 죽었다. 아담과 하와의 자손들은 점차 늘어나 세상 곳곳으로 퍼져 나
갔다. 그들은 동쪽과 서쪽, 그리고 북쪽의 산악 지대와 남쪽 사막지대에
서 정착하였다.

그러나 카인의 범죄는 초기의 인류인 그들에게 큰 영향을 미쳤다. 카
인은 살인자일 뿐 아니라 거짓말쟁이였다. 카인은 거대한 성(城)을 쌓고
그 이름을 에녹(Enoch)이라고 불렀다. 성을 쌓은 카인처럼 이제 인간은
서로를 두려워하며 대적하였다. 이웃을 시기하여 죽이거나 상대의 물
건들을 훔치기도 했다. 이렇게 험악한 세상에서 힘이 약한 처녀들은 인
근 마을의 남자들에게 납치되지 않기 위해서 밖으로 나가지 않는 방법
밖에 없었다.

세상은 비참하고 참혹해져만 갔다. 이 모든 것은 아담과 하와의 범죄
로부터 시작된 것이었다. 하나님이 창조한 인간들은 더욱 타락해져 갔
고, 모든 것을 처음부터 다시 시작해야 할 지경이었다.

노아의 방주 건조_하나님의 명령으로 방주를 만드는 노아와 그의 가족들의 모습이다. **야코포 바사노의 작품.**

　그때 노아(Noah)라는 사람이 살고 있었다. 그는 969세까지 살았던 므두셀라의 손자였고, 카인과 아벨 이후 아담과 하와가 낳은 셋째 아들인 셋의 후손이었다. 노아는 하나님을 경외하며 섬기는 선한 사람으로 당대의 의인이었다. 새로운 인류가 시작된다면, 노아는 훌륭한 조상이 될 것이 틀림없었다.

　하나님은 세상을 물로 심판할 생각을 하고 노아를 불러 말했다.

　"인간들의 죄악이 이 땅을 가득 채웠다. 나는 이 땅의 모든 인간을 물로 심판하겠다. 그러니 너는 큰 배(방주)를 만들어라."

노아의 방주_완성된 방주로 들어가는 동물들의 모습으로, 정결한 짐승 암수 일곱씩, 부정한 짐승 암수 둘씩, 새 암수 일곱씩 방주에 들어갔다. **야코포 바사노의 작품.**

하나님은 노아에게 길이가 137미터에 너비가 23미터, 깊이가 13.5미터가 되는 배를 만들라고 하였다. 노아는 하나님의 명령대로 잣나무 목재만을 사용하여 오늘날의 대형 유조선 크기인 거대한 배를 만들기 시작했다.

노아와 가족들은 꿋꿋하게 배를 만들었지만, 그의 이웃들은 이들을 지켜보며 비웃었다. 1,000마일 이내에 강이나 바다가 없는 곳에서 배를 만든다니 우스운 이야기였다.

그러나 노아와 그의 믿음직한 가족들은 배 만드는 일에 매달렸다. 배의 세 번째 갑판이 완성되고 지붕이 올려졌다. 지붕은 대홍수 심판의 맹렬한 폭우를 견딜 수 있도록 두꺼운 목재로 만들어졌다.

노아와 그의 아내 그리고 셈, 함, 야벳 세 아들과 세 며느리 모두 여덟 명은 방주(方舟)에 탈 준비를 했다. 그들은 하나님의 명령대로 식량을 마련하고, 홍수가 끝난 후 마른 땅으로 돌아갔을 때 놓아줄 모든 동물 암수 한 쌍씩을 모아들였다. 일주일 내내 새와 육축과 땅에 기는 것들을 거두어들였다. 물고기는 스스로 살아남을 수 있기에 제외했다.

노아와 그의 방주_대홍수가 끝난 후 아라랏 산에 도착한 노아가 방주에서 나와 하나님께 감사의 기도를 드리는 장면이다. **찰스 윌슨 필의 작품, 미국 펜실베이니아 박물관.**

대홍수 심판

하나님으로부터 예언 받은 일곱째 날 저녁이 되자, 노아와 그의 가족들은 배에 오른 후 다리를 올리고 문을 닫았다. 그러자 그날 밤, 비가 내리기 시작했다. 비는 40일 동안 폭우로 변하여 계속 땅 위로 쏟아부었다. 모든 땅은 대홍수로 범람하여 모든 사람과 동물들은 멸절(滅絶)되었고, 방주에 탄 노아의 가족과 함께 탄 동물들은 살아남았다.

그렇게 40일이 지나자 하나님은 노아에게 은총을 베풀었다. 비가 그친 후, 노아는 물이 빠졌는지 알아보려고 까마귀를 날려 보냈지만 돌아왔고, 이어 비둘기를 날려 보았지만 되돌아왔다.

대홍수 심판_노아를 비웃으며 방주에 타지 않은 사람들이 대홍수로 죽어가는 장면을 묘사한 그림이다. **멤베르겔의 작품.**

방주에서 나온 노아_노아가 하나님께 제단을 쌓고 제물을 번제로 드리는 장면으로, 하나님은 무지개로 세상과 언약의 증거를 두셨다. **도메니코 모렐리의 작품.**

그래도 포기하지 않고 또다시 비둘기를 날려 보냈더니 이번에는 비둘기가 올리브 나뭇가지를 물고 돌아왔다. 노아는 곧 물이 빠져간다는 사실을 알게 되었다. 그리고 방주 밑바닥이 갑자기 무엇인가에 부딪혔다. 노아는 방주가 땅에 닿았다는 것을 알았다. 그 땅은 산꼭대기였으며, 그곳은 아르메니아 평원에 있는 아라랏(Ararat) 산 꼭대기였다고 사람들은 추정하고 있다.

다음 날, 노아는 방주에서 나와 하나님께 제단을 쌓고, 짐승을 잡아 감사의 제물로 바쳤다.

이때 하나님은 노아에게 말했다.

"내가 다시는 물로 세상을 심판하지 않겠다."

그리고 노아에게 약속의 징표로 하늘에 커다란 무지개를 띄워 주어 주위가 밝아졌다.

▌노아와 세 아들

이에 이르되 가나안은 저주를 받아 그의 형제의 종들의 종이 되기를 원하노라
하고
-창세기 9장 25절

___

대홍수 심판 이후 노아와 그의 세 아들인 셈, 함, 야벳, 그리고 세 며느
리들은 각각 농부와 양치기가 되어 각각의 자녀들과 가축을 키우며 평
화롭게 살았다. 그러던 어느 날, 포도 농사를 지은 노아는 아주 좋은 포
도로 빚은 포도주를 마시고 취하여 자신의 장막에서 벌거벗은 채 잠들었
다. 이 모습을 본 아들 함이 아버지의 생식기를 보고 조롱하며 그 사실을
두 형제에게도 알렸다.

그러자 셈과 야벳은 옷을 가지고 와서 어깨에 걸친 후에 뒷걸음질로 노
아의 장막에 들어가 아버지의 벌거벗은 몸을 덮어 주었다. 그들은 얼굴
을 돌려서 아버지의 벌거벗은 몸을 보지 않았다.

잠에서 깨어난 노아는 이 사실을 알고는 몹시 화가 나서 함을 꾸짖어
쫓아냈다. 아버지로부터 쫓겨난 함은 가나안(Canaan, 현재 이스라엘과 그 주변
이 가나안 지역으로, 이스라엘 민족이 정착하기 전의 원주민들을 가나안족이라 부름)의
조상이 되었다. 훗날 이스라엘 민족이 가나안 땅을 정복할 때, 그 땅의 원
주민들을 노예로 삼으면서 이 저주는 성취되었다고 볼 수 있다.

대홍수 후에 노아는 삼백오십 년을 살았고, 구백오십 세가 되어 죽었

노아를 조롱하는 함_노아의 둘째 아들인 함이 포도주에 취해 벌거벗은 아버지 노아를 희롱하는 장면이다. 함이 저지른 잘못으로 그의 자손 가나안은 '다른 형제의 종들의 종이 되기를 원한다'라는 노아의저주를 받았다. 반면 셈과 야벳에게는 큰 축복을 내렸다. 이후 함의 자손인 블레셋, 헷 족속은 이스라엘 민족과 끊임없이 대적하였다. **시모네 브렌타나의 작품.**

다. 노아 이후로 인류는 다시 번성하기 시작했다. 그런데 노아의 자손들은 하나님의 진노를 살만한 일을 또다시 행하였다. 특히 함의 후손인 니므롯(Nimrod)은 이 땅에서 최초로 강력한 국가를 세운 사람으로, 잔혹한 전쟁광이었으며 하나님께 대적하였다.

인간의 욕망, 바벨탑

여호와께서 이르시되 이 무리가 한 족속이요 언어도 하나이므로 이같이 시작하였으니 이 후로는 그 하고자 하는 일을 막을 수 없으리로다 자 우리가 내려가서 거기서 그들의 언어를 혼잡하게 하여 그들이 서로 알아듣지 못하게 하자 하시고
–창세기 11장 6~7절

노아의 세 아들에게서 다양한 종족이 갈라져 나와 많은 부족이 형성되었고, 인류는 다시 크게 번성하였다. 당시에는 인류의 언어와 말이 하나였다. 노아의 자손들은 동쪽으로 이동하다가 시날 땅(유프라테스강과 티그리스강 사이의 메소포타미아 지역)의 평야에 모여 살았다. 그들은 '우리의 이름을 널리 알리고, 온 땅에 흩어지지 말자'라는 취지 아래 성을 짓고, 바빌론 도시를 건설하였다. 그리고 강 유역의 비옥한 땅에 만족한 이들은 종족의 집결지가 될 만한 곳에 높은 탑을 쌓았다. 이름하여 그 유명한 바벨탑(Tower of Babel)이었다. 그들은 벽돌을 만들어 거대한 건축물의 기초를 닦기 시작하였다.

하지만 하나님은 그들이 한곳에 계속 머무는 것을 원하지 않았다. 또한, 그들이 쌓고 있는 바벨탑은 하늘에 도전하려는 인간들의 욕망을 나타내고 있었기에 하나님은 더 이상 두고 볼 수 없었다. 그리하여 하나님은 사람들이 탑을 쌓느라 분주한 그들에게 그전까지 하나이던 언어를 모두 뒤섞어 버렸다.

그들이 공통으로 쓰던 말을 잊어버리자 짓고 있던 비계 위로 사람들의

목소리가 시끄럽게 울려 퍼졌다. 만약 집을 지을 때 일꾼과 십장, 건축가가 한국어와 영어, 러시아어, 중국어 등을 각각 말한다면 그 집 공사는 도저히 완성될 수 없을 것이다. 결국 사람들은 모두 모여 같이 지내기를 포기하고, 탑 아래로 내려와서 온 땅으로 퍼져 나갔다.

바벨탑_하나님은 높고 거대한 탑을 쌓아 하늘에 닿으려 했던 인간들의 오만한 행동에 분노하여, 본래 하나였던 언어를 여럿으로 분리해 인간들을 흩어놓았다. **피테르 브뤼헐의 작품.**

하나님이 아브람을 부르다

여호와께서 아브람에게 이르시되 너는 너의 고향과 친척과 아버지의 집을 떠나 내가 네게 보여 줄 땅으로 가라 내가 너로 큰 민족을 이루고 네게 복을 주어 네 이름을 창대하게 하리니 너는 복이 될지라 너를 축복하는 자에게는 내가 복을 내리고 너를 저주하는 자에게는 내가 저주하리니 땅의 모든 족속이 너로 말미암아 복을 얻을 것이라 하신지라
－창세기 12장 1~3절

노아의 장자 셈의 9세손인 아브람은 고향 갈대아 우르(현재의 이라크 지역)를 떠나 하란 땅(현재의 터키 지역)에서 살고 있었다. 어느 날 하나님이 아브람을 불렀다.

"내가 너에게 보여 줄 땅으로 가라."

하나님의 계시를 받은 아브람은 조카 롯과 아내 사래와 함께 하란 땅을 떠났다. 이때 아브람의 나이는 일흔다섯이었다. 아브람이 살던 당시 갈대아 지역의 사람들은 끊임없이 서로 다투었다. 그러나 하나님을 경외하며 평화를 존중하던 아브람은 그들의 다툼이 무의미하다고 여겼다. 결국, 아브람을 따르는 무리는 그와 함께 했다.

아브람은 남자들에게 천막을 걷으라고 명했고, 양들도 불러들였다. 여자들은 침실용 양탄자를 꾸리고, 사막의 여행에 대비해 음식도 장만했다. 이렇게 하여 최초의 히브리 민족의 이동이 가나안을 향해 시작되었다. 당시 아브람과 아내 사래 사이에 남자아이가 없었기 때문에, 아브람은 조카인 롯에게 무리를 이끌게 했다.

가나안으로 이주하는 아브라함_하나님의 말씀에 순종한 아브람이 그의 가족과 무리를 이끌고 하란 땅을 떠나 가나안으로 이동하는 장면이다. 하나님은 아브람에게 큰 민족을 이루게 하고, 그의 이름을 크게 떨치게 할 것이며, 그를 세상 만민을 위한 복이 되게 하겠다고 하였다. **모나르 주즈프의 작품.**

아브람의 이주

> 여호와께서 아브람에게 나타나 이르시되 내가 이 땅을 네 자손에게 주리라 하신지라 자기에게 나타나신 여호와께 그가 그 곳에서 제단을 쌓고 거기서 벧엘 동쪽 산으로 옮겨 장막을 치니 서쪽은 벧엘이요 동쪽은 아이라 그가 그 곳에서 여호와께 제단을 쌓고 여호와의 이름을 부르더니 점점 남방으로 옮겨갔더라
> —창세기 12장 7~9절

아브람의 행렬은 바빌로니아 계곡으로 곧장 들어서지 않고 아라비아 사막의 변두리를 따라 움직였다. 포악한 아시리아(Assyria)군이 그들의 행렬을 공격하여 양과 여인들을 빼앗아갈 것을 염려했기 때문이다.

다행히 그들은 큰 사고 없이 서아시아의 초원 지대에 모두 도착하였다. 일행들이 시겜 마을 근처에 멈추자, 아브람은 모레라 불리던 상수리나무 옆에 제단을 쌓고 하나님께 번제를 올렸다. 그러고는 벧엘로 장소를 옮겨 앞으로의 일을 생각하며 잠시 휴식을 취했다.

가나안은 아브람이 예상했던 것과는 무척 달랐다. 가나안의 땅은 가뭄이 들어서 양들을 키울 수가 없었다. 결국 아브람은 가나안에 머물지 않고 이집트로 향했다.

이집트에 들어갈 때 아브람은 아내 사래와 남매로 위장했다. 이집트의 파라오(Pharaoh)에게 아름다운 아내를 빼앗기고, 자신의 목숨을 잃을 것이 두려웠기 때문이다. 그러나 아브람의 이 비겁한 행동은 곧바로 들통이 나 아내를 파라오에게 맥없이 빼앗기고 말았다. 이에 하나님이 파라오에게

맥없이 빼앗기고 말았다. 이에 하나님이 파라오에게 저주를 내렸고, 파라오는 아브람을 불러 왜 거짓말을 했느냐고 질책을 하고는 아브람을 쫓아냈다.

이후에도 아브람은 그랄 왕인 아비멜렉 앞에서도 똑같은 잘못을 저지른다. 아비멜렉과도 이집트 파라오와 같은 일이 벌어졌고, 뒤늦게 사래가 자신의 이복동생이자 아내라는 것을 밝혔다.

아브람과 사래, 조카 롯은 이집트를 떠나 벧엘로 갔다. 그곳은 아브람이 이전에 제단을 쌓았던 곳이었다. 아브람은 그곳에서 하나님께 제물을 바치며 번제를 드렸다. 그런데 벧엘 지역은 협소한 곳이었기에 아브람과 롯이 함께 머물기에는 좁았다.

자연히 양들의 목초지가 줄어들자 아브람과 롯의 양치기들은 '누가 더 좋은 초원을 차지할 것인가'를 두고 서로 다투기 시작했다. 이러한 사태가 계속해서 일어나자 아브람은 롯을 불렀다. 그리고 서로 땅을 나눠서 각자 살자고 제안했다.

이에 롯은 자신의 무리를 데리고 소돔으로 떠났다.

아브람_하나님의 약속을 절대적으로 믿으며, 그의 말씀에 순종한 아브람은 하나님의 축복을 넘치도록 받았다. 성경에서 가장 위대한 믿음의 본보기를 보여주고 있는 사람으로, '믿음의 조상'이라고 불린다. 본래 '아브람(위대한 아버지)'이라는 이름이었지만, 뒤에 '아브라함(많은 민족의 조상)'이란 새 이름을 얻는다.

┃아브람의 출전

아브람이 소돔 왕에게 이르되 천지의 주재이시요 지극히 높으신 하나님 여호와께
내가 손을 들어 맹세하노니 네 말이 내가 아브람으로 치부하게 하였다 할까 하여
네게 속한 것은 실 한 오라기나 들메끈 한 가닥도 내가 가지지 아니하리라
-창세기 14장 22~23절

아브람은 헤브론 근처에 있던 마므레에 천막을 치고, 하나님이 새로
운 곳으로 무사히 인도해 준 것에 감사하며 제단을 쌓고는 번제를 올렸
다. 그러나 평화는 오래가지 못했다. 인근 지역은 안전하지 못했고, 그중
에서도 엘람 왕이 가장 위험했다. 엘람 왕은 강력한 힘을 가지고 있었으
며, 그 힘을 바탕으로 아시리아의 통치자들에게까지 대항할 정도였다.

엘람 왕은 롯이 거주하던 지역인 소돔과 고모라가 공물 징수에 저항하
자 군대를 이끌고 공격해 왔다. 불행히도 그 전쟁은 바로 롯이 사는 장소
에서 일어났다. 그리하여 엘람 왕의 병사들은 소돔과 고모라의 사람들을
잡아가면서 롯과 그의 가족들까지도 잡아갔다.

아브람은 그곳에서 도망쳐 나온 히브리 사람을 통해 이 소식을 들었다.
그리고 롯을 구하기 위해 서둘러 목동들을 소집하고 군대를 만들어 이끌
고 나갔다. 한밤중에 엘람 왕의 진영에 도착한 아브람은 자고 있던 엘람
왕의 군대를 공격해서 롯을 구출하여 돌아왔다.

아브람이 돌아올 때 소돔 왕이 아브람을 맞으러 '왕의 골짜기'로 불리
는 사웨 골짜기로 나왔다. 살렘 왕 멜기세덱도 아브람을 맞으러 나왔다.

아브람과 멜기세덱_살렘 왕 멜기세덱이 떡과 포도주를 가지고 나와 전쟁에서 승리한 아브람을 영접하는 장면이다. **루벤스의 작품.**

아브람과 멜기세덱은 둘 다 '이 세상의 통치자는 하나님'이라고 믿었기 때문에 두 사람은 곧바로 친해졌다. 그러나 하나님을 믿지 않고 이교도의 우상 신을 숭배하던 소돔 왕과는 친하게 지내지 않았다. 그래서 아브람은 소돔 왕이 엘람 족에서 되찾은 많은 보물을 주려 했을 때 이를 단호하게 거절하고는 나머지 양을 소돔의 원래 주인에게 모두 돌려주었다.

▌언약의 증표

이제 후로는 네 이름을 아브람이라 하지 아니하고 아브라함이라 하리니 이는 내가 너를 여러 민족의 아버지가 되게 함이니라
-창세기 17장 5절

아브람의 나이 아흔아홉이 되었을 때 하나님께서 그에게 나타나서 말씀하셨다.

"나에게 순종하며 흠 없이 살아라. 나와 너 사이에 내가 몸소 언약을 세워서 너를 크게 번성하게 하겠다."

이에 아브람이 얼굴을 땅에 대고 엎드려 있을 때 하나님이 다시 아브람에게 말씀하셨다.

"나는 너와 언약을 세우고 약속한다. 너는 여러 민족의 조상이 될 것이다. 내가 너를 여러 민족의 아버지로 만들었으니, 이제부터 너의 이름은 아브람이 아니라 '아브라함'이다. 내가 너를 크게 번성하게 하겠다. 너에게서 여러 민족이 나오고, 너에게서 왕들도 나올 것이다. 내가 너와 세우는 언약은 나와 너 사이에 맺는 것일 뿐 아니라, 너의 뒤에 오는 너의 자손과도 대대로 세우는 영원한 언약이다. 언약에 따라서 나는 너의 하나님이 될 뿐만 아니라, 뒤에 오는 너의 자손의 하나님도 될 것이다. 네가 지금 나그네로 사는 이 가나안 땅을 너와 네 뒤에 오는 자손에게 영원한 소유로 모두 주고, 나는 그들의 하나님이 될 것이다."

하나님이 또 아브라함에게 말씀하셨다.

"너는 나와 세운 언약을 잘 지켜야 하고, 네 뒤에 오는 너의 자손도 대대로 이 언약을 잘 지켜야 한다. 그리고 너희 가운데서 남자는 모두 할례를 받아야 한다. 이것은 너와 네 뒤에 오는 너의 자손과 세우는 나의 언약, 곧 너희가 모두 지켜야 할 언약이다. 너희는 포피를 베어서 할례를 받게 하여라. 이것이 나와 너희 사이에 세우는 언약의 표이다. 대대로 너희 가운데서 남자는 모두 태어난 지 여드레 만에 할례를 받아야 한다. 비록 너희의 자손은 아니지만, 집에서 태어난 종과 외국인에게 돈을 주고서 사 온 종도 마찬가지로 모두 할례를 받아야 한다. 그렇게 해야만 나의 언약이 너희 몸에 영원한 언약으로 새겨질 것이다. 할례를 받지 않은 남자, 곧 포피를 베지 않은 남자는 나와의 언약을 깨뜨린 자이니, 그는 나의 백성에게서 끊어진다."

언약의 표_하나님이 아브라함에게 명한 언약으로, 아브라함은 자신과 아내의 이름을 고치고 집안의 모든 남자에게 할례를 받도록 했다.

하나님이 또다시 아브라함에게 말씀하셨다.

"너의 아내 사래를 이제 '사라'라고 하여라. 내가 그에게 복을 주어 너에게 아들을 낳아 주게 하겠다. 내가 너의 아내에게 복을 주어서 여러 민족의 어머니가 되게 하고, 백성들을 다스리는 왕들이 그에게서 나오게 하겠다."

아브라함은 얼굴을 땅에 대고 엎드린 채 혼잣말을 하였다.

"나이 백 살 된 내가 아들을 낳는다고? 또 아흔 살이나 되는 사라가 아이를 낳을 수 있을까?"

아브라함은 하나님께 물었다.

"이스마엘이나 하나님께서 주시는 복을 받으면서 살기를 바랍니다."

이에 하나님이 말했다.

"아니다. 너의 아내 사라가 너에게 아들을 낳아 줄 것이다. 아이를 낳거든 이름을 '이삭'이라고 하여라. 내가 이삭과 언약을 세울 것이니 그 언약은 그의 뒤에 오는 자손에게도 영원한 언약이 될 것이다. 또한, 내가 너의 말을 들었으니 내가 반드시 이스마엘에게도 복을 주어서 그가 자식을 많이 낳게 하고, 그 자손이 크게 불어나게 할 것이다. 그에게서 열두 명의 영도자가 나오게 하고, 그가 큰 나라를 이루게 하겠다. 그러나 나는 내년 이맘때에 사라가 너에게 낳아 줄 아들인 이삭과 언약을 세우겠다."

아브라함과 사라 사라는 히브리어로 '여주인'이'라는 뜻이다. 처음 이름은 사래였으나 이삭을 잉태한 후 '사라'로 개명했다. 아브라함의 이복누이였으나 그의 아내가 되어 갈대아 우르를 떠나 죽는 날까지 길고 파란 많은 유랑길을 아브라함과 함께 걸으며 그의 좋은 반려자 역할을 하였다.

언약의 증표_하나님이 99세의 아브람에게 나타나 열국의 아비가 될 것이라 약속하고, 그 언약의 증표로 할례를 명한다.

　하나님은 아브라함에게 말씀을 다 하고 그를 떠나셨다. 아브라함은 곧바로 그의 아들 이스마엘과 집에서 태어난 종은 물론 외국인에게서 돈을 주고 사 온 종까지 아브라함 집안의 모든 남자가 아브라함과 함께 할례를 받았다. 이때 아브라함의 나이는 아흔아홉 살이었고, 그의 아들 이스마엘의 나이는 열세 살이었다.

▌소돔과 고모라

여호와께서 또 이르시되 소돔과 고모라에 대한 부르짖음이 크고 그 죄악이 심히
무거우니 내가 이제 내려가서 그 모든 행한 것이 과연 내게 들린 부르짖음과 같은
지 그렇지 않은지 내가 보고 알려 하노라
−창세기 18장 20~21절

소돔과 고모라의 사람들은 재물을 탐내고, 온갖 사악한 범죄를 저질
렀으며, 성(性)적인 타락이 극심했다. 그들은 더는 죄악을 용납할 수 없
다는 하나님의 경고를 받았지만, 이를 무시하고 계속해서 향락과 퇴폐
에 빠져 살아갔다.

어느 날 아브라함이 붉은 태양이 푸른 산등성이 너머로 지는 것을 바
라보며 천막 앞에 앉아 있었다. 그는 자신의 생활에 만족하고 있었다. 예
전에 하나님이 갈대아 우르 땅에서 자신에게 약속했던 일들이 모두 실현
되고 있었다. 아브라함이 이런저런 생각에 잠겨있을 때, 낯선 사람 세 명
이 나타났다. 먼지투성이인 그들을 본 아브라함은 그들을 안으로 초대하
였다. 아내 사라는 서둘러 식사를 준비했고, 식사를 마치자 그들은 그늘
에서 이야기를 나누었다.

어느덧 날이 저물어 이들이 길을 나설 채비를 하자 아브라함은 지름길
을 가르쳐주겠다고 말했다. 그러자 그들은 소돔과 고모라로 갈 것이라
고 말했다. 그 말을 듣는 순간 아브라함은 자신이 하나님의 천사들을 영

아브라함을 찾은 세 천사_하나님의 세 천사가 아브람을 찾아 소돔으로 가는 길을 묻는 장면이다. **렘브란트의 작품.**

접하고 있다는 사실을 깨달았다. 그리고 그들의 사명이 무엇인지 알 수 있었던 아브라함은 롯과 그의 아내, 그리고 자녀들에게 자비를 베풀어 달라고 부탁하였다. 아브라함은 하나님께서 타락한 도시인 소돔과 고모라를 멸하려는 사실을 느낀 것이다.

하나님의 천사는 그러겠다고 약속했을 뿐만 아니라 그 이상도 약속할 수 있다고 했다. 만약 소돔과 고모라에 의로운 사람 50명이나 30명, 아니 단 10명만이라도 찾을 수 있다면, 두 도시를 그대로 놔두겠다고 말했다. 그러나 그 약속은 이루어지지 못했다. 소돔과 고모라가 멸망하기 전 롯의 집에 인간으로 변신한 천사들이 방문했다. 밤이 되자 소돔 사람들이 롯의 집을 에워싸고 두 손님을 내보내라고 요구했다. 그들은 두 손님과 성관계를 하려는 것이었는데, 동성애를 뜻하는 남색(男色)이라는 말이 여기서 유래되었다.

그런데 이에 대한 롯의 답변이 가관이었다.

"내게 남자와 잠자리를 하지 않은 딸 둘이 있으니, 내 딸로 대신하라."

하지만 소돔 사람들은 롯의 말을 무시했고, 이를 보다 못한 천사들이 그들의 눈을 멀게 해 위기를 넘겼다.

소돔 땅에서 유일한 의인이었던 롯의 일가는 천사의 도움 덕분에 멸망 직전에 도망칠 수 있었다. 그러나 롯의 아내는 도망칠 때 뒤를 돌아보지 말라는 천사의 경고를 무시하고 뒤를 돌아보았다. 그녀가 본 소돔 땅은 하늘에서 떨어지는 유황불로 온통 불바다가 되어 있었다. 그리고 하나님의 명을 어긴 그녀는 소금 기둥으로 변해버렸다.

소돔과 고모라의 멸망_하나님이 타락한 소돔과 고모라의 사람들을 벌하는 장면을 묘사한 그림이다. **카를 브륄로프의 작품.**

롯과 두 딸_두 딸에게 유혹을 받는 롯의 모습이다. 소돔에서 탈출하는 롯 일가의 이야기를 묘사했었으나, 16세기 후반부터는 두 딸에게 유혹을 받는 롯의 모습이 주로 묘사되었다. 이 작품도 그 가운데 하나이다. **루벤스의 작품.**

　결국 롯과 그의 두 딸만 무법한 자들의 음란하고 타락한 행실로 물든 소돔과 고모라에 대한 하나님의 징벌로부터 구원을 받았다. 그러나 롯의 의로움을 생각하면 이후 롯의 이야기는 예상 밖이었다. 소돔에서 탈출한 롯은 소알로 갔다. 롯은 소알에서 살기를 두려워하였고, 두 딸과 함께 산으로 올라가 인적이 끊어진 동굴에 거주하였다.

　그러던 어느 날 롯의 두 딸은 아버지의 연세가 많고, 자신들이 결혼할 남자가 없어 일가의 후손을 잇지 못할까 염려했다. 두 딸은 롯에게 술을 주어 취하게 한 후 차례로 동침을 했다. 술에 만취했던 롯은 이 사실을 전혀 몰랐다. 이로 인해 모압과 암몬 민족이 탄생하게 된다.

이삭과 이스마엘

사라가 이르되 하나님이 나를 웃게 하시니 듣는 자가 다 나와 함께 웃으리로다
−창세기 21장 6절

사라는 아브라함과의 사이에서 아이를 낳지 못했다. 사라에게는 하갈이라는 이집트인 여종이 있었다. 사라는 아브라함에게 하갈을 첩으로 삼을 것을 종용했고, 아브라함은 하갈을 통해 서자인 이스마엘을 얻었다. 그런데 하갈이 사내아이를 낳자, 그녀는 아이를 낳지 못한 사라를 무시하기 시작했다. 하지만 아브라함과 사라 사이에서도 뒤늦게 아들이 태어났다. 그 아들은 바로 '웃음'이라는 뜻의 이름을 가진 이삭이었다. 희망을 잃은 상태에서 뒤늦게 태어난 아이였으므로, 이삭은 아브라함과 사라에게 있어서 행복 그 자체였다.

아브라함의 두 아들인 이삭과 이스마엘은 즐겁게 놀며 우애좋게 지냈다. 이복형제인 둘은 서로 다투기도 했지만, 그런 다툼은 즐거운 장난에 불과하였다. 그러나 사라는 이런 일들을 잘 받아들이지 못했다.

▶**아브라함에게 하갈을 소개하는 사라**(49쪽 그림)_아이를 갖지 못한 사라가 자기의 여종인 하갈을 아브라함에게 첩으로 삼으라고 종용하는 장면이다. **카스파르 네츠허르의 작품.**

쫓겨나는 하갈과 이스마엘_아브라함은 사라의 종용과 하나님의 명령으로 하갈과 이스마엘을 집에서 내쫓았다. **얀 빅토르의 작품.**

사라는 하갈보다 나이가 매우 많았고, 외모도 하갈을 따라가지 못했다. 게다가 하갈은 아브라함의 애정에 기대어 사라를 무시했다. 그래서 사라는 하갈을 제거하고 그녀가 가진 권리도 모두 빼앗고 싶었다.

사라는 아브라함에게 하갈과 이스마엘이 위험하므로 그들을 멀리 보내라고 종용하였다. 하지만 아브라함은 사라의 말을 듣지 않았다. 이스마엘 역시 자기 아들이기 때문에 그런 처사는 정당하지 못하다고 생각했기 때문이다. 그러나 사라의 의지는 매우 단호했고, 하나님이 친히 아브라함에게 아내 사라의 소원을 들어주라고 말씀하셨다.

결국, 그렇게 아브라함에게서 쫓겨난 하갈과 이스마엘은 모진 고생 끝에 나일강 근처의 고향에 도착했다. 이후 이스마엘은 바란 광야에서 '활 쏘는 자'가 되었고, 이집트 여인과 결혼했다. 이스마엘은 후에 이슬람 문화를 일으킨 조상이 된다.

사막에서의 하갈과 이스마엘_오늘날 아랍인들은 자신들이 이스마엘의 자손이라고 믿는다. 이슬람의 경전인 〈코란〉에는 '이스마일'로 나온다. **찰스 락 이스트 레이크경의 작품.**

이삭의 희생

여호와께서 이르시되 네 아들 네 사랑하는 독자 이삭을 데리고 모리아 땅으로 가서 내가 네게 일러 준 한 산 거기서 그를 번제로 드리라
-창세기 22장 2절

아브라함은 무엇보다 하나님의 뜻을 잘 따랐으며, 자신이 가진 정의와 믿음에 자부심을 갖고 있었다. 하나님은 이런 아브라함을 다시 한 번 시험해 보기로 하고, 그에게 이삭을 제물로 바치라고 명했다. 이삭은 아브라함과 사라의 유일한 아들이었다. 그런데 아브라함은 하나님의 명에 아무 망설임도 없이 바로 실행하였다. 그는 하인 두 명에게 짧은 여행을 준비하라고 명령한 후 당나귀 등에 장작을 싣고, 물과 식량을 준비하여 사막으로 향했다. 물론 아내 사라에게는 행선지를 말하지 않았다. 하나님의 명이면 그것으로 충분했다.

아무것도 모르는 이삭은 즐거운 여행이라고 생각했고, 사흘 후 모리아 산에 도착했다. 아브라함은 하인들을 산 아래에서 기다리라고 한 후에 이삭의 손을 잡고 모리아 산꼭대기까지 올라갔다. 이삭은 어떤 일이 일어날지 궁금해지기 시작했다. 아버지가 하나님께 번제를 드리는 것을 본적이 종종 있었지만, 이번에는 조금 달랐다. 제단도 있었고, 장작도 있었다.

제물로 바칠 양을 죽일 때 사용하는 칼도 아버지가 가지고 있었다. 그

모리아 산을 오르는 아브라함과 이삭_하나님의 명을 받은 아브라함이 자기 아들 이삭을 제물로 바치기 위해 모리아 산을 오르는 장면이다. 영문도 모르고 씩씩하게 산을 오르는 이삭의 모습에서 연민이 묻어난다. **율리우스 슈노르 폰 카롤스펠트의 작품.**

런데 양이 보이질 않았다. 궁금했던 이삭은 아버지에게 이를 물어보았다. 그러자 아브라함은 이삭에게 말했다.

"때가 되면 하나님께서 양을 준비하실 것이다."

아브라함은 이삭을 제단의 거친 돌 위에 올라가라 하고는 칼을 꺼내 들었다. 그리고 이삭의 머리를 잡고는 칼을 높이 쳐들었다. 바로 그때 하나님의 목소리가 들려왔다.

"아브라함아, 이삭을 제물로 바치는 일을 그만두어라."

하나님은 아브라함이 그 누구보다도 자신에게 충성스럽다는 것을 알았고, 더는 믿음의 증거를 강요하지 않았다. 하나님의 명에 이삭은 곧바로 일어났고, 근처의 수풀에 뿔이 걸려 꼼짝 못 하던 커다란 양을 잡아 이삭 대신 제물로 바쳤다.

사흘 후 아브라함과 이삭은 사라에게 돌아왔다. 아브라함은 자신에게 여러 가지 불행을 안겨준 이 땅이 싫어졌다. 그 후 아브라함은 갈대아 우르를 떠나 서쪽에 처음 도착했을 때 살았던 마므레의 오래된 평원으로 돌아가서 새로운 집을 지었다. 그 과정에서 나이가 많았던 사라는 힘든 여정을 견디지 못하여 죽고 말았다. 사라는 아브라함이 히타이트 족인 에브론에게서 40세겔을 주고 산 막벨라 굴에 묻혔다.

◀**이삭의 희생(54쪽 그림)**_아브라함이 이삭을 제물로 바치려고 하자 하나님이 보낸 천사가 이를 말린다. 하나님은 아브라함에게 "너는 하나밖에 없는 네 아들마저도 내게 바치려 하였으니, 나는 너에게 축복을 내리리라. 너의 자식의 자식들이 하늘의 별만큼 많아질 것이다. 그리고 이 땅 위의 모든 민족이 너를 기억하게 되리라"라며 축복한다. **티치아노의 작품.**

신붓감을 찾아 나선 엘리에셀

아브라함이 자기 집 모든 소유를 맡은 늙은 종에게 이르되 청하건대 내 허벅지 밑에 네 손을 넣으라 내가 너에게 하늘의 하나님 땅의 하나님이신 여호와를 가리켜 맹세하게 하노니 너는 내가 거주하는 이 지방 가나안 족속의 딸 중에서 내 아들을 위하여 아내를 택하지 말고 내 고향 내 족속에게로 가서 내 아들 이삭을 위하여 아내를 택하라

-창세기 24장 2~4절

아내인 사라를 잃은 아브라함은 이삭의 장래가 마음에 걸렸다. 앞으로 이삭이 자라 성인이 되면 혼인을 해야 하는데, 이웃의 처녀들은 모두 가나안족이었다. 아브라함은 하나님 외에 다른 우상 신을 믿는 가나안의 처녀가 며느리가 되는 것을 우려하였다. 그때 아브라함은 자신이 떠나온 고향에 살고 있는 동생 나홀에게 많은 여식이 있다는 소식을 듣고는 이삭과의 결혼을 주선하고자 하였다. 아브라함의 이런 판단은 가문의 결속은 물론 무엇보다 하나님을 믿기에 이삭의 배필로는 부족함이 없어 보였다.

곧바로 아브라함은 그의 충실한 종인 엘리에셀을 나홀에게 보내면서 이삭의 신붓감을 물색하도록 했다. 그러면서 자신이 바라는 며느릿감은 집안을 잘 꾸리고 농장 일에도 도움을 주며, 무엇보다 친절하고 관대한 성품인 그야말로 현모양처(賢母良妻)형의 처녀라고 말했다. 엘리에셀은 아브라함의 명을 받고 낙타 열두 마리에 짐을 가득 싣고 길을 떠났다. 그

우물가의 엘리에셀_이삭의 신붓감을 찾아 나선 아브라함의 종 엘리에셀이 나홀이 사는 성에 도착해 우물가의 여인들과 이야기를 나누는 장면이다. **알렉산더 카바넬의 작품.**

는 이삭의 신붓감을 찾고, 아브라함이 가나안에서 크게 성공했다는 사실을 알리고 싶었다.

엘리에셀은 아브라함이 걸어왔던 길을 좇아 아람나하라임을 거쳐서 나홀이 사는 성에 이르렀다. 그는 낙타를 성 바깥에 있는 우물가에서 쉬게 하였다. 어느새 해는 뉘엿뉘엿 지고 있었고, 마침 여인들이 저녁을 준비하기 위해 물동이를 들고서 성 밖으로 몰려나오고 있었다. 여인들을 본 엘리에셀은 하나님께 기도하였다. 그리고 한 처녀에게 물 한 잔을 부탁하였다. 그의 부탁을 받은 그녀는 매우 친절하게 물을 떠 주었다.

리브가와 엘리에셀_엘리에셀이 리브가에게 물을 얻어먹는 장면으로, 이때 엘리에셀은 리브가를 이삭의 신붓감으로 점찍는다. **바르톨로메 에스테반 무리요의 작품.**
▶ **리브가에게 선물을 주는 엘리에셀**(59쪽 그림)_엘리에셀이 리브가에게 금 코걸이와 금팔찌 두 개를 주는 장면으로, 엘리에셀은 그녀의 집에서 하루를 머문다. **폼페오 바토니의 작품.**

물을 마시고 갈증이 풀린 엘리에셀은 처녀의 친절함에 감탄하고, 유심히 그녀를 관찰하였다. 그녀는 매우 아름다웠으며 어떤 남자도 가까이하지 아니한 처녀임이 분명해 보였다. 이윽고 낙타들이 물 마시기를 그치자 엘레에셀은 반 세겔 나가는 금 코걸이 하나와 십 세겔 나가는 금팔찌 두 개를 처녀에게 주면서 물었다.

"아가씨는 뉘 댁 따님이시오? 아버지 집에 우리가 하룻밤 묵어갈 수 있는 방이 있겠소?"

그러자 처녀는 엘리에셀에게 대답하였다.

"저의 아버지의 함자는 브두엘이고, 할머니의 함자는 밀가, 할아버지의 함자는 나홀입니다. 저희 집에는 겨와 여물도 넉넉하고, 하룻밤 묵고 가실 수 있는 방도 있습니다."

처녀의 말을 들은 엘리에셀은 마치 꿈을 꾸는 것 같아 머리를 숙여 하나님께 경배하였다.

"나의 주인 아브라함을 보살펴 주신 하나님, 주님을 찬양합니다. 나의 주인에게 주님의 인자와 성실을 끊지 않으셨으며 주님께서 저의 길을 잘 인도하여 주셔서 나의 주인의 동생 집에 무사히 이르게 하셨습니다."

친절한 그녀의 이름은 리브가로, 나홀의 아들인 브두엘의 딸이었다. 리브가에게는 라반이라는 오빠가 있었다. 그녀는 자신이 태어나기도 전에 가나안으로 이주한 아브라함이라는 숙부 이야기를 들은 적이 있다고 했다.

엘리에셀은 아브라함이 원하던 며느릿감을 제대로 찾았다는 것을 알게 되었다. 그는 리브가의 아버지 브두엘을 만나 자신의 임무에 대해 말했다. 또한, 그는 아브라함이 가나안에서 가장 부유하고 명망있는 인물이라는 것도 빼놓지 않았다. 그리고 리브가에게 자신을 따라가서 이삭의 부인이 되어 달라고 부탁하였다.

리브가의 아버지 브두엘과 오빠 라반은 가문이 결합하는 것을 몹시 반겼다. 그리고 또한 브두엘은 지각(知覺)이 있는 사람으로 자기 딸이 행복해지기를 원했다. 그래서 브두엘은 리브가에게 낯선 땅에 가서 본 적도 없는 사촌과 결혼할 수 있겠느냐고 물어보았다.

엘리에셀을 맞이하는 브두엘(61쪽 그림)_엘리에셀은 리브가를 따라 그녀의 집을 방문한다. 리브가의 아버지 브두엘이 그를 반갑게 맞이하여 이삭과 리브가의 혼담을 이룬다. **프랑수아 부셰의 작품.**

이삭과 리브가

리브가에게 축복하여 이르되 우리 누이여 너는 천만인의 어머니가 될지어다 네 씨
로 그 원수의 성문을 얻게 할지어다
-창세기 24장 60절

아버지 브두엘의 염려가 있었지만, 리브가는 고향을 떠나 이삭과 결혼하기로 결심하였다. 그리하여 리브가는 그녀의 유모와 하녀들을 동반하고 엘리에셀을 따라나섰다. 그때 이삭은 브엘라해로이를 떠나 남쪽 네겝 지역에서 살고 있었다. 어느 날 저녁, 산책을 하려고 들에 나간 이삭이 고개를 들고 보니 낙타 행렬이 한 떼 오고 있었다.

마침 리브가도 멀리서 다가오고 있는 이삭을 바라보고는 낙타에서 내린 후 엘리에셀에게 물었다.

"저기 들판에서 우리를 맞으러 오는 저 남자가 누구인가요?"

엘리에셀은 그녀에게 웃으며 대답했다.

"나의 젊은 주인이자 신랑이 되실 분입니다."

그의 말에 리브가는 베일을 꺼내서 얼굴을 가렸다.

이윽고 이삭이 자신의 아내가 될 베일에 싸였던 리브가의 얼굴을 보게 되었다. 엘리에셀은 젊은 주인에게 그동안의 일을 간단히 말하고, 그녀의 용모는 물론 성격도 뛰어난 여인이라고 말했다.

리브가를 만나는 이삭_하나님의 섭리로 이삭이 리브가를 만나는 장면이다. 이삭과 리브가의 만남과 결혼은 하나님의 뜻 가운데 믿음과 기도로 이루어졌다. **모나르 주즈프의 작품.**

　그러자 이삭은 자신이 '행운아'라고 생각했다. 이삭은 리브가를 어머니 사라의 장막으로 데리고 들어가서 그녀를 아내로 맞아들였다. 이렇게 해서 리브가는 이삭의 아내가 되었고, 이삭은 리브가를 극진히 사랑하였다. 어머니를 여의고 나서 힘들었던 이삭은 리브가로 인해 큰 위로를 받았다.

　이삭과 리브가가 혼인한 후 아브라함은 눈을 감았다. 이 땅에서 아브라함이 누린 햇수는 모두 백일흔다섯 해이다. 아브라함은 그의 아내 사라와 함께 막벨라 굴에 합장되었다. 이후 이삭과 리브가는 아브라함의 모든 유산을 물려받아 행복한 생활을 시작했다.

야곱과 에서

여호와께서 그에게 이르시되 두 국민이 네 태중에 있구나 두 민족이 네 복중에서
부터 나누이리라 이 족속이 저 족속보다 강하겠고 큰 자가 어린 자를 섬기리라 하
셨더라
-창세기 25장 23절

행복한 생활을 하던 이삭과 리브가는 쌍둥이 자녀를 낳았다. 먼저 나
온 아이는 살결이 붉은 데다가 털복숭이로 태어나서 이름을 에서(Esau, '
털이 많다'는 뜻)라고 하였다. 이어서 동생이 나오는데 먼저 나온 형 에서
의 발뒤꿈치를 잡고 나와서 이름을 야곱(Jacop, '발 뒤축을 잡음'이라는 뜻)이라
고 하였다. 에서와 야곱은 여느 쌍둥이와는 달리 닮은 데가 거의 없었다.

형인 에서는 행동은 거칠지만 정직한 젊은이로 자라났다. 그의 팔은
강인하고 말처럼 민첩하였다. 에서는 온종일 산과 들에서 사냥하여 집으
로 돌아왔는데, 이때 에서가 사냥해 온 고기에 맛을 들인 아버지 이삭은
그를 끔찍이 사랑했다.

반면에 동생인 야곱은 에서와는 달리 집에서 멀리 나가는 일이 거의
없었다. 그래서 그는 어머니 리브가의 사랑을 한 몸에 잔뜩 받았는데, 그
녀는 미련스러울 정도로 애정을 쏟아 야곱의 버릇을 잘 못 들였다. 하지
만 몸집이 크고 행동이 거친 에서는 시끄럽게 떠들거나 낙타와 염소 냄
새를 풍기면서 마구간의 짐승들을 집 안으로 들여왔기 때문에 리브가의

야곱에게 팥죽을 달라는 에서_사냥에서 돌아온 에서가 허기진 배를 채우려고 야곱이 끓인 팥죽을 달라고 하는 모습이다. **마티아스 스토메르의 작품.**

사랑을 받지 못했다.

리브가는 야곱이 에서보다 늦게 태어난 것을 유감으로 생각했다. 일찍 태어나지 못해 야곱이 아버지의 후계자가 되지 못하고, 이삭의 유산이 모두 에서에게 넘어가게 되었기 때문이었다. 급기야 리브가는 야곱을 설득하여 에서를 속이기로 하였다.

먼 곳으로 사냥을 하러 갔던 에서가 집으로 돌아왔을 때였다. 그때 마침 야곱은 부엌에서 팥죽을 쑤고 있었다. 이를 본 에서가 야곱에게 부탁했다.

장자권과 바꾼 팥죽_팥죽을 달라고 하는 에서의 요구에 야곱이 장자권, 즉 집안의 맏아들로서 아버지에게 축복을 받고 일족의 우두머리가 되어 군림할 권리를 달라고 하는 장면이다. **헨드릭 테르브루그헨의 작품.**

"배고파 죽을 지경이야. 팥죽 조금만 먹자."

그러나 야곱은 형의 말을 들은 척도 안 했고, 에서는 다시 부탁했다.

"나 배고프단 말이야. 팥죽 한 사발만 줘!"

그제야 야곱은 에서에게 대답했다.

"그러면 형은 나에게 뭘 줄 건데?"

"무엇이든 네게 줄게."

"그럼, 나한테 장자의 권리를 모두 줄 수 있겠어?"

"물론이지. 팥죽 한 사발만 준다면 내 권리를 모두 줄게."

그러자 야곱은 에서에게 팥죽 주었고, 에서는 맛있게 먹었다. 에서는 단순하여 배가 고픈 순간에 팥죽을 먹는 것이 무엇보다 중요했지 야곱이 말하는 뒷생각은 하지 못했다.

야곱은 이 일을 어머니에게 말했다. 이제 이삭에게서 형식을 갖춰 승인을 받아내기만 하면 되었다. 그리고 그 기회가 곧 찾아왔다.

이때 이삭은 사막의 유목민들 사이에는 흔한 질병인 시력 상실증으로 고생하고 있었다. 마므레 평원 지대에 가뭄은 계속되었고, 이삭 일행은 양 떼를 이끌고 필리스티아(블레셋) 중심부로 이동하였다. 그런데 필리스티아 사람들은 이삭 일행이 오는 것을 막기 위해서 아브라함이 한 세대 전에 브엘세바 황야에 파놓았던 우물을 막아버렸다.

이로 인해 이삭 일행의 이동은 몹시 고되었고, 심신이 지친 이삭은 헤브론 땅이 그리워 졌다. 그래서 다시 헤브론으로 돌아온 이삭은 앞으로 자신이 살날이 얼마 남지 않았다는 것을 느꼈고, 삶을 마감하기 위해 자신의 신변을 정리하고 싶었다. 그래서 이삭은 큰아들 에서를 불러 숲에서 사슴을 잡아 와 평소에 자신이 즐겨 먹는 구이 요리를 해오라고 했다. 그러면 그는 에서에게 장자의 축복을 내려 모든 재산을 물려줄 심산이었다.

▌축복받은 야곱

그가 가까이 가서 그에게 입맞추니 아버지가 그의 옷의 향취를 맡고 그에게 축복
하여 이르되 내 아들의 향취는 여호와께서 복 주신 밭의 향취로다 하나님은 하늘
의 이슬과 땅의 기름짐이며 풍성한 곡식과 포도주를 네게 주시기를 원하노라 만
민이 너를 섬기고 열국이 네게 굴복하리니 네가 형제들의 주가 되고 네 어머니의
아들들이 네게 굴복하며 너를 저주하는 자는 저주를 받고 너를 축복하는 자는 복
을 받기를 원하노라
－창세기 27장 27~29절

──

아버지 이삭의 명으로 에서는 활과 화살을 들고 집을 나섰다. 그 때 이
이야기를 엿들은 리브가가 곧바로 야곱에게 달려가서 말하였다.

"때가 됐다. 네 아버지가 죽기 전에 에서에게 축복을 내리려고 하신다.
오늘 주무시기 전에 말이야. 내가 너를 변장시켜서 아버지가 에서라고
여기게 해줄게. 그러면 아버지가 모든 축복을 너에게 주실 거다. 그게 바
로 우리가 바라던 바가 아니냐."

그러나 야곱은 썩 내키지 않았다.

"형은 털이 많은 사람이고, 나는 이렇게 피부가 매끈한 사람인데 아무
리 눈이 어두운 아버지라지만 저를 만져 보시면 어떻게 되겠습니까? 아
버지를 속인 죄로 축복은커녕 오히려 저주를 받을 것이 아닙니까?"

하지만 리브가는 야곱에게 강경하게 말했다.

"아들아, 저주는 이 어미가 받으마. 너는 내가 시키는 대로 하여라. 어서 가서 염소 두 마리를 끌고 오너라."

야곱은 염소 두 마리를 붙잡아서 어머니에게 끌고 왔고, 리브가는 에서가 만드는 방법으로 염소 고기를 이삭의 입맛에 맞게 요리했다. 그런 다음에 그녀는 자기가 집에 잘 간직하여 둔 에서의 옷 가운데 가장 좋은 것을 꺼내어 야곱에게 입혔다. 그리고 염소 새끼 가죽을 야곱의 매끈한 손과 목덜미에 둘러 주고 나서 염소 고기와 빵을 야곱에게 들려주었다.

이삭의 방에 들어서는 야곱_리브가가 야곱을 에서로 변장시키고 에서 대신 이삭에게 들여보내 축복을 받으려는 장면을 묘사한 프레스코 벽화이다. **조토 디 본도네의 작품.**

야곱은 이삭의 방으로 들어가 아버지를 불렀다. 그러자 눈이 어두운 이삭은 에서와 야곱 중 누구인지 물었다. 이에 야곱이 아버지에게 말하였다.

"저는 아버지의 큰아들 에서입니다. 아버지께서 말씀하신 그대로 하였습니다. 이제 일어나 앉으셔서 제가 사냥하여 온 고기를 잡수시고, 저에게 마음껏 축복하여 주시기 바랍니다."

"얘야, 어떻게 그렇게 빨리 사냥거리를 찾았느냐?"

"아버지께서 섬기시는 주 하나님이 모든 일이 잘되도록 저를 도와주셨습니다.

그러자 이삭이 야곱에게 말하였다.

"얘야, 내가 너를 좀 만져 볼 수 있게 이리 가까이 오너라. 네가 정말로 에서인지 확인해봐야겠다."

야곱이 아버지에게 가까이 다가가자 이삭이 야곱을 만져 보고서는 혼잣말로 중얼거렸다.

"목소리는 야곱의 목소리인데, 손은 에서의 손이로구나."

이삭은 야곱의 두 손에 에서의 손처럼 털이 나 있어 야곱인 줄 모르고, 그에게 축복하여 주기로 하였다.

이삭이 말하였다.

"나의 아들아, 네가 사냥하여 온 것을 나에게 가져오너라. 내가 그것을 먹고서, 너에게 마음껏 복을 빌어 주겠다."

야곱이 아버지에게 리브가가 요리한 것을 가져다 주니 이삭이 그것을 먹었다. 야곱이 또 포도주를 가져다가 따르니 이삭이 그것을 마셨다. 이삭이 야곱에게 말하였다.

"나의 아들아, 이리 와서 나에게 입을 맞추어다오."

이삭에게 축복받는 야곱_야곱이 눈이 보이지 않는 이삭에게 에서 대신 장자권의 축복을 받아내는 장면이다. **호페르트 플링크의 작품.**

　야곱이 가까이 가서 아버지에게 입을 맞추었다. 그러자 이삭은 야곱의 옷에서 나는 냄새를 맡고서 그에게 축복을 빌어 주었다. 그런데 야곱이 아버지의 방에서 나오자마자 에서가 막 돌아왔다. 그러나 이미 축복은 야곱에게 내려졌고, 이삭은 하나님의 축복을 번복할 수 없었다. 아브라함으로부터 이삭에게 이른 축복은 이제 야곱으로 이어지게 된 것이다.

하나님은 도망자 신세가 된 야곱에게 축복을 내려주시면서 그를 도와 주겠다고 약속하였다.

이윽고 야곱이 우르 땅에 도착했을 때 외숙부 라반은 그에게 기꺼이 집을 마련해 주었다. 야곱은 외갓집에서 외숙부의 두 딸 레아와 라헬을 만났다. 그는 아름다운 라헬에게 첫눈에 반하고는 외숙부에게 그녀와 결혼하겠다고 말했다. 그러자 라반이 대답했다.

"나를 위해 7년 동안 보수를 받지 않고 일한다면 라헬과의 결혼을 허락하겠다."

야곱과 라헬_외사촌인 라헬에게 첫눈에 반한 야곱의 모습이다. 야곱은 라헬과 결혼하기 위해 외숙부 라반의 집에서 7년간 열심히 일하였다. **윌리엄 다이스의 작품.**

야곱과 라반_라헬과 결혼하기 위해 7년간 일한 야곱에게 말을 바꾼 라반이 라헬의 언니 레아와 결혼시키고, 다시 7년을 더 일하면 라헬과의 결혼을 허락하겠다는 장면이다. **자코포 아미고니의 작품.**

　야곱은 라헬과 결혼하기 위해 7년 동안 라반의 집에서 하인처럼 일했다. 어느덧 7년의 세월이 지났지만, 라반은 자신의 고장에서는 여동생을 언니보다 먼저 시집보내지 못한다며 말을 바꿨다. 어쩔 수 없이 야곱은 라헬 대신 언니인 레아와 결혼하였다. 그리고 라헬과 결혼하는 조건으로 7년을 더 라반의 집에서 일했다.

　7년이 지난 후 라헬과 결혼한 야곱은 이제 라반의 집에서 나가려고 하였다. 하지만 라반은 야곱이 일을 잘하므로 품삯을 원하는 만큼 줄 터이니 가지 말라고 붙잡았다. 이에 야곱은 라반의 양 떼를 돌봐주는 대신 그 가운데서 검은 양의 새끼와 얼룩지고 점이 있는 염소의 새끼를 품삯으로 달라고 요청하고 라반의 승낙을 받았다.

그런데 라반은 야곱과 계약을 맺은 후 자기 아들들을 불러 야곱이 맡은 가축 중에서 검은 양과 얼룩진 염소는 모두 빼고, 야곱에게는 흰 양과 흰 염소만 맡겼다. 그러나 야곱은 이미 라반의 계획을 알아채고 있었다. 영특했던 야곱은 나무의 푸른 가지를 가져다가 흰 줄무늬를 내놓고 가지들을 구유 안에 세워 놓았다. 양과 염소들이 물을 먹을 때마다 흰 줄무늬를 보게 한 것이다. 또 양과 염소들이 교미할 때에도 흰 줄무늬 가지를 보여 줘 검은 양과 얼룩진 염소를 낳게 했다. 게다가 야곱은 건강한 양과 염소에게만 흰 줄무늬가 난 가지들을 보여 줬다.

이렇게 되자 6년이 더 지난 후에는 야곱의 가축이 라반의 가축보다 훨씬 많아졌고, 이에 앙심을 품은 라반과 그의 아들들이 야곱을 죽이려 했다. 그러나 이미 위기감을 느낀 야곱은 라반을 떠나기로 한다. 야곱은 레아와 라헬 두 아내와 모든 가족을 데리고 20년 만에 고향으로 돌아가기로 했다. 이때 라헬은 아버지 라반의 보물인 드라빔(Teraphim)을 몰래 가져왔다. 드라빔은 재산 상속의 의미를 지닌 집안의 수호신상으로, 라헬은 아버지의 재산을 훔친 셈이다. 라반은 드라빔을 찾고자 야곱을 쫓아왔으나 찾지 못했다. 야곱과 라반은 돌기둥을 세워 언약의 증표로 삼고, 돌무더기 옆에서 잔치를 벌였다. 후에 이 돌무더기는 '미스바'라고 불렸다.

▶드라빔을 숨기는 라헬(77쪽 그림)_야곱 일행을 쫓아온 라반이 드라빔을 찾고 있는 장면이다. 야곱이 고향으로 떠날 때 라헬은 아버지 라반의 보물인 드라빔을 몰래 훔쳤다. 라반은 드라빔을 되찾고자 했으나 총명한 라헬은 자기 치마 아래 드라빔을 숨겨 찾지 못하게 했다. 이후 라헬은 야곱의 고향을 가는 도중에 베냐민을 난산(難産)하고 숨을 거두었다. 죽은 라헬은 에브랏(베들레헴)에 장사되었다. **티에폴로의 작품.**

야곱과 에서의 화해

> 그가 이르되 네 이름을 다시는 야곱이라 부를 것이 아니요 이스라엘이라 부를 것
> 이니, 이는 네가 하나님과 및 사람들과 겨루어 이겼음이니라
> -창세기 32장 28절

고향을 찾아 나선 야곱은 두 아내와 두 여종, 그리고 열한 아들을 데리고, 얍복 나루를 건넜다. 그는 먼저 가족들을 인도하여 개울을 건너보내고, 자기에게 딸린 모든 소유를 건너보낸 후에 홀로 남아 있었다. 이때 하나님이 보낸 천사가 나타나 야곱을 붙잡고 씨름을 하자고 도발하였다. 이에 야곱은 동이 틀 때까지 천사와 씨름을 하였다. 천사는 자기가 도저히 야곱을 이길 수 없다는 것을 알고서는 야곱의 허벅지 관절을 쳤다. 천사가 날이 새려고 하니 놓아 달라고 했지만, 야곱은 자기에게 축복해 주지 않으면 보내지 않겠다고 떼를 썼다.

결국 씨름에서 진 천사는 야곱에게 '이스라엘(Israel)'이라는 이름을 주었다. 이스라엘은 '하나님과 겨루어 이김'이라는 뜻으로, 이로부터 지금의 이스라엘 국가의 기원이 되었다. 하지만 야곱은 천사의 발길질에 허벅지 관절이 어긋나서 다리를 절게 되었다.

하나님의 천사와 씨름하고 있는 야곱의 조각상

천사와 씨름하는 야곱_하나님의 천사와 야곱이 밤새 씨름을 하는 장면이다. 야곱을 당해낼 수 없었던 천사는 야곱의 허벅지 관절을 어긋나게 한 뒤 자신을 놓아달라고 부탁한다. 그러자 야곱은 축복받기를 간구했고, 천사는 야곱에게 '이스라엘'이라는 새로운 이름을 부여했다. **알렉산드루이스 르로르의 작품.**

　야곱은 마므레 지방에 도착하였을 즈음 기력을 거의 잃었고, 자신감마저 상실했다. 게다가 형인 에서가 무리와 함께 낙타를 끌고 자신에게 오고 있다는 소식을 듣고는 지난 일들이 생각나서 크게 두려웠다. 야곱이 고개를 들어 보니 형 에서가 장정 사백 명을 거느리고 오고 있었다.

　야곱은 아이들을 레아와 라헬과 두 여종에게 나누어서 맡기고, 두 여종과 그들에게서 난 아이들은 앞에 세우고, 레아와 그에게서 난 아이들은 그 뒤에 세운 후에 라헬과 요셉은 맨 뒤에 세워서 따라오게 하였다.

그리고 야곱은 맨 앞으로 나가 에서에게 다가가면서 일곱 번이나 땅에 엎드려 절을 하였다. 그러자 에서가 달려와서 그를 끌어안았다. 에서는 두 팔을 벌려 야곱의 목을 끌어안고서 입을 맞추었고, 형제는 함께 울었다.

야곱은 에서에게 자신의 가족들을 소개하였다. 그리고 자신이 몰고 온 가축들의 일부를 형에게 주었다. 하지만 에서는 야곱의 가축들을 받지 않았다.

"아우야, 나는 넉넉하다. 너의 것은 네가 가져라."

에서는 성격이 거칠지만, 인정도 많은 사람이었다. 그는 야곱의 재산 그 어느 것도 원하지 않았다. 그러면서 아버지 이삭은 연로하지만, 아직 살아계시며 처음 보는 손자들을 만나면 무척 좋아하실 거라는 말도 잊지 않았다.

야곱이 헤브론(마므레)에 도착했을 때 그의 자식은 열한 명이었고, 고향에 돌아가서는 모두 열두 명이 되었다. 그런데 두 아내인 레아와 라헬은 오랫동안 서로 심하게 반목했다. 야곱이 사랑은 하지 않지만 결혼하게 된 레아는 열 명의 아들과 딸을 낳았다. 하지만 라헬은 요셉이라는 아들 하나만 낳았을 뿐이었다. 그리고 그녀는 귀향길에 둘째 아들 베냐민을 낳다가 산고에 시달려 그만 죽고 말았다. 야곱이 귀향하는 길에 일어난 슬픈 사건이었고, 라헬은 베들레헴에 묻혔다.

야곱은 헤브론에 도착할 때까지 계속 양 떼를 이끌고 서쪽으로 향했다. 이삭은 오랫동안 잊고 있었던 아들 야곱을 맞을 정도의 기력은 있었으나 곧 죽게 되었고, 막벨라 굴에 안치된 아버지 아브라함과 어머니 사라 옆에 묻혔다.

이후 '이스라엘'이라는 새로운 이름을 얻은 야곱은 아버지 이삭의 유

야곱과 에서의 재회_야곱은 형 에서를 만나는 것을 두려워했지만, 에서는 지난 일을 모두 잊고 야곱을 반갑게 맞이했다. **헨드릭 반 발렌의 작품.**

산을 물려받은 후 헤브론에 정착했다. 야곱이 지금까지 살아온 인생은 대부분 험난했다. 그리고 얼마 후, 야곱은 다시 고향 땅을 떠났다. 그는 자신의 인생 말미를 이집트에서 보냈는데, 그곳은 조상들의 묘소에서도 너무나 멀리 떨어진 곳이었다.

요셉의 어린 시절

야곱은 우여곡절 끝에 레아와 라헬 자매와 결혼해 두 명의 아내가 있었다. 언니 레아와의 사이에서 열 명의 아들을 낳았고, 동생인 라헬과의 사이에서 요셉과 베냐민이라는 두 아들을 낳았다. 하지만 라헬은 베냐민을 낳다가 죽고 말았다. 라헬을 사랑한 야곱은 레아보다 라헬의 자식들을 더 예뻐했고, 특히 요셉을 더욱 사랑하여 형제들이 모두 모여 있을 때 편애를 드러내곤 했다.

요셉은 다른 이복형제들보다 훨씬 영리하였고, 이로 인해 형들의 시기와 질투를 받았다. 요셉은 '꿈꾸는 소년'이었다. 어느 날, 요셉은 지난밤에 꾸었던 꿈 이야기를 형들에게 했다.

"우리가 모두 들에 나가서 밀집을 묶고 있는데, 내 밀집이 제일 가운데 서 있었어. 그런데 형들 밀집이 모두 둥글게 모여서더니 내 밀집에 절을 하는 꿈을 꾸었어."

이를 들은 요셉의 형들은 못마땅해하며 말했다.

"네가 우리의 왕이라도 될 성싶으냐? 정말로 네가 우리를 다스릴 참이야?"

며칠 후 요셉은 또 한 번 자기의 꿈 이야기를 형들에게 말했다.

"이번에는 해와 달과 열한 개의 별들이 나에게 절을 했어."

이번에는 요셉의 꿈 이야기에 아버지 야곱까지 기분이 상했다. 그러나 야곱은 요셉이 하는 행동이나 말하는 것을 모두 재미있어했고, 그저 요셉이 영리하다는 증거라고 생각하며 웃어넘겼다. 하지만 열한 명의 형제들은 더욱 요셉을 미워하게 되었다.

야곱의 사랑을 받는 요셉_요셉은 야곱과 그가 사랑한 라헬 사이에 태어난 아들로, 야곱으로부터 편애적 사랑을 받는다. 그로 인해 요셉은 이복형제들에게 미움의 대상이 되어 따돌림을 당한다. **해리 앤더슨 작품.**

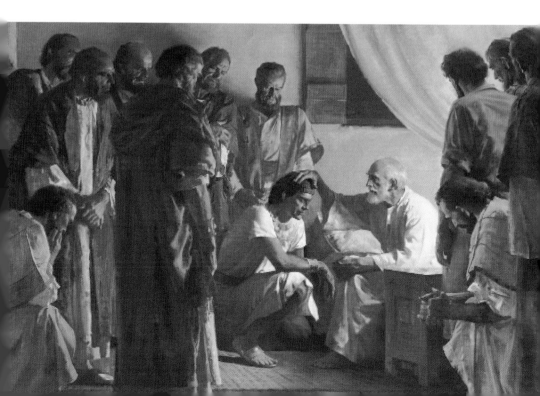

이집트로 팔려간 요셉

여호와께서 요셉과 함께 하시므로 그가 형통한 자가 되어 그의 주인 애굽 사람의 집에 있으니 그의 주인이 여호와께서 그와 함께 하심을 보며 또 여호와께서 그의 범사에 형통하게 하심을 보았더라

-창세기 39장 2~3절

요셉은 이복형제들의 시기와 질투로 미디안 상인들에게 팔린 후, 다시 이집트 파라오의 신하이자 경호 대장인 보디발에게 노예로 팔렸다. 그러나 정직하며 현명했던 요셉은 보디발의 총애를 받으며 단순한 노예가 아닌 집사로 일하게 되었고, 보디발 집안의 모든 재산을 관리하는 일을 하게 되었다.

그런데 보디발의 아내는 준수한 용모를 지닌 요셉에게 반해서 욕정을 품고는 남편이 집을 비운 사이에 요셉을 유혹했다.

"나하고 침실로 가요!"

그러나 요셉은 거절하면서 보디발의 아내에게 말하였다.

"주인께서는 모든 것을 나에게 맡겨 관리하게 하시고는 집안의 일에 아무 간섭도 하지 않으십니다. 주인께서는 가지신 모든 것을 나에게 맡기셨으므로 이 집안에서 나의 위에는 아무도 없습니다. 나의 주인께서 나의 마음대로 하지 못 하게 한 것은 한 가지뿐입니다. 그것은 마님입니다. 마님은 주인어른의 부인이시기 때문입니다. 그런데 내가 어찌 이런 나쁜 일을 저질러서 하나님을 거역하는 죄를 지을 수 있겠습니까?"

요셉을 유혹하는 보디발의 아내_욕정을 품은 보디발의 아내가 용모가 아름다운 요셉을 유혹하는 장면이다. **장 바티스트 나티에의 작품.**

요셉이 이렇게 말하였는데도 보디발의 아내는 날마다 끈질기게 요셉을 유혹했다. 그럴수록 요셉은 보디발의 아내와 함께 침실에 가지도 않았을 뿐만 아니라 아예 자리에 함께 있지도 않았다. 하루는 요셉이 할 일이 있어서 집 안으로 들어갔는데, 집안에 종들이 한 명도 없었다. 이 때 보디발의 아내가 요셉의 옷을 붙잡고 침실로 이끌었다. 이에 당황한 요셉은 붙잡힌 자기의 옷을 그녀의 손에 남겨 둔 채 뿌리치고 집 바깥

보디발의 아내에게 모함을 받는 요셉_보디발의 아내가 요셉의 옷을 자기 침대에 걸쳐놓고 남편인 보디발에게 거짓말을 하는 장면이다. 모함을 받은 요셉은 자신을 변론할 수 없음을 알고 안타까워하고 있다. **렘브란트의 작품.**

으로 뛰쳐나갔다. 그러자 보디발의 아내는 집에서 일하는 종들을 불러서 말하였다.

"이것 좀 보아라. 주인이 우리를 웃음거리로 만들려고 이 히브리 녀석을 데려다 놓았구나. 그가 나를 욕보이려고 달려들기에 내가 고함을 질렀더니 자기 옷을 여기에 내팽개치고는 바깥으로 뛰어나갔다."

이렇게 말한 후 보디발의 아내는 그 옷을 곁에 놓고 남편이 집으로 돌아오기를 기다렸다. 마침내 보디발이 돌아오자 그에게 일러바쳤다.

"당신이 데려다 놓은 저 히브리 사람이 나를 농락하려고 나에게 달려들었어요. 내가 사람 살리라고 고함을 질렀더니 자기 옷을 내 앞에 버려두고 바깥으로 뛰어나갔어요."

보디발은 자기 아내의 말을 듣자 화가 치밀어 올라 즉시 요셉을 잡아서 감옥에 가두었다. 그곳은 왕의 죄수들을 가두는 곳이었다. 요셉은 억울하게 감옥에 갇혔지만, 하나님은 그와 함께 계시면서 돌봐주시고, 그를 한결같이 사랑하셔서 간수장의 눈에 들게 하였다. 간수장은 감옥에 있는 모든 죄수를 요셉에게 맡겼고, 감옥에서 일어나는 온갖 일을 요셉은 현명하게 처리하였다.

얼마 후 요셉이 갇혀 있는 감옥에 파라오의 술을 따르는 시종장과 빵을 만드는 시종장이 잘못을 저질러 들어왔다. 감옥에 갇힌 두 사람은 같은 날 동시에 꿈을 꾸었는데, 그 꿈의 내용은 서로 달랐다.

다음 날 아침, 요셉은 근심에 잠긴 두 사람의 얼굴을 보고서 두 시종장에게 넌지시 물었다.

"오늘은 안색이 좋아 보이지 않습니다. 왜 그러십니까?"

"우리가 꿈을 꾸었는데, 해몽할 사람이 없어서 그러네."

"해몽은 하나님이 하시는 것이 아닙니까? 꿈꾼 이야기를 제게 말씀하여 보시기 바랍니다."

그러자 술잔을 올리는 시종장이 먼저 자기가 꾼 꿈 이야기를 하였다.

"내가 한 포도나무 옆에 서 있었는데, 갑자기 나뭇가지 세 개가 자라더니 포도가 가득 열렸소. 그러고는 내가 그 포도를 따서 술잔에 즙을 내어 파라오께 바로 드렸소."

술잔을 올리는 시종장의 꿈 이야기를 들은 요셉이 그에게 말하였다.

"해몽은 이러합니다. 가지 셋은 사흘을 말합니다. 앞으로 사흘만 지나

감옥에서 해몽을 하는 요셉_파라오의 신하인 두 시종장의 꿈을 해몽하는 요셉의 모습이다. **알렉산더 이바노프의 작품.**

면 파라오께서 시종장을 불러내서 직책을 되돌려 주실 것입니다. 시종장께서는 전날 술잔을 받들어 올린 것처럼 파라오의 손에 술잔을 올리게 될 것입니다. 시종장께서 잘되시는 날에 저를 기억하여 주시기 바랍니다. 그리고 파라오에게 저의 사정을 말씀드려서 저도 감옥에서 풀려나게 해주시기를 바랍니다. 저는 히브리 민족이 사는 땅에서 강제로 끌려온 사람입니다. 그리고 저는 절대로 감옥에 들어올 만한 잘못은 하지 않았습니다.”

요셉의 해몽을 들은 빵을 구워 올리는 시종장도 요셉에게 자신이 꾼 꿈 이야기를 시작했다.

“내 꿈도 들어주시오. 나도 이상한 꿈을 꾸었소. 빵이 잔뜩 든 바구니 세 개를 머리에 이고 궁전으로 가고 있었는데, 갑자기 새들이 하늘에서 내려와 빵을 다 먹어 치웠소. 이게 무슨 뜻이오?”

요셉이 빵을 구워 올리는 시종장에게 말하였다.

“해몽은 이러합니다. 바구니 셋은 사흘을 말합니다. 앞으로 사흘이 되면 파라오께서 시종장을 불러내서 목을 베고 나무에 매다실 터인데, 새들이 시종장의 주검을 쪼아 먹을 것입니다.”

사흘째 되는 날은 파라오의 생일이었고, 그는 모든 신하를 불러 모아서 잔치를 베풀었다. 그리고 요셉의 해몽처럼 술잔을 올리는 시종장과 빵을 구워 올리는 시종장이 신하들이 모인 자리에 불려 나갔다. 파라오에게 술을 따라 올리는 시종장은 직책이 회복되어 잔에 술을 따라서 파라오의 손에 올리게 되었고, 빵을 구워 바치는 시종장은 나무에 매달려서 처형되었다. 요셉이 그들에게 해몽하여 준 대로 된 것이다. 그러나 술잔을 올리는 시종장은 요셉을 기억하지 못하였다. 그는 요셉을 잊고 있었던 것이다.

▌이집트의 총리가 된 요셉

바로가 또 요셉에게 이르되 내가 너를 애굽 온 땅의 총리가 되게 하노라 하고
–창세기 41장 41절

무려 2년이나 이집트의 감옥에 갇힌 요셉은 괴로운 시간을 보내고 있었다. 이때 이집트의 통치자 파라오(Pharaoh, '바로'는 파라오의 한자 표기인 '法老'를 음차함)가 두 가지 꿈을 꾸었다. 첫 번째 꿈은, 한 줄기 밀대에서 잘 자라는 일곱 개의 이삭을 갑자기 자란 일곱 개의 나쁜 이삭들이 먹어 치운 것이었다. 두 번째 꿈은, 비쩍 마른 일곱 마리의 소가 나일강변에서 한가롭게 풀을 뜯고 있던 살찐 일곱 마리의 소를 모두 잡아먹은 것이었다. 파라오는 현자들에게 이 꿈들을 풀이해 달라고 했지만, 모두 할 말을 찾지 못했다.

그때 술잔을 올리는 시종장이 꿈을 영특하게 잘 풀이해 주던 요셉을 기억해 내고는 파라오에게 그를 불러 해몽해보자고 말했다. 파라오의 신하들은 감옥에 갇혀 있던 요셉을 씻기고 이발과 면도를 시킨 다음, 새 옷을 입히고 궁으로 데리고 왔다. 오랜 감옥 생활을 했음에도 요셉은 여전히 총명했다. 요셉은 파라오의 꿈을 아주 쉽게 설명했다.

"7년 동안 풍년이 계속될 것입니다. 일곱 마리의 살찐 소와 한 줄기에서 잘 자란 일곱 개의 이삭이 바로 풍년을 뜻합니다. 그러나 그 후 7년 동안은 흉년이 계속되어 이전에 잘 자랐던 곡식들이 모두 말라 없어져 버

파라오 앞에 선 요셉_요셉의 해몽을 들은 파라오는 앞으로 닥칠 풍년과 흉년에 대비해 요셉을 이집트의 총리로 임명했다. **장 아드리앙 기녜의 작품.**

릴 것입니다. 그러므로 폐하께서는 현명한 자를 뽑아 나라의 식량 공급을 관장하게 해야 할 것입니다. 흉년이 되어 기근이 오면 강력한 행정력이 필요하기 때문입니다."

파라오는 요셉의 해몽에 깊은 감명을 받았다. 그가 보기에 요셉은 대단한 분별력이 있어 보였고, 빠른 결정력으로 상황에 꼭 맞는 해결책을 제시했다. 파라오는 자신의 손가락에 끼고 있던 옥새 반지를 빼서 요셉의 손가락에 끼우고, 고운 모시옷을 입히고는 금목걸이를 목에 걸어 주었다. 그리고 요셉을 이집트의 총리로 임명했다. 또한, 파라오는 요셉에게 사브낫바네아(Zaphenath-Paneah, '비밀의 계시자'라는 뜻)라는 이름을 지어

이집트 총리에 오른 요셉_이집트의 노예로 팔려 가서 총리가 된 요셉은, 이집트의 모든 일을 맡아 현명하게 처리했다. 이때부터 많은 히브리인이 이집트에 유입되었다. **로렌스 알마타데마의 작품.**

고, 온의 제사장 보베라의 딸 아스낫과 혼인을 시켰다. 요셉이 이집트의 총리가 되어 파라오를 섬기기 시작할 때, 그의 나이 서른 살이었다.

요셉은 이집트 땅을 부지런히 순찰했다. 풍년을 이룬 일곱 해 동안 땅에서 생산된 것은 대단히 많았다. 요셉은 이집트 땅에서 일곱 해 동안 풍년으로 생산된 모든 먹거리를 거두어들여 여러 성읍에 저장해 두었다. 각 성읍 근처 밭에서 나는 곡식은 각각 그 성읍에 쌓아 두었다.

요셉이 저장한 곡식의 양은 엄청나게 많아서 마치 바다의 모래와 같았다. 그 양이 셀 수 없을 만큼 많아져서 기록을 중단할 수밖에 없었다. 요셉과 온의 제사장 보베라의 딸 아스낫 사이에서 두 아들이 태어난 것은 흉년이 들기 전이었다.

마침내 7년 동안의 풍년 이후 흉년과 기근이 나라를 강타했다. 오래전부터 그날 먹을 것만 신경 쓰던 이집트의 농부들은 곡식을 저장해 본 적이 없었다. 그들은 먹을 것을 마련하기 위해 파라오에게 집과 가축을 내놓아야 했다. 7년간 흉년이 지날 무렵에 그들은 가진 것을 모두 잃었고, 파라오는 지중해 연안에서 '달의 산맥(루웬조리 산맥, 아프리카에서 제일 높은 산지)'에 이르는 거의 모든 땅을 손에 넣게 되었다.

이렇게 해서 이집트는 자유인들의 시대가 끝나고 노예 시대가 시작되었다. 이런 시대는 거의 40세기 동안이나 지속되었고, 기근이 열두 번 든 것보다 더 비참한 결과를 낳았다.

그러나 요셉의 현명한 정책 덕분에 백성들은 굶어 죽지 않았고, 이집트는 문명 세계의 상업적인 중심지가 될 수 있었다. 기근이 여러 나라에서 일어났지만, 이를 대비했던 나라는 이집트밖에 없었다. 바빌로니아와 아시리아, 가나안 사람들 모두 가뭄과 메뚜기 떼, 해충 등으로 극심한 환난을 겪었다. 여기저기에서 사람들이 수천 명씩 굶어 죽었다. 어느 한 지역에서는 주민 모두가 죽은 곳도 있었고, 살아남기 위해 아이들을 노예로 팔아넘기기까지 하는 일도 있었다.

이집트에 간 요셉의 형제들

그들이 서로 말하되 우리가 아우의 일로 말미암아 범죄하였도다 그가 우리에게 애걸할 때에 그 마음의 괴로움을 보고도 듣지 아니하였으므로 이 괴로움이 우리에게 임하도다
-창세기 42장 21절

한편 쇠약해진 야곱 역시 가족들과 함께 굶주림으로 고생하고 있었다. 결국 절망에 빠진 야곱의 아들들은 곡식을 얻기 위해 이집트에 가기로 했다. 요셉의 동생 베냐민만이 집에 남았고, 나머지 열 명의 형제는 당나귀에게 빈 포대를 메어 식량을 구하러 이집트로 향했다. 그들은 시나이 사막을 지나 나일강변에 도착했다. 그런데 이집트 병사들이 그들을 체포하여 요셉에게 데리고 갔다. 열 명의 형제들은 얼굴을 땅에 대고 요셉에게 엎드려 절을 하였다. 요셉은 그들을 보자마자 곧바로 그들이 형들임을 알았다. 그러나 짐짓 모르는 체하고 그들에게 엄하게 물었다.

"당신들은 어디에서 왔소?"

"곡식을 사려고 가나안 땅에서 왔습니다."

형들은 요셉을 알아보지 못하였다. 그때 요셉은 형들을 두고 꾼 꿈을 기억하고서 그들에게 말하였다.

"당신들은 첩자들이오. 이 나라의 허술한 곳이 어디인지를 엿보러 온 것이 틀림없소!"

이집트의 요셉_요셉이 이집트에서 한 일들을 부분적으로 나누어 그린 그림이다. **폰토르모의 작품.**

"아닙니다. 소인들은 그저 곡식을 사러 왔을 뿐입니다. 소인들은 형제들입니다. 모두 열둘입니다. 가나안 땅에 사는 한 아버지의 아들들입니다. 막내는 소인들의 아버지와 함께 있고, 또 하나는 잃었습니다."

그러자 요셉이 다시 그들에게 말하였다.

"내 말이 틀림없소. 당신들은 첩자들이오. 그러나 당신들이 진실을 증명할 방법은 있소. 파라오께서 살아 계심을 두고 맹세하오. 당신들 가운데서 한 사람을 보내어 당신들 집에 남아 있는 아우를 이리로 데려오게 하고, 나머지는 감옥에 가두어 두겠소. 나는 이렇게 하여 당신들이 한 말이 진실인지를 시험해 보겠소."

요셉은 그들을 감옥에 사흘 동안 가두어 두었다. 사흘이 지난 후, 요셉이 그들에게 말하였다.

요셉과 그의 형제들_요셉의 형제들이 자신들이 첩자가 아님을 요셉에게 설명하면서 사정하는 장면을 묘사한 그림이다. **아브라함 블뢰마르트의 작품.**

"나는 하나님을 두려워하오. 당신들은 이렇게 하시오. 그래야 살 수 있소. 당신들이 정직한 사람이면 당신들 형제 가운데서 한 사람만 여기에 갇혀있고, 나머지는 곡식을 가지고 돌아가서 집안 식구들이 허기를 면하도록 하시오. 그러나 당신들은 반드시 막냇동생을 나에게 데려와야 하오. 그래야만 당신들의 말이 사실이라는 것을 증명할 수 있을 것이며, 당신들이 죽음을 면할 것이오."

그러자 요셉의 형들은 히브리어로 자기들끼리 말하였다.

"우리가 요셉에게 못된 짓을 해서 벌을 받는구나."

르우벤이 그들에게 대답하였다.

"그러기에 내가 그 아이에게 못 할 짓을 하는 죄를 짓지 말자고 하지 않더냐? 그런데도 너희는 나의 말을 들은 체도 하지 않았다! 이제 우리가 그 아이의 피 값을 치르게 되었다."

그들은 자기들끼리 하는 말을 요셉이 알아듣는 줄은 전혀 알지 못했다. 요셉은 형들의 말을 듣다못해 그들 앞에서 잠시 물러가서 울었다. 한편으로는 형들이 자신에게 저지른 일을 후회하고 있다는 것에 기뻤다. 지난 30년 동안 잘못을 저지른 형제들에게 큰 교훈을 준 것으로 보였다.

하지만 요셉은 여전히 확신하지 못했다. 자신이 어렸을 때 그들에게 당했던 일을 용서하기 전에 다시 한번 그들을 시험해 봐야만 했다. 결국 시므온이 인질로 남고 나머지는 막내인 베냐민을 데려오기로 하였다. 그러나 이것은 쉬운 일이 아니었다. 이 사실을 알게 된 야곱의 마음은 찢어질 듯 아팠지만, 가족들이 굶주리고 하인들은 죽어갔으며, 다음 해에 뿌릴 씨앗조차 없었기 때문에 베냐민을 보내는 것을 허락했다.

▌형제들을 용서한 요셉

> 그들의 아버지 야곱이 그들에게 이르되, 너희가 나에게 내 자식들을 잃게 하도다
> 요셉도 없어졌고 시므온도 없어졌거늘 베냐민을 또 빼앗아 가고자 하니 이는 다
> 나를 해롭게 함이로다
> ─창세기 42장 36절

요셉의 형들은 가나안 땅으로 돌아와서 아버지 야곱에게 그들이 이집트에서 겪은 일을 자세히 설명했다. 그리고 막내인 베냐민을 데리고 다시 이집트로 가야 한다고 말했다. 이에 야곱은 통곡하였다. 하지만 아들들의 약속을 지켜야 했기에 베냐민을 형들과 함께 이집트로 보낼 수밖에 없었다.

지난번에 그들은 국경을 넘자마자 체포되었지만, 이번에는 병사들 모두 격식을 갖추고 대했다. 아무 영문도 모른 채 형제들은 즉시 요셉의 궁으로 보내졌다.

다시 형들을 만난 요셉은 그들의 안부를 물으며 말하였다.

"전에 그대들이 나에게 말한 연세 많으신 아버지도 안녕하시오? 그분이 아직도 살아 계시오?"

"소인들의 아버지는 지금도 살아 있고, 평안합니다."

형들은 대답하면서 몸을 굽혀서 절을 하였다.

요셉은 형제들을 둘러보다가 자기 친동생 베냐민을 보면서 입을 열

요셉과 그의 형제들_요셉의 형제들이 막내인 베냐민을 요셉에게 소개하는 장면이다. **프란체스코 우베르티니의 작품.**

었다.

"이 아이가 지난번에 그대들이 나에게 말한 바로 그 막냇동생이오?"

자기 친동생을 보다가 치밀어 오르는 형제의 정을 누르지 못한 요셉은 잠시 자신의 방으로 들어가 울음을 삭이고 나서 다시 나왔다. 그리고 자신의 청지기에게 은밀히 명하였다.

"저 사람들이 가지고 갈 수 있을 만큼 자루에 곡식을 많이 담으시오. 그들이 가지고 온 돈도 각 사람의 자루 아귀에 넣으시오. 그리고 어린아이의 자루에는 곡식값으로 가지고 온 돈과 내가 쓰는 은잔을 함께 넣으시오."

다음날 동이 틀 무렵 그들은 당나귀를 이끌고 길을 나섰다. 그런데 그들이 아직 그 성읍에서 얼마 가지 않았을 때 갑자기 시끄러운 소리가 들리더니 이집트 병사들이 나타났다. 그들을 체포하러 온 병사들이었다. 형제들은 자신들이 무슨 죄를 저질렀냐고 물으며 결백을 주장했다. 그러나 이집트 병사의 대장은 총리인 요셉의 술잔이 없어졌는데, 그날 총리의 옆에는 히브리인 방문객들 몇 명만이 있었다고 했다.

수색당하는 요셉의 형제들_ 이집트 병사들이 요셉의 은잔을 찾기 위해 형제들의 자루를 뒤지고 있는 장면이다. **프란체스코 우베르티니의 작품.**

베냐민의 자루에서 은잔을 발견하는 요셉의 청지기_요셉은 자신의 친동생 베냐민의 자루 속에 은잔을 넣고는 그를 범인으로 몰아 형제들을 압송한다. **클라에스 코르넬리스 모에이아르트의 작품.**

　형제들도 어찌할 수 없는 상황이었다. 그들은 한 명씩 자신의 짐을 풀었다. 그런데 마지막으로 수색당한 베냐민의 곡식 자루의 맨 밑바닥에 요셉의 은잔이 있었다. 형제들은 이제 죄수가 되어 요셉 앞에 끌려갔다. 그들은 절망감에 사로잡혀 설명할 수도 없는 어려운 상황을 해명해 보려고 노력했다.

　그러나 요셉은 얼굴을 찡그린 채 그들의 배은망덕한 행위를 비난하며 호통을 쳤다.

　"당신들은 어찌하여 이런 일을 저질렀소? 나 같은 사람이 점을 쳐서 물건을 찾는 줄을 당신들은 몰랐소?"

　그러자 유다가 대답하였다.

　"우리가 주인께 무슨 할 말이 있겠습니까? 무슨 변명을 할 수 있겠습니까? 어찌 우리의 죄 없음을 밝힐 수 있겠습니까? 하나님이 소인들의 죄를 들추어내셨으니, 우리와 이 잔을 가지고 간 아이가 모두 주인의 종이 되겠습니다."

요셉과 형제들의 만남_ 요셉이 자신의 정체를 드러내자 그의 이복형제들이 깜짝 놀라는 장면이다. **바론 프랑수아 제라르 의 작품.**

유다의 말에 요셉이 대답했다.

"그렇게까지 할 것은 없소. 이 잔을 가지고 갔다가 들킨 사람만 나의 종이 되고, 나머지는 당신들의 아버지께로 돌아가시오."

이때 유다가 요셉에게 가까이 가서 간청하였다.

"이 종이 주인께 감히 한 말씀 드리는 것을 용서하여 주시기 바랍니다. 주인께서는 파라오와 꼭 같은 분이시니, 이 종에게 너무 노여워하지 마시기를 바랍니다. 종들의 늙은 아버지는 그가 늘그막에 얻은 아들 하나가 있는데, 그 아이와 한 어머니에게서 난 그의 친형은 죽고 그 아이만 있으므로 아버지가 그 아이를 무척이나 사랑하였습니다. 저희가 막냇동생을 이곳에 데려오자 아버지께서는 절망했습니다. 그래서 제가 책임지고 막내를 아버지께 다시 데려다줄 것이라 약속했습니다. 그런데 막내를 데려가지 못하면 종들의 아버지께서 큰일을 당하지 않을까 우려됩니다. 그러니 막내 대신에 소인을 주인의 종으로 삼아서 이곳에 머물게 해주시고, 막내는 그의 형들과 함께 돌려보내 주시기를 바랍니다."

이집트에서 아버지와 형제들을 맞이하는 요셉_과거 형들이 저지른 잘못을 용서한 요셉이 아버지 야곱을 만나는 장면이다. **살로몬 드 브레이의 작품.**

요셉은 유다의 말을 듣고는 모든 이집트인에게 그의 방에서 나가라고 명령했다. 이집트인들이 모두 나가자 요셉은 권좌에서 내려와 베냐민을 끌어안았다. 그러자 다른 열 명의 형제들은 매우 놀랐다. 그들 앞에는 한 때 자신들이 시기와 질투에 빠져 죽이고자 했고, 미디안 상인에게 팔아 버린 동생 요셉이 이집트의 총리가 된 모습으로 있었다.

요셉은 자신의 마차를 내어주며 아버지 야곱을 이집트로 모셔오게 했고, 새로 얻은 경작지 중 고센 지방을 가족들에게 나눠주었다. 이렇게 되어 히브리 민족은 가나안을 떠나 이집트로 이동하게 되었다. 그러나 그들은 옛 고향을 항상 잊지 못했고, 야곱도 죽을 때가 되자 이삭과 아브라함이 묻힌 막벨라 굴에 자신을 묻어 달라고 유언했다.

야곱에게 축복받는 요셉의 자녀들_야곱은 자신이 사랑했던 아들 요셉을 만나 행복한 말년을 보낸다. 야곱이 요셉의 자녀들에게 축복하는 장면이다. **렘브란트의 작품.**

제2장

출애굽기

〈출애굽기〉의 중요한 메시지는 이스라엘의 하나님 여호와가 누구이시며, 무엇을 하시는지를 드러내는 일이다. 여호와는 지상의 모든 권세를 다스리시는 분이시며, 이스라엘 백성의 생존과 번영을 결정하시는 분이시다. 이스라엘은 여호와와 떨어져 소개되지 않으며, 동시에 여호와도 이스라엘과 떨어져 소개되지 않는다.

▌이스라엘 자손이 학대를 받다

그가 그 백성에게 이르되 이 백성 이스라엘 자손이 우리보다 많고 강하도다 자 우리가 그들에게 대하여 지혜롭게 하자 두렵건대 그들이 더 많게 되면 전쟁이 일어날 때에 우리 대적과 합하여 우리와 싸우고 이 땅에서 나갈까 하노라 하고
―출애굽기 1장 9~10절

야곱의 아들들은 이집트에서 권력을 잡고 영향력을 행사하고 있던 요셉의 보호 아래 안정된 생활을 하고 있었다. 그들은 나일강 동쪽 삼각주 지역의 여러 도시에서 번영하며 만족스러운 생활을 했고, 가나안의 자기 고향 땅도 자유롭게 드나들 수 있었다. 이후 430년의 세월이 흐르는 동안 야곱의 열두 형제의 자손들과 그들의 직계가족은 하나님이 약속한 대로 커다란 민족으로 성장했다. 이집트 사람들은 그들을 유대(히브리) 사람이라고 불렀다.

그러나 시대가 바뀌어 이집트의 통치자 파라오도 여러 명 바뀌었고, 마침내 요셉을 알지 못하는 새로운 파라오가 등극하게 되었다. 새로운 파라오는 유대인들이 이집트를 배반하고 이집트의 적과 내통하지 않을까 우려했고, 유대인들을 노예로 삼아 비돔과 라암셋의 왕도를 건설하는 데에 강제로 집단 동원했다.

고대 이집트 왕국의 디오라마_고대 이집트 왕국은 메네스가 최초로 이집트를 통일하였다. 그 후 이민족 통치자인 힉소스 족의 마지막 파라오 때 요셉은 최고 권력자가 되었고, 이때부터 유대인이 이집트로 이주하기 시작했다.

그러나 유대인들은 억압을 받으면 받을수록 그 수가 더욱 불어나고 자손이 번성하였다. 그래서 이집트 사람들은 이스라엘 자손을 몹시 싫어하였고, 그들을 더욱 혹독하게 부렸다. 이집트 사람들이 흙을 이겨 벽돌을 만드는 일이나 밭일과 같은 온갖 고된 일로 이스라엘 자손을 괴롭히는 탓에 유대인들의 삶은 매우 힘들었다.

한편 파라오는 히브리 산파들에게 이렇게 말하였다.

"갓 태어난 유대 남자아이는 모두 강물에 던지고, 여자아이들만 살려두어라."

바구니 속의 아기 모세

그 아기가 자라매 바로의 딸에게로 데려가니 그가 그의 아들이 되니라 그가 그의
이름을 모세라 하여 이르되 이는 내가 그를 물에서 건져내었음이라 하였더라
—출애굽기 2장 10절

한편 파라오의 명령으로 유대인 남자아이들이 살해되던 때에 유대인
부부 아므람과 요게벳 사이에서 사내아이가 태어났다. 부부는 여자아이
가 태어나길 바랐지만, 사내아이가 태어나자 당황스러웠다. 만약 파라오
의 병사들에게 들키는 날이면 아기는 죽을 것이 틀림없었기 때문이었다.
부부는 아무도 모르게 몰래 아기를 숨겨서 키웠지만, 이웃들이 부부의
집에서 들리는 사내아이의 울음소리를 듣고 의심하기 시작하자 계속해
서 아기를 키울 수가 없었다.

결국 요게벳은 아기를 안고 나일 강으로 갔다. 그녀는 작은 바구니를
하나 짜고는 진흙으로 바구니 겉을 발라 물이 스며들지 못 하게 하고, 아
기를 그 바구니에 담아 강물 위로 떠나보냈다. 하지만 급히 만들어진 바
구니 배는 멀리 가지 못했다. 강물은 완만하고 수심도 얕았기 때문에 바
구니 배는 강둑을 따라 길게 자란 갈대숲 사이에서 오도 가도 못하게 되
었다. 이 모습을 지켜본 아기의 누이 미리암은 멀리서 발만 동동 굴렀다.

나일강에 버려지는 모세_아기 모세가 나일 강변에서 이집트의 공주에 의해 구해지는 장면이다. **샤를 퓌르종의 작품.**

    그때 마침 파라오의 딸인 공주가 그곳에 목욕하려고 와 있었다. 공주의 시녀들이 포대기에 싸인 바구니를 발견하고는 물 밖으로 끄집어 올렸다. 바구니 안에 있던 4개월밖에 안 된 아기는 무척 귀여웠다.

    이집트 공주는 그 아기를 자신이 키우기로 결심하고 육아에 대해 잘 아는 유모를 구하기로 했다. 근처에서 이를 지켜보던 아기의 누이 미리암은 이집트 공주에게 다가가서 말했다.

"공주님, 제가 히브리 여인 가운데서 유모를 데려다 드릴까요?"

"그래, 어서 데려오너라."

미리암은 빠른 발걸음으로 어머니인 요게벳을 불러왔다.

이집트 공주가 요게벳에게 말하였다.

"이 아이를 데리고 가서 나를 대신하여 젖을 먹여다오. 그렇게 하면 내가 너에게 삯을 주겠다."

그렇게 해서 아기는 친어머니의 젖을 먹을 수 있었다. 아기가 자라서 공주에게 데려갔고, 공주의 아들이 되었다. 아기의 이름을 모세(Moses)라고 하였는데 '물에서 건졌다'라는 뜻이었다. 아기 모세는 파라오가 명령한 대학살을 모면할 수 있었을 뿐 아니라 화려한 왕궁에서 친어머니 요게벳의 보호와 양육 아래 왕족으로서 교육을 받으면서 무럭무럭 자랐다.

◀**물에서 구해지는 모세**(110쪽 그림)_이집트 공주는 아기를 양자로 삼고 '물에서 건졌다'는 뜻으로 모세라고 이름 지었다. 아기 모세는 유모가 된 친어머니의 젖을 먹으며 자라났다. **파올로 베로네세의 작품. 공주의 양자가 된 모세**_이집트 공주의 양자가 된 아기 모세는 파라오의 대학살을 피해 살아남았다. **윌리엄 호가스의 작품.**

이집트를 떠나 사막에 머무른 모세

그가 아들을 낳으매 모세가 그의 이름을 게르솜이라 하여 이르되 내가 타국에서 나
그네가 되었음이라 하였더라
－출애굽기 2장 22절

모세의 친형인 아론은 벽돌공장에서 일하면서 조금이라도 일손을 늦추면 십장(옛날 군제(軍制)에서 열 명의 병졸을 거느리던 우두머리)에게 매를 맞았다. 그러나 모세는 화려한 옷을 입고 젊은 왕족으로 자랐다. 그러나 모세는 마음속 깊이 자신이 유대인이라는 것을 느끼고 있었다.

어느 날 모세는 어느 이집트인이 유대인 노인을 마구 때리는 것을 보고는 화가 나 이집트인을 때려 숨지게 했다. 이러한 사실이 알려지면 모세는 즉시 사형에 처할 것이 분명하여 모래 속에 시신을 묻어 버렸다. 이튿날 모세는 거리로 나갔다가 유대인들이 다투는 것을 보게 되었다. 모세가 그만두라고 말하자 그중 한 명이 비웃으며 말했다.

"당신이 우리 주인이라도 되오? 지난번에 이집트인을 죽인 것처럼 이제는 나도 죽이고 싶소?"

모세는 자기가 살인한 것이 탄로 난 것을 알고 두려워하였다. 이 일은 삽시간에 퍼져 나가 파라오의 귀에 들어갔다. 파라오는 모세를 당장 감옥에 가두라고 명령했지만, 이를 눈치챈 모세는 미디안 땅으로 도망쳤다. 그는 홍해 주변의 사막을 방랑하다가 어느 우물에 다다르게 되었다.

그때 마침 근처에 살던 제사장 이드로의 딸들이 양 떼에게 물을 주려고 우물로 오고 있었다. 당시에는 밤이 되면 양치기들이 모두 동시에 우물로 몰려와서 자기 가축들에게 물을 주려다가 한바탕 소동이 벌어지곤 하였다. 이때도 양치기 중 한 명이 이드로의 딸들보다 먼저 물을 주려고 그녀들을 밀쳐내고 있었다.

양치기들을 혼내주는 모세_우물가에서 이드로의 딸들을 위협하는 양치기들을 모세가 혼내주는 장면이다. **샤를 르 브룅의 작품.**

연약한 여자들을 밀쳐내는 모습을 본 모세는 양치기들을 혼내주고 이드로의 딸들을 도와주었다. 그녀들이 아버지 이드로에게 돌아갔을 때 아버지가 딸들에게 물었다.

"너희가 오늘은 어떻게 이렇게 일찍 돌아왔느냐?"

그녀들이 대답하였다.

"어떤 이집트 사람이 양치기들의 손에서 우리를 구해 주고, 우리를 도와서 물까지 길어 양 떼에게 먹였습니다."

그러자 이드로가 딸들에게 말하였다.

"그 사람이 어디에 있느냐? 그런 사람을 그대로 두고 오다니 어찌 그럴 수가 있느냐? 그를 불러서 음식을 대접해라."

이렇게 하여 모세는 이드로를 만났으며, 아브라함과 이삭 그리고 야곱과 마찬가지로 모세도 양치기가 되었다. 모세는 이드로의 딸 중에서 십보라와 결혼하였다. 그는 사막 생활을 하면서 진정한 자신의 사명을 깨달았다. 그때 유대 민족은 선조들이 여러 가지 역경을 뚫고 나올 수 있었던 진정한 원칙, 즉 '하나님에 대한 믿음'을 잊고 있었다.

세월이 흘러 모세를 잡으려고 한 이집트의 파라오는 죽었다. 그동안 유대인들은 노예와 같은 고된 일 때문에 탄식하며 부르짖으니, 그들의 탄식 소리가 하나님에게 이르렀다.

◀**이드로의 딸들을 도와주는 모세**(114쪽 그림)_이드로의 일곱 딸이 양들에게 물을 주려고 할 때 뒤늦게 나타난 양치기들이 그녀들을 몰아낸다. 그러자 이 모습을 지켜보던 모세가 의협심을 발휘하여 양치기들을 혼내주는 장면이다. **지암바티스타 디 자코포 구아르파레 로시의 작품.**

이집트로 돌아온 모세

여호와께서 이르시되 내가 애굽에 있는 내 백성의 고통을 분명히 보고 그들이 그들의 감독자로 말미암아 부르짖음을 듣고 그 근심을 알고 내가 내려가서 그들을 애굽인의 손에서 건져내고 그들을 그 땅에서 인도하여 아름답고 광대한 땅 젖과 꿀이 흐르는 땅 곧 가나안 족속 헷 족속 아모리 족속 브리스 족속 히위 족속 여부스 족속의 지방에 데려가려 하노라 이제 가라 이스라엘 자손의 부르짖음이 내게 달하고 애굽 사람이 그들을 괴롭하는 학대도 내가 보았으니 이제 내가 너를 바로에게 보내어 너에게 내 백성 이스라엘 자손을 애굽에서 인도하여 내게 하리라
－출애굽기 3장 7~10절

모세는 장인인 이드로의 양 떼를 치며 유목 생활을 하고 있었다. 그러던 어느 날, 모세는 호렙산에 올라갔다가 불타는 떨기나무에서 하나님의 계시를 받았다. 이때 하나님이 모세에게 명했다.

"모세야, 이집트로 돌아가라."

이집트를 도망쳤던 모세는 어느덧 80세가 되었으며, 그는 능숙하게 말을 잘할 수 없었다.

"저는 말을 잘하지 못 합니다."

이런 모세의 대답에 하나님이 말했다.

"너에게는 말을 잘하는 네 친형인 아론이 있지 않으냐?"

모세는 이집트에서 핍박받고 있는 자기 민족을 구하기로 결심하고, 형

불타는 떨기나무를 목격하는 모세_이집트를 탈출하여 미디안에서 유목 생활을 하던 모세는 호렙산에서 불타는 떨기나무를 통해 하나님을 만났다. 또한, 하나님의 명령으로 모세는 핍박당하는 이스라엘 민족을 구하고자 이집트로 돌아갔다. **세바스티앙 부르동의 작품.**

아론과 함께 이집트로 돌아갔다. 그때 모세의 손에는 하나님의 지팡이가 들려 있었다. 모세가 아론과 이집트에 돌아왔을 때는 자신을 수배한 파라오는 죽었고, 새로운 파라오가 이집트를 다스리고 있었다. 새로운 파라오는 모세의 이집트인 살해 사건에 대해 아무런 정보를 갖고 있지 않았다. 그래서 모세와 아론은 이집트에서 아무런 제재를 받지 않았다.

모세와 아론_모세의 친형인 아론은 이스라엘 최초의 제사장이다. 그는 말을 더듬는 모세를 대신하여 이집트의 파라오에게 하나님의 명령을 전하고, 모세를 도와 노예 상태에 있던 유대인들을 이집트에서 탈출시켰다.

이드로와 작별하는 모세_모세는 뜻한 바를 이루기 위해서 장인인 이드로와 작별하고 부인과 아이들을 데리고 이집트로 돌아간다. **얀 빅토르스의 작품.**

모세와 아론은 이스라엘 자손의 모든 장로를 불러 모았다. 그리고 아론이 하나님이 모세에게 한 모든 말들을 그들에게 일러주었다. 하지만 유대인들은 모세와 아론을 믿으려 하지 않았다. 그들은 이미 노예 생활에 익숙해져서 용기를 잃은 겁쟁이가 되어 있었다.

유대인들은 이집트에서 매우 힘들게 살고는 있었지만, 적어도 밥은 거르지 않고 살았다. 물론 모세가 말하는 새로운 땅에서 자유롭게 사는 것에 대해 반겼으나 한편으로 그 약속의 땅은 너무 멀었다. 더군다나 그곳으로 가는 도중에 그들의 재물을 노리는 크고 작은 도적들과 전투가 벌어질 수도 있었고, 약속의 땅에는 호전적인 이방 민족이 통치하고 있어 안전을 담보할 수 없었다.

게다가 모세는 말을 더듬어 달변가가 아니었다. 모세의 용기와 인내심은 대단했지만, 용맹과 지성을 갖춘 다른 지도자들과 마찬가지로 그는 사람들이 자신의 올바른 주장을 믿지 않으려고 할 때는 잘 참지 못했다. 그래서 모세는 논쟁 같은 일은 형 아론에게 일임하였고, 자신은 좀 더 세세한 일에 전념하며 결정적인 순간을 대비하였다.

모세와 아론은 이집트 파라오에게 담대하게 나아가 위대한 총리였던 요셉 시절에 유대 민족이 자발적으로 왔던 것처럼 평화롭게 이집트를 떠나는 것을 허락해 달라고 요청했다. 그러나 파라오는 모세의 요청을 거절했다. 이때 모세와 파라오는 말로써 크게 한바탕 난리를 치렀다.

모세가 파라오에게 말하였다.

"주 이스라엘의 하나님이 말씀하시기를 '나의 백성을 보내라. 그들이 광야에서 나의 절기를 지켜야 한다'라고 하셨습니다."

그러나 파라오는 이렇게 대답하였다.

"그 주가 누구인데 나더러 그의 말을 듣고서 유대인들을 보내라는 것이냐? 나는 주를 알지도 못하니 유대인들을 보내지도 않겠다."

다시 모세가 파라오에게 말하였다.

"하나님이 우리에게 나타나셨습니다. 그러니 우리가 광야로 사흘 길을 가서 주 우리의 하나님께 제사를 지낼 수 있게 허락하여 주십시오. 그렇게 하지 않으면, 하나님께서 무서운 질병과 끔찍한 재앙으로 이집트의 온 땅을 치실 것입니다."

그러자 파라오는 모세와 아론에게 이렇게 대답하였다.

"모세와 아론은 들어라. 이집트 땅의 유대인들 수는 이집트인보다 더 많이 불어났다. 그런데도 너희는 그들이 하는 일을 중단시키려 드는구나. 어서 물러가서 너희가 할 일이나 하여라."

이집트의 유대인 노예_모세가 이집트로 다시 돌아갔을 때 유대인들은 노예와 마찬가지인 생활을 하고 있었다. 그들은 과거 요셉과 같은 인물이 나타나길 바라며 이집트인의 핍박을 견디고 있었다.**에드워드 존 포인터의 작품.**

　파라오는 모세의 요청을 거부하고, 그날부터 유대인들을 부리는 강제노동 감독관과 작업반장들에게 명령했다. 유대인들이 벽돌을 만들 때 제공했던 밀짚은 이제 유대인 스스로 마련하라고 했다. 그러면서도 작업량은 기존과 똑같게 하라는 것이었다. 이 일로 인해 유대인들은 모세에게 몹시 화를 냈다.

　모세는 이집트에서 자신의 처지가 얼마나 위험한지를 깨닫게 되었다. 그는 함께 왔던 아내 십보라와 자식들을 미디안의 집으로 돌려보내고, 이후에 대한 문제를 진지하게 대비하기 시작했다.

　모세는 자기 뜻을 굽히지 않고 재차 유대인들에게 하나님이 직접 자신에게 말했다고 강조했다. 장차 이스라엘 자손은 위대한 나라가 될 것이며, 하나님이 아브라함에게 한 약속을 이루려면 당장 노예의 땅인 이집트를 떠나야만 한다고 열변하였다. 그러나 유대인들은 그의 말을 그저 듣기만 할 뿐 꿈적도 하지 않았다. 그들은 이미 노예근성으로 뭉쳐져 있었다. 이미 유대인들은 하나님을 향한 믿음을 잃었을 뿐만 아니라 하나님의 능력을 의심까지 했으며, 기꺼이 이집트의 노예가 되려고 했다.

결국 모세는 힘을 사용하지 않으면 양쪽 다 움직이지 않으리라 생각했다. 게다가 혼자 힘으로는 유대 민족에게 확신을 줄 수도 없었고, 이집트 파라오를 설득할 수도 없었다.

모세는 하나님께 호소하였다.

"주님, 어찌하여 주님께서는 이 백성에게 이렇게 괴로움을 겪게 하십니까? 왜 저를 이곳에 보내셨습니까? 제가 파라오에게 가서 주님의 이름으로 말한 뒤로는 그가 이 백성을 더욱 괴롭히고 있습니다. 그런데도 주님께서는 주님의 백성을 구하실 생각을 전혀 하지 않고 계십니다."

모세의 호소를 들은 하나님이 그에게 말하였다.

"이제 너는 내가 파라오에게 하는 일을 보게 될 것이다. 틀림없이 그는 강한 손에 밀려서 그들을 내보내게 될 것이다. 결국 강한 손에 밀려서야 내 백성을 이 땅에서 내쫓다시피 할 것이다."

구원자 모세_모세는 하나님께서 뽑아 세우신 이스라엘의 지도자이다. 그의 첫 번째 사명은 유대 민족을 이집트의 억압으로부터 해방시키는 것이었다.

▌첫 번째 재앙, 물이 피가 되다

여호와께서 또 모세에게 이르시되 아론에게 명령하기를 네 지팡이를 잡고 네 팔을
애굽의 물들과 강들과 운하와 못과 모든 호수 위에 내밀라 하라 그것들이 피가 되
리니 애굽 온 땅과 나무 그릇과 돌 그릇 안에 모두 피가 있으리라
-출애굽기 7장 19절

하나님의 말씀에 용기를 얻은 모세와 아론은 다시 파라오를 찾아가서 유대인들이 평화롭게 이집트를 떠나도록 허락해 달라고 요청하였다. 그러나 파라오는 또다시 거절했다. 그러자 아론이 파라오 앞에 자신의 지팡이를 던지니 그것이 뱀으로 변신하였다. 이에 파라오도 자신의 마술사들을 불러 아론과 똑같은 술법을 재현하였다. 하지만 이때 아론의 뱀이 그들의 뱀을 삼켰다. 그런데도 파라오는 고집을 꺾지 않고 모세의 말을 듣지 않았다.

왕궁에서 나온 모세에게 하나님이 나타나 힘을 실어 주는 말을 하였다.

"너는 아침에 파라오에게로 가거라. 그가 물가로 갈 것이니 강가에서 그를 기다리고 있다가 그를 만나라. 너는 뱀으로 변했던 그 지팡이를 손에 들고서 그에게 이렇게 말하여라. '유대인의 하나님이신 주님께서 나를 파라오에게 보내어 이르시기를, 나의 백성을 보내어 그들이 광야에서 나에게 예배하게 하라, 하셨는데도 파라오는 아직 그 말씀을 듣지 않았습니다. 그래서 주님께서 말씀하시기를, 이제 주님께서 친히 주님임

을 파라오에게 기어이 알리고야 말겠다고 하셨습니다. 보십시오. 내가 쥐고 있는 이 지팡이로 강물을 치면, 이 강물이 피로 변할 것입니다. 강에 있는 물고기는 죽고, 강물에서는 냄새가 나서 이집트 사람이 그 강물을 마시지 못할 것입니다."

모세와 아론은 하나님의 명령을 충실히 따랐다. 아론이 모세의 지시에 따라 파라오와 그의 신하들 앞에서 지팡이를 들어 강물을 치니 강의 모든 물이 피로 변하였다. 그러자 강에 있는 물고기가 모두 죽고, 강물에서 악취가 나 이집트 사람들이 그 강물을 마실 수 없게 되었다. 이집트 땅의 모든 곳에 피가 고였다.

아론의 지팡이를 뱀으로 변신시킨 모세_모세의 뱀이 이집트 마술사들이 만든 뱀을 집어삼키는 장면을 묘사한 그림이다. **피에트로 바르델리노의 작품.**

하나님의 첫 번째 재앙_모세는 하나님의 능력으로 이집트의 강을 피로 물들이게 하여 파라오에게 경고하였다.

　그런데 이집트의 마술사들도 자기들의 술법으로 이와 똑같이 하니 하나님이 말한 대로 파라오는 고집을 부리면서 그들의 말을 듣지 않았다. 이번에도 파라오는 이 일에 아무 관심도 없다는 듯이 발길을 돌렸다. 강물을 마실 수 없게 된 모든 이집트 사람들은 마실 물을 찾아서 강 주변에 우물을 파야 했다.

두 번째 재앙, 개구리가 올라오다

여호와께서 모세에게 이르시되 아론에게 명령하기를 네 지팡이를 잡고 네 팔을 강들과 운하들과 못 위에 펴서 개구리들이 애굽 땅에 올라오게 하라 할지니라
-출애굽기 8장 5절

두 번째 재앙이 있었다. 하나님이 모세에게 나타나 말씀하셨다.

"너는 파라오에게로 가서 '나 주가 이렇게 말한다'하고 그에게 이르기를, '나의 백성을 보내라. 그들이 나를 예배할 수 있게 하여라. 네가 그들을 보내지 않으면 나는 개구리로 너의 온 땅을 벌하겠다. 강에는 개구리들이 득실거리고, 땅 위로 올라와서 너의 궁궐과 너의 침실에도 들어가고, 너의 신하와 백성의 집에도 들어가고, 너의 화덕과 반죽하는 그릇에도 들어갈 것이다. 또한, 그 개구리들은 너와 너의 백성과 너의 모든 신하의 몸에도 뛰어오를 것이다'라고 하여라."

이에 아론이 이집트의 강과 운하와 못에 그의 손을 펼치니 개구리들이 올라와서 이집트 땅을 뒤덮었다. 그러나 마술사들도 자기들의 술법으로 똑같이 하여 개구리들이 이집트 땅 위로 올라오게 하였다.

그때 파라오가 모세와 아론을 불러들여 부탁하였다.

"너희는 주께 기도하여 개구리들이 나와 나의 백성에게서 물러가게 하여라. 그러면 내가 너희 백성이 주께 제사를 지낼 수 있도록 너희를 보

하나님의 두 번째 재앙_모세는 하나님의 능력으로 개구리들이 올라와 이집트 온 땅을 뒤덮게 하였다.

내 주겠다."

모세가 파라오에게 대답하였다.

"기꺼이 그렇게 하겠습니다. 그러면 언제쯤 개구리들이 파라오와 파라오의 궁궐에서 물러가서 오로지 강에서만 살게 하여 파라오의 백성이 이 재앙을 피할 수 있게 기도하면 좋겠습니까?"

"내일이다."

"말씀대로 하겠습니다. 그렇게 해서 주 우리의 하나님과 같은 분이 없

개구리 재앙을 겪는 파라오_ 하나님의 능력으로 개구리 재앙은 사라졌지만, 파라오는 약속을 지키지 않았다.

다는 사실을 알게 하여 드리겠습니다. 이제 개구리들이 왕과 왕의 궁궐과 신하들과 백성들에게서 물러가고, 오직 강에만 남아 있을 것입니다."

모세와 아론은 파라오에게서 물러 나왔다. 그리고 모세가 하나님께 파라오에게 보낸 개구리를 없애 달라고 간구하자 집과 뜰과 밭에 있던 개구리들이 모두 죽었다. 이집트 사람들이 이것을 모아 무더기로 쌓아 놓으니 그 악취가 온 땅에 가득하였다. 그러나 모세의 명령에 개구리들이 모두 사라졌어도 파라오는 약속을 지키지 않았으니, 하나님이 말씀하신 것과 같았다.

세 번째 재앙, 티끌이 이가 되다

여호와께서 모세에게 이르시되 아론에게 명령하기를 네 지팡이를 들어 땅의 티끌을 치라 하라 그것이 애굽 온 땅에서 이가 되리라
－출애굽기 8장 16절

모세와 아론은 파라오에게 자신들에게 했던 약속을 지키라 말하였다. 그런데도 파라오는 꿈쩍할 생각도 하지 않았다. 이에 아론이 지팡이를 잡고서 팔을 내밀어 땅을 내리치니 먼지가 일었고, 그 먼지는 모두 이(Louse)로 변하여 사람과 짐승들에게 퍼져 나갔다. 이에 파라오도 마술사들을 동원하여 똑같은 술법을 하라고 시켰다. 하지만 그들은 더 이상 술법을 부리지 못했다. 이집트 마술사들은 파라오에게 그것은 신의 권능이 아니고서는 할 수 없는 일이라고 말하였다. 그런데도 파라오는 하나님의 말씀처럼 여전히 고집을 부리며 모세의 말을 듣지 않았다.

하나님의 세 번째 재앙_ 이집트 온 땅에 이들이 우글거려 이집트인들이 괴로워했지만, 파라오의 고집은 여전했다.

네 번째 재앙, 파리가 가득하다

여호와께서 모세에게 이르시되 아침에 일찍이 일어나 바로 앞에 서라 그가 물 있는 곳으로 나오리니 그에게 이르기를 여호와께서 이와 같이 말씀하시기를 내 백성을 보내라 그러면 그들이 나를 섬길 것이니라 네가 만일 내 백성을 보내지 아니하면 내가 너와 네 신하와 네 백성과 네 집들에 파리 떼를 보내리니 애굽 사람의 집집에 파리 떼가 가득할 것이며 그들이 사는 땅에도 그러하리라 그 날에 나는 내 백성이 거주하는 고센 땅을 구별하여 그 곳에는 파리가 없게 하리니 이로 말미암아 이 땅에서 내가 여호와인 줄을 네가 알게 될 것이라 내가 내 백성과 네 백성 사이를 구별하리니 내일 이 표징이 있으리라 하셨다 하라 하시고

-출애굽기 8장 20~23절

파라오의 완강한 고집에 또다시 네 번째 재앙이 찾아왔다. 이번에는 파리떼가 구름처럼 몰려 날아와서 이집트 곳곳으로 퍼져 온 지역에 병을 퍼뜨렸다. 모든 음식이 오염되었고, 심지어 병에 걸린 사람들이 죽기 시작했다.

이런 상황에 이르러서야 파라오는 모세와 타협하였다.

"이제 너희는 가라. 그리고 이 땅에서 유대인들은 너희 하나님에게 제사를 지내라."

모세가 파라오에게 말하였다.

"이집트 사람들은 우리의 하나님께 제사 지내는 것을 부정하게 여기

하나님의 네 번째 재앙_모세가 하나님의 능력으로 이집트에 파리떼를 창궐하게 하여 전염병을 도지게 한다. **윌리엄 터너의 작품.**

므로 이 땅에서는 제사를 지낼 수 없습니다. 만약 우리가 이집트 사람들이 보는 앞에서 그들이 신성하게 여기는 동물을 희생 제물로 바치면, 그들이 어찌 보고만 있겠습니까? 우리를 돌로 치지 않겠습니까? 우리는 하나님이 우리에게 말씀하신 대로 광야로 나가서 우리의 하나님께 제사를 지내야 합니다."

그러자 파라오가 대답하였다.

"그렇다면 나는 너희를 내보내서 너희가 광야에서 너희의 하나님께 제사를 지내게 하겠다. 그러나 너희는 너무 멀리는 나가지 마라. 그리고 너희는 내가 하는 일도 잘되도록 기도하여라."

다시 모세가 말하였다.

"보십시오. 이제 제가 파라오 앞에서 물러가서 하나님께 기도하겠습니다. 내일이면 파리떼가 바로 파라오의 백성들에게서 떠나갈 것입니다. 파라오께서 우리를 속이고 백성을 보내지 않으셔서, 우리가 하나님께 제사를 드리지 못 하는 일이 다시는 없게 하여 주시기 바랍니다."

모세가 파라오 앞에서 물러 나와 하나님께 기도하니, 하나님은 모세의 기도를 들어 주어 파리떼가 파라오와 그의 신하들과 백성에게서 모두 떠나서 한 마리도 남아 있지 않았다. 그러나 파리떼 재앙이 사라지자 파라오는 다시 자신의 약속을 지키지 않았다.

하나님과의 약속을 어기는 파라오_모세가 하나님의 능력으로 파리떼를 없애주었으나 파라오는 약속을 지키지 않았다. 이는 하나님과의 약속을 저버리는 행위였다. **중세 필사본 그림.**

다섯 번째 재앙, 가축의 죽음

여호와께서 모세에게 이르시되 바로에게 들어가서 그에게 이르라 히브리 사람의 하나님 여호와께서 말씀하시기를 내 백성을 보내라 그들이 나를 섬길 것이니라 네가 만일 보내기를 거절하고 억지로 잡아두면 여호와의 손이 들에 있는 네 가축 곧 말과 나귀와 낙타와 소와 양에게 더하리니 심한 돌림병이 있을 것이며 여호와 가 이스라엘의 가축과 애굽의 가축을 구별하리니 이스라엘 자손에게 속한 것은 하 나도 죽지 아니하리라 하셨다 하라 하시고 여호와께서 기한을 정하여 이르시되 여 호와가 내일 이 땅에서 이 일을 행하리라 하시더니

—출애굽기 9장 1~5절

파라오가 계속해서 약속을 지키지 않자 다섯 번째 재앙이 찾아왔다. 이 번에는 이집트의 모든 가축이 이름 모를 병에 걸려서 죽었다. 그래서 이 집트 사람들은 신선한 고기를 먹을 수가 없었다. 그러나 하나님은 이스 라엘 자손의 집짐승은 한 마리도 죽지 않게 하였다.

파라오는 사람을 보내서 이스라엘 사람의 집짐승이 한 마리도 죽지 않 은 것을 확인하였다. 그런데도 파라오는 여전히 고집을 부려 하나님의 백성을 보내지 않았다. 하나님은 파리떼가 창궐했던 네 번째 재앙부터 유대 민족이 사는 고센 땅을 구별하셨다. 파라오는 구별된 재앙을 목격 하며 마음이 흔들렸고, 모세와 타협을 하면서도 여전히 이스라엘 백성을 이집트의 노예로 잡아두려고 했으나 모세는 허락하지 않았다.

▌여섯 번째 재앙, 악성 종기가 생기다

여호와께서 모세와 아론에게 이르시되 너희는 화덕의 재 두 움큼을 가지고 모세
가 바로의 목전에서 하늘을 향하여 날리라 그 재가 애굽 온 땅의 티끌이 되어 애굽
온 땅의 사람과 짐승에게 붙어서 악성 종기가 생기리라
-출애굽기 9장 8~9절

모세와 아론은 하나님의 명대로 화덕의 재 두 움큼을 가지고 파라오 앞
에 섰다. 모세가 재를 하늘을 향하여 날리니, 그것이 이집트 온 땅의 사
람과 짐승에게 붙어 악성 종기가 생겼다.

심지어 이집트 마술사들도 악성 종기 때문에 모세 앞에 나서지 못하였
다. 모든 이집트 사람과 마술사들에게 종기가 생겼지만, 어떤 의사도 고
치지 못했다. 그러나 하나님의 재앙에도 파라오는 여전히 고집을 부려
모세의 요청을 거절하였다.

하나님의 재앙으로 죽음에 휩싸인 이집트

▌일곱 번째 재앙, 우박이 내리다

여호와께서 모세에게 이르시되 너는 하늘을 향하여 손을 들어 애굽 전국에 우박
이 애굽 땅의 사람과 짐승과 밭의 모든 채소에 내리게 하라 모세가 하늘을 향하여
지팡이를 들매 여호와께서 우렛소리와 우박을 보내시고, 불을 내려 땅에 달리게
하시니라 여호와께서 우박을 애굽 땅에 내리시매 우박이 내림과 불덩이가 우박에
섞여 내림이 심히 맹렬하니 나라가 생긴 그 때로부터 애굽 온 땅에는 그와 같은 일
이 없었더라 우박이 애굽 온 땅에서 사람과 짐승을 막론하고 밭에 있는 모든 것을
쳤으며 우박이 또 밭의 모든 채소를 치고 들의 모든 나무를 꺾었으되
—출애굽기 9장 22~25절

하나님과의 약속을 어기는 파라오 탓에 재앙은 계속되었다. 하나님이
모세에게 말씀하셨다.

"네가 하늘로 팔을 내밀면 우박이 온 이집트 땅은 물론 모든 사람과 짐
승과 들판의 모든 풀 위에 쏟아질 것이다."

이번에는 파라오의 신하 가운데 하나님을 두려워한 사람들은 자기 종
들과 가축들을 집 안으로 피하게 하였다. 그러나 하나님을 마음에 두
지 않는 사람들은 자기 종들과 가축들을 들판에 그대로 내버려 두었다.

모세가 하늘로 그의 지팡이를 내미니 갑자기 하늘에서 천둥이 치며 우
박이 쏟아졌다. 하나님이 이집트 땅 위에 우박을 퍼부은 것이다. 우박이
쏟아져 내리면서 번갯불도 함께 번쩍거렸다. 이처럼 큰 우박은 이집트에

하나님의 일곱 번째 재앙_ 하나님의 명으로 모세가 손을 들고 기도하자 이집트 전역에 뇌우를 동반한 우박이 쏟아져 내렸다. **존 마틴의 작품.**

나라가 선 뒤로부터 한 번도 내린 적이 없었다.

　주먹 크기의 우박은 사람이나 짐승이나 할 것 없이 들에 있는 모든 것을 향해 내리쳤다. 하지만 이스라엘 자손이 사는 고센 땅에는 우박이 내리지 않았다. 이에 파라오는 또다시 자신과 이집트인에게만 큰 피해가

오자 모세를 불러서 우박 재앙을 멈추게 해달라고 간청하였다.

파라오가 모세와 아론에게 말하였다.

"이번에는 내가 죄를 지었다. 주께서 옳으셨고, 나와 나의 백성이 옳지 못하였다. 너는 주께 기도하여 하나님이 나게 하신 이 천둥소리와 하나님이 내리신 이 우박을 그치게 해다오. 그리하면 내가 너희를 보내겠다. 너희는 더 이상 여기에 머물지 않아도 괜찮다."

그러자 모세가 파라오에게 말하였다.

"내가 이 성을 나가는 대로 나의 손을 들어서 주님께 기도하겠습니다. 그러면 천둥소리가 그치고, 우박이 더 이상 내리지 않을 것입니다. 이것은 온 세상이 우리 주님의 것임을 파라오에게 가르치려는 것입니다. 그래도 파라오와 신하들이 하나님을 두려워하지 않으리라는 것을 나는 알고 있습니다."

모세는 파라오 앞을 떠나 성 바깥으로 나갔다. 그가 주님께 손을 들어 기도하자 천둥소리와 우박이 그치고, 더는 비가 내리지 않았다. 그러나 파라오는 우박과 천둥소리와 비가 그친 것을 확인하고는 다시 약속을 어겼다. 하나님이 모세를 시켜 말한 대로, 파라오는 계속 고집을 부리며 이스라엘 자손을 내보내지 않았다.

파라오는 이집트 전역에 계속되는 무서운 재앙이 자신의 잘못임을 깨닫지 못했다. 그래서 하나님께 회개할 줄 몰랐고, 파라오의 마음은 점점 더 강퍅해졌다.

여덟 번째 재앙, 메뚜기가 땅을 덮다

네가 만일 내 백성 보내기를 거절하면 내일 내가 메뚜기를 네 경내에 들어가게 하리니 메뚜기가 지면을 덮어서 사람이 땅을 볼 수 없을 것이라 메뚜기가 네게 남은 그것 곧 우박을 면하고 남은 것을 먹으며 너희를 위하여 들에서 자라나는 모든 나무를 먹을 것이며 또 네 집들과 네 모든 신하의 집들과 모든 애굽 사람의 집들에 가득하리니 이는 네 아버지와 네 조상이 이 땅에 있었던 그 날로부터 오늘까지 보지 못하였던 것이리라 하셨다 하고 돌이켜 바로에게서 나오니

–출애굽기 10장 4~6절

모세와 아론이 다시 파라오에게 가서 말하였다.

"하나님이 말씀하셨습니다. '네가 언제까지 내 앞에서 교만하게 굴려느냐? 나의 백성을 보내어 나를 예배하게 하여라. 네가 나의 백성을 보내기를 거절하면, 나는 내일 너의 영토 안으로 메뚜기 떼가 들어가게 할 것이다. 그것들이 땅의 표면을 덮어서 땅이 보이지 않게 될 것이며, 우박의 피해를 입지 않고 남아 있는 것들을 먹어 치우되, 들에서 자라는 나무들까지 모두 먹어 치울 것이다. 너의 궁궐과 너의 모든 신하의 집과 이집트의 모든 사람의 집이 메뚜기로 가득 찰 것이다. 이것은 너의 아버지와 너의 조상이 이 땅 위에 살기 시작했을 때부터 오늘까지, 너희가 전혀 못 본 일이다."

하나님의 말씀을 전한 모세는 발길을 돌려 파라오에게서 나왔다. 그러자 신하들이 파라오에게 말하였다.

"언제까지 저들이 우리를 망하게 하는 함정이 되어야 합니까? 이 사람

하나님의 여덟 번째 재앙_모세가 지팡이를 들자 하나님께서 메뚜기 떼를 불러들여 이집트 온 땅을 덮었다.

들을 내보내서 그들의 주 하나님을 예배하게 하심이 좋을 듯합니다. 파라오께서는 아직도 이집트가 망한 것을 모르고 계십니까?"

모세와 아론이 다시 파라오에게 불려갔다. 파라오가 그들에게 말하였다.

"너희는 가서 너희의 하나님께 예배하여라. 그런데 갈 사람은 누구누구냐?"

모세가 대답하였다.

"우리 모두가 주님의 절기를 지켜야 하므로 어린아이와 노인들을 비롯하여 우리의 아들과 딸을 다 데리고 가야 합니다. 또 우리의 양과 소도 몰고 가야 합니다."

모세의 대답에 분노한 파라오는 큰소리로 말하였다.

"그래, 어디 다 데리고 가 봐라! 너희와 함께 있는 너희의 하나님이 나를 감동하게 해서 너희와 너희 아이들을 함께 보내게 할 것 같으냐? 어림도 없다! 너희가 지금 속으로 악한 음모를 꾸미고 있음이 분명하다! 그렇게는 안 된다! 가려면 너희 장정들이나 가서 너희의 주에게 예배를 드려라. 너희가 처음부터 바란 것이 그것이 아니더냐?"

이렇게 해서 모세와 아론은 파라오에게 쫓겨났다. 그러자 하나님이 모세에게 나타나 말하였다.

"너의 팔을 이집트 땅 위로 내밀어라. 그러면 메뚜기 떼가 이 땅으로 몰려와서 우박의 피해를 입지 않고 땅에 그대로 남아 있는 푸성귀를 모두 먹어 치울 것이다."

모세가 지팡이를 이집트 땅 위로 내미니, 그날 온종일 그리고 밤이 새도록 동풍이 불어 닥쳤다. 그 동풍은 아침녘에 거대한 메뚜기 떼를 몰고 왔다. 메뚜기 떼는 이집트 온 땅 위로 몰려와서 곳곳마다 내려앉았다. 그렇게 많은 메뚜기 떼는 전에도 본 적이 없고, 앞으로도 결코 볼 수 없을 만한 것이었다. 메뚜기 떼가 우박의 피해를 입지 않고 남아 있는 나무의 열매와 땅의 푸성귀를 모두 먹어 치워서 이집트 온 땅에 있는 들의 나무와 푸른 푸성귀는 하나도 남지 않았다.

이에 크게 당황한 파라오는 모세와 아론을 급히 불러들여서 말하였다.

"내가 너희의 하나님께 죄를 지었다. 부디 이번만은 나의 죄를 용서하고, 너희의 하나님께 기도하여 이 엄청난 재앙이 나에게서 떠나게 하여라."

모세가 하나님께 기도하자 바람이 서풍으로 변하면서 메뚜기 떼가 홍해로 날아가 이집트에는 한 마리의 메뚜기도 남지 않았다. 그러나 이번에도 파라오는 약속을 지키지 않았다.

메뚜기 떼의 출몰_ 메뚜기 떼가 우박 재앙에 상하지 않은 곡식과 채소, 초목을 다 먹어서 더는 이집트 전역에 나무나 밭의 채소나 푸른 것은 남지 않았다.

▌아홉 번째 재앙, 어둠이 땅을 덮다

여호와께서 모세에게 이르시되 하늘을 향하여 네 손을 내밀어 애굽 땅 위에 흑암이
있게 하라 곧 더듬을 만한 흑암이리라
−출애굽기 10장 21절

하나님의 말씀대로 모세가 하늘을 향하여 그의 팔을 내미니 이집트 온
땅에 사흘 동안 짙은 어둠이 내렸다. 사흘 동안 사람들은 서로 볼 수도
없었고, 제자리를 뜰 수도 없었다. 그러나 이스라엘 자손이 사는 곳에는
어디에나 빛이 있었다.

사태가 이렇게 변하자 파라오는 완전히 겁에 질렸다. 고집이 한풀 꺾
인 파라오가 모세에게 부탁했다.

"사람들은 보내주겠지만, 가축은 남겨두게."

그러자 모세는 파라오에게 단호하게 말했다.

"우리는 자식과 양 떼, 그리고 우리의 모든
재산을 가지고 갈 것입니다."

할 말을 마친 모세는 파라오 앞을 나왔다.

미켈란젤로의 모세상

열 번째 재앙, 처음 난 것의 죽음

모세가 바로에게 이르되 여호와께서 이와 같이 말씀하시기를 밤중에 내가 애굽 가운데로 들어가리니 애굽 땅에 있는 모든 처음 난 것은 왕위에 앉아 있는 바로의 장자로부터 맷돌 뒤에 있는 몸종의 장자와 모든 가축의 처음 난 것까지 죽으리니. 애굽 온 땅에 전무후무한 큰 부르짖음이 있으리라

–출애굽기 11장 4~6절

이번에는 그 어떤 재앙보다 무서운 재앙이 또 찾아왔다. 이집트 땅에 있는 모든 처음 난 것, 즉 모든 집안의 장자가 죽었다. 하나님의 명을 받은 죽음의 천사는 이집트 사람의 모든 장남을 죽게 했다. 그러나 유대인들에게는 이 끔찍한 운명이 비껴갔다. 유대인들은 모세의 충고를 듣고 집 출입문에 어린 양의 붉은 피로 작게 표시해두었던 것이다. 죽음의 천사는 양의 피로 표시가 된 아브라함 후손들의 집은 그냥 통과했다.

양의 피로 표시하는 유대인들_ 출입문에 양의 피로 표시한 유대인들은 하나님이 보낸 죽음의 천사를 피할 수 있었다.

하나님의 열 번째 재앙_ 하나님이 보낸 죽음의 천사는 이집트 집안의 모든 장자의 목숨을 거두었다.

 이것은 파라오의 장자인 태자(太子, 왕위를 이을 왕자)도 예외는 아니었다. 이처럼 모든 이집트인 집안의 맏아들이 죽자 이집트 전역은 온통 눈물바다였으며 죽음의 도가니였다. 그리고 백성들 사이에는 파라오가 끝끝내 고집을 부려 자신들의 맏아들이 죽었다는 소문이 났다.

 결국 파라오는 자신보다 더 강력한 힘에 완전히 패했음을 인정했으며, 유대 민족이 떠나는 것을 더는 막을 수 없었다. 그때부터 파라오는 이전과는 반대로 끔찍한 시련이 다시는 없도록 모세에게 하루빨리 떠나라고 간청했다.

홍해의 기적

> 모세가 바다 위로 손을 내밀매 여호와께서 큰 동풍이 밤새도록 바닷물을 물러가게
> 하시니 물이 갈라져 바다가 마른 땅이 된지라 이스라엘 자손이 바다 가운데를 육
> 지로 걸어가고 물은 그들의 좌우에 벽이 되니 애굽 사람들과 바로의 말들 병거들과
> 그 마병들이 다 그들의 뒤를 추격하여 바다 가운데로 들어오는지라 새벽에 여호와
> 께서 불과 구름 기둥 가운데서 애굽 군대를 보시고 애굽 군대를 어지럽게 하시며
> 그들의 병거 바퀴를 벗겨서 달리기가 어렵게 하시니 애굽 사람들이 이르되 이스라
> 엘 앞에서 우리가 도망하자 여호와가 그들을 위하여 싸워 애굽 사람들을 치는도다
> ─출애굽기 14장 21~25절

이집트를 떠나기 전에 모세와 아론은 르우벤, 시므온, 레위, 유다 등 유대 12지파(야곱의 열두 아들의 후손들이 토대가 된 부족)의 모든 사람과 모여 이집트에서 마지막으로 식사를 했다. 이윽고 밤이 되자 그들은 가족과 가축을 이끌고 요르단강 유역의 옛 고향인 가나안 땅을 향해 떠나기 시작했다. 그러나 파라오는 자신의 장남이 죽은 데 앙심을 품었고, 또다시 자신의 말을 번복하였다. 그는 이집트 군대를 이끌고 유대 민족을 다시 끌고 와서 이집트 사람들의 장남들이 급사한 것에 대해 복수를 하려고 하였다.

파라오와 이집트 군대에 추격당하던 유대인들 앞에는 홍해(紅海, 아프리카 북동부와 아라비아 반도 사이에 있는 좁고 긴 바다)가 가로막고 있었다. 뒤에서 이집트 병사들이 유대인 모두를 죽이려는 것처럼 기세등등하게 달려오자, 유대인 무리에서는 커다란 동요가 일어났다.

지팡이로 바다를 가르는 모세_ 이집트 군대의 추격을 벗어나고자 모세가 지팡이로 홍해를 내리쳐 바다 한가운데 길을 만드는 장면이다. **자크 필립 루테르부르의 작품.**

홍해의 기적_이집트를 탈출해 약속의 땅 가나안으로 출발한 이스라엘 민족이 이집트 군대의 추격을 피해 홍해를 건너는 기적적인 장면이다.

그때 구름이 피어올라 이집트 병사들의 눈에 유대인들이 보이지 않게 가려주었다. 그리고 모세는 그의 지팡이로 바닷물 위를 내리쳤다. 그러자 바닷물이 둘로 갈라졌고, 가운데로 바닷길이 생겨났다. 이때를 놓치지 않고 유대인들은 무사히 홍해를 건너게 되었다.

그들을 추격하는 이집트의 파라오와 병사들은 유대인들이 바닷길로 홍해를 건너는 것을 발견하고는 전속력으로 바닷길 한가운데까지 추격해 왔다. 이를 본 모세가 지팡이를 다시 내리치자 갈라졌던 바닷물이 갑자기 하나로 합쳐졌다.

그러자 파도가 요란하게 치고 소용돌이가 일어나 파라오와 이집트 군대 모두 바닷물에 빠져 죽었다. 그중 누구도 살아서 돌아가지 못한 것이다. 하나님의 능력에 따라 모세가 일으킨 홍해의 기적으로, 유대인들은 자유의 몸이 되어 이집트를 떠나 사막에 들어섰다.

약속의 땅, 가나안으로

이스라엘 자손이 그들에게 이르되 우리가 애굽 땅에서 고기 가마 곁에 앉아 있던 때와 떡을 배불리 먹던 때에 여호와의 손에 죽었더라면 좋았을 것을 너희가 이 광야로 우리를 인도해 내어 이 온 회중이 주려 죽게 하는도다 그 때에 여호와께서 모세에게 이르시되 보라 내가 너희를 위하여 하늘에서 양식을 비 같이 내리리니 백성이 나가서 일용할 것을 날마다 거둘 것이라 이같이 하여 그들이 내 율법을 준행하나 아니하나 내가 시험하리라
－출애굽기 16장 3~4절

모세는 이스라엘 백성을 홍해에서 인도하여 수르 광야로 들어갔다. 그들은 사흘 동안 걸어서 광야로 들어갔으나 마실 물을 찾지 못하였다. 마침내 그들이 마라에 이르렀는데, 그곳의 물이 써서 마실 수 없어서 그곳의 이름을 마라(Mara, 히브리어로 '쓰라림', '괴롭다'라는 뜻)라고 하였다.

마실 물이 없자 이스라엘 백성은 모세에게 불평을 늘어놓기 시작했다. 모세가 하나님께 부르짖으니, 하나님은 그에게 나무 한 그루를 보여 주었다. 그가 그 나뭇가지를 꺾어서 물에 던지니 그 물이 단물로 변하였다. 이스라엘 백성이 엘림에 이르렀다. 그곳에는 샘이 열두 곳이나 있고, 종려나무가 일흔 그루가 있었다. 그들은 그곳 물가에 진을 쳤다. 다시 엘림을 떠나 시내산 사이에 있는 광야에 이르니 이집트에서 나온 뒤 둘째 달 보름이 되던 날이다.

이집트에서 끔찍한 노예 생활로 몹시 불행했던 유대인들은 자유의 몸이 되었는데도 모세와 아론을 원망하였다. 그들은 사막의 모래와 열기를

이스라엘 민족의 대이동_ 이집트를 떠난 유대인들은 사막 광야에서의 고난을 끈기 있게 견디지 못하고 끊임없이 원망하며 불평을 해댔다. 심지어 다시 이집트로 돌아가자는 사람들까지도 있었다. **피에트로 페루지노의 작품.**

싫어했으며, 모든 책임을 모세에게로 돌렸다. 모세는 그들을 이집트 빈민가에서 데리고 나와 새로운 삶을 살 수 있게 해주었지만, 그들에게 광야는 이집트인들의 고문이나 채찍보다 더 두려운 것이었다.

이스라엘 민족이 사막에서 지낸 40년 동안의 이야기는 끊임없는 '불만의 연대기'이다. 만약 모세가 불굴의 의지를 가지고 있지 않았다면, 이스라엘 민족은 1년이 채 지나기도 전에 다시 노예로 돌아갔을 것이다.

처음에 유대인들은 이집트 군대가 눈앞에서 몰살당하는 것을 보고 승리와 행복감에 취해 하나님을 찬양했다. 그러나 끝이 보이지 않는 시나이 사막을 걸으며 몇 달을 보내게 되자 그들은 영광스러운 승리를 거두게 해주고, 자신들의 힘과 지팡이가 되어 주던 하나님을 더 이상 생각하지 않게 되었다. 오히려 그들은 모든 것을 잊어버리고, 힘든 노고 끝에 떨치고 나왔던 이집트로 다시 보내 달라고 애걸할 정도였다.

그들은 참을 수 없는 광야를 저주했으며, 모세와 그의 계획이 어리석다고 공개적으로 비판했다. 식량이 줄어들기 시작하자, 분명 굶어 죽고 말 것이라고 확신한 그들은 모세에게 달려가 이렇게 말했다.

"우리에게 먹을 것을 주거나 이집트로 돌려보내 주시오."

하지만 굳건한 믿음을 지닌 모세는 필요한 때가 되면 하나님이 도와주실 것이라고 말했다. 다음 날 아침, 사막은 온통 하얀 가루로 뒤덮였다. 사람들은 이것을 거두어 맷돌에 갈며 절구에 찧어서 꿀처럼 달콤한 빵을 만들 수 있었다. 매일 한 사람이 한 오멜씩 모으도록 명했고, 다음 날까지 보관하는 것은 금지했다. 유대인들은 이것을 만나(Manna)라고 불렀는데, 만나는 이스라엘 민족이 가나안 땅의 소산물을 먹을 때까지 계속 내렸다.

만나의 기적_ 이스라엘 백성들이 먹는 것으로 원망하자 하나님께서는 하늘에서 만나를 내려주셨다. 만나는 40년간 주어졌다. **에르콜 드로베르티의 작품.**

시나이 사막의 고난

여호와께서 모세에게 이르시되 백성 앞을 지나서 이스라엘 장로들을 데리고 나일 강을 치던 네 지팡이를 손에 잡고 가라 내가 호렙 산에 있는 그 반석 위 거기서 네 앞에 서리니 너는 그 반석을 치라 그것에서 물이 나오리니 백성이 마시리라 모세 가 이스라엘 장로들의 목전에서 그대로 행하니라
−출애굽기 17장 5−6절

하나님이 주신 '만나의 기적'으로 유대인들은 잠시나마 복종하는 모습을 보였다. 그러나 이런 태도는 오래가지 않았다. 곧 물이 부족해졌기 때문이다. 다시 한번 여러 지파의 수장들이 모세에게 나일 강가로 돌아가게 해달라고 부탁하였다.

이에 모세는 하나님의 명을 따라 지팡이로 큰 바위를 치자 단단한 화강암에서 물이 솟아 나왔다. 그들은 온갖 그릇에 물을 받아 마음껏 마셨다. 이곳의 이름을 '맛사(시험하다)' 또는 '므리바(불평하다)'라고 불렀는데, 이는 이스라엘 백성이 서로 다투면서 하나님이 계신가 안 계신가 시험하였다고 해서 붙여진 지명이다.

이 밖에도 유대인들에게 불평할 이유는 계속해서 생겨났다. 아랍의 호전적인 아말렉족은 유대인의 가축을 훔치려고 호시탐탐 기회를 노리고 있었다. 광야에 사는 아말렉족은 이스라엘 민족이 약속의 땅으로 가는

반석에서 물이 나오다_하나님의 능력으로 모세가 돌을 쳐서 물이 나오게 하여 유대인들의 갈증을 풀어주는 장면이다. **틴토레토의 작품.**

반석을 쳐서 물이 나오게 하는 모세_하나님은 모세에게 이스라엘 백성들을 구하기 위해서 무엇을 해야 할지를 가르쳐주셨다. **니콜라 푸생의 작품.**

중에 부딪혀야 했던 많은 사나운 적들 중 첫 번째로 만난 적이다.

물론 유대인들에게도 충분히 자기방어 능력이 있어서 이런 강도질은 막을 수 있었다. 하지만 유대인들은 오랜 시간 동안 이집트 도시의 방호벽 안에서만 살았기 때문에 활이나 칼을 두려워하고 있었다. 그래서 전투를 벌이느니 차라리 양이나 당나귀 몇 마리를 버리는 편이 낫다고 생각했다. 이런 사실을 이미 알고 있었던 아말렉족은 유대인들의 행렬을 계속 괴롭혔고, 모세는 무엇이든 조치를 취해야겠다고 결정하였다.

모세는 이전에도 특별한 임무를 맡기곤 했던 용감한 젊은이 여호수아를 불러 말했다.

"아말렉족을 쫓아내라. 내가 하나님의 지팡이를 손에 잡고 산꼭대기에 설 것이다."

여호수아는 모세의 명령에 따라 아말렉족과 전투를 시작했다. 그런데 전투 중에 모세가 손을 들면 하나님의 도움으로 이스라엘이 이기고, 손을 내리면 아말렉족이 이겼다. 이를 지켜본 아론과 훌이 돌을 가져다가 모세가 앉게 하고 양쪽에서 모세의 지친 팔을 붙들어 손을 올려주었다.

결국에 이스라엘은 아말렉족에 승리를 거두었다. 그리고 모세는 이곳에 제단을 쌓고 그 이름을 '여호와 닛시'라고 불렀다.

시나이산 위의 모세

모세가 하나님 앞에 올라가니 여호와께서 산에서 그를 불러 말씀하시되 너는 이같이 야곱의 집에 말하고 이스라엘 자손들에게 말하라 내가 애굽 사람에게 어떻게 행하였음과 내가 어떻게 독수리 날개로 너희를 업어 내게로 인도하였음을 너희가 보았느니라 세계가 다 내게 속하였나니 너희가 내 말을 잘 듣고 내 언약을 지키면 너희는 모든 민족 중에서 내 소유가 되겠고 너희가 내게 대하여 제사장 나라가 되며 거룩한 백성이 되리라 너는 이 말을 이스라엘 자손에게 전할지니라
-출애굽기 19장 3-6절

얼마 후 이스라엘 민족은 모세의 장인 이드로가 사는 미디안에 도착했다. 이드로는 딸 십보라와 두 손자 게르솜과 엘리에셀을 데리고 모세의 장막을 찾았다. 서로 문안하고 그동안 이집트에서 겪은 과정과 기적적인 사건을 나누었다. 그러자 이드로는 하나님을 찬양하고 감사드리기 위해 번제물과 희생제물을 바쳤다.

또한, 제사장이었던 이드로는 모세 혼자 모든 일을 처리하는 것을 보고 다음과 같이 말했다.

"하나님을 두려워하고 진실하며 불의를 미워하는 사람을 세워 '율례와 법도'를 가르치고 천부장, 백부장, 오십부장, 십부장을 세워 그들이 재판하게 하라."

이드로의 조언을 받아들인 모세는 자신의 권한을 부분적으로 내려놓았다. 이후 큰 사건은 모세가 맡고 작은 일은 각 부장이 맡아서 처리했다.

시나이산에 오른 모세_ 시나이산 정상에서 모세가 하나님의 열 가지 계명이 담긴 석판을 받고 있는 장면이다. **엘 그레코의 작품.**

모세는 시나이산 앞에 장막을 치게 한 후, 자신이 돌아올 때까지 기다리라고 말했다. 그는 가장 중요한 메시지를 가지고 올 예정이었다. 아론을 지도자로 남겨두고, 모세는 여호수아와 단둘이 시나이산을 오르기 시작했다. 산등성이에 가까워지자 모세는 자신이 홀로 하나님의 말씀을 들을 동안 여호수아에게 떨어져 있으라고 명령하였다.

모세는 40일 낮과 밤 동안 그곳에 있었다. 그동안 시나이산은 두꺼운 구름에 가려 보이지 않았다. 그리고 마침내 모세가 나타났다. 모세는 커다란 석판 두 개를 가지고 있었는데, 여기에는 우리가 십계명(十誡命, 하나님이 계시한 열 가지 계명)이라 부르는 하나님의 법이 새겨져 있었다.

시나이산 전경_ 하나님께서 모세에게 십계명을 주신 산으로, 구약 성경 〈출애굽기〉의 상징적인 존재이다. 〈신명기〉에서는 호렙산이라고 하였다.

모세의 분노

여호수아가 백성들의 요란한 소리를 듣고 모세에게 말하되 진중에서 싸우는 소리가 나나이다 모세가 이르되 이는 승전가도 아니요 패하여 부르짖는 소리도 아니라 내가 듣기에는 노래하는 소리로다 하고 진에 가까이 이르러 그 송아지와 그 춤추는 것들을 보고 크게 노하여 손에서 그 판들을 산 아래로 던져 깨뜨리니라 모세가 그들이 만든 송아지를 가져다가 불살라 부수어 가루를 만들어 물에 뿌려 이스라엘 자손에게 마시게 하니라

–출애굽기 32장 17~20절

모세가 시나이산에 올라가 없는 동안에 이스라엘은 제대로 처신하지 못하고 죄를 저질렀다. 아론은 지도자로서는 무능했다. 그가 제대로 통솔하지 못해서 이스라엘 백성의 말 그대로 이집트 마을이 되어버렸다. 유대인들은 금 장신구를 모아서 예전부터 이집트인들에게 숭배의 대상이었던 송아지를 본뜬 우상을 만들었다. 그들이 황금 송아지를 에워싸고 춤을 추고 있을 때 모세가 돌아왔다. 이 광경을 본 모세는 몹시 화가 났다. 멀리서부터 들려오던 노랫소리와 고함 소리가 무엇인지 분명해졌다.

격노한 그는 하나님께 받은 석판을 땅바닥에 던져 부수어 버렸다. 그런 다음 황금 송아지 우상을 끄집어 내려서 파괴하고, 이 위험한 반란을 진압할 지원자를 구했다. 여러 지파 중에서 레위 지파만이 그를 도우려 했다. 가장 강력한 지파였던 이들은 모세의 명령대로 하나님을 인정하지

않는 이들을 모두 죽이고, 모반에 앞장섰던 사람들과 모세가 없을 때 이스라엘 백성을 선동했던 이들을 엄중히 처벌했다. 그날 밤 이스라엘의 야영지는 고요했다. 이날 이스라엘 백성 중에 3천 명 가량이 죽었다.

이 사건으로 크게 낙담한 모세는 다시 한번 단호하게 행동했다. 사람들에게는 지도자 이상이 필요했으며, 성문법(成文法, 문자로 표현되고, 문서의 형식을 갖춘 법)이 요구되었다.

시나이산은 하나님이 위대한 선지자들 중 첫 번째 선지자인 모세에게 계시를 내린 장소였다. 이후 선지자들은 비겁함과 사악함이 얼마나 어리석은 것인지를 인류에게 알려 왔다.

황금 송아지 숭배(158쪽 그림)_모세가 시나이산에서 하나님의 계시를 받고 있는 동안 부패해진 이스라엘 백성이 황금 송아지 우상을 만들고 춤을 추고 있는 장면이다. **테오도르 헬름브레커의 작품.**

분노한 모세_하나님을 믿지 않고 우상을 섬기는 백성들을 향해 모세가 분노를 참지 못하고 석판을 던지는 장면이다. **코시모 로셀리의 작품.**

▌하나님의 십계명

여호와께서 모세에게 이르시되 너는 이 말들을 기록하라 내가 이 말들의 뜻대로 너
와 이스라엘과 언약을 세웠음이니라 하시니라
—출애굽기 34장 27절

모세는 또다시 시나이산에 올랐다. 그리고 모세가 돌아왔을 때 그의 얼굴에는 지금까지 다른 이들에게는 보이지 않았던 것을 본 사람의 모습이 있었다. 모세의 눈에서는 빛이 뿜어 나와 누구도 그를 오래 바라볼 수 없었다. 모세가 다시 들고 온 새로운 석판 두 개에는 이전에 깨어 부숴버린 석판에 쓰여 있던 것과 같은 내용의 계명이 새겨져 있었다.

하나님의 백성으로서의 지켜야 할 율례와 법도가 담긴 열 가지의 계명 내용은 다음과 같다.

첫째, 하나님 여호와 외에 다른 신을 섬기지 말라.
둘째, 우상을 만들지 말라.
셋째, 하나님의 이름인 여호와를 함부로 부르지 말라.
넷째, 안식일을 기억하여 거룩하게 지켜라.
다섯째, 네 부모를 공경하라.
여섯째, 살인하지 말라.
일곱째, 간음하지 말라.

여덟째, 도둑질하지 말라.

아홉째, 네 이웃집에 거짓 증언하지 말라.

열째, 네 이웃집의 재산을 탐내지 말라.

드디어 유대인들에게도 계율이 생겼지만, 모두 모여서 하나님을 경배할 장소가 없었다. 이에 모세는 성소를 지으라고 명령했는데, 실상 그곳은 나무판자로 가리개를 한 교회였다. 이후 광야의 방랑 생활을 마친 유대인들이 도시에 살게 되자 벽돌과 대리석과 화강암을 이용하여 성소를 건축했는데, 이것이 그 유명한 예루살렘 성전이다.

십계명_하나님이 시나이산에서 이스라엘 백성에게 주신 언약의 계명이다.

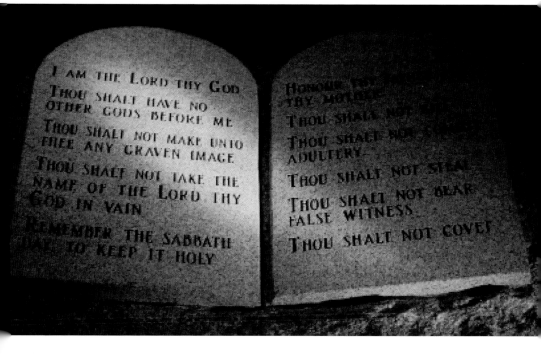

또한, 정해진 계율에 따라 성소에서 예배를 집전할 제사장이 필요했다. 이 일에는 황금 송아지 숭배를 진압하는 데 도움을 준 레위 지파가 선택되었다. 이후 레위 지파는 유대 역사에 늘 등장하게 되었다.

이집트에서 유대민족을 구원하신 하나님께서 계시한 것이 구체적으로 성문화된 것이 십계명이다. 십계명은 하나님과 이스라엘 백성 사이에 맺은 계약의 핵심으로, 하나님 나라의 백성이 됨으로써 구원을 얻게 된다. 십계명은 이스라엘 백성들에게 전승되었고, 이후 그들의 사회와 종교생활의 규범이 되었다. 모세는 십계명을 토대로 유대인들의 조직을 정비했다. 그는 자신이 죽은 후 그 지위가 형 아론과 아들, 손자에게 대대손손 세습되어야 한다고 규정했다.

유대 민족을 이끌고 광야 생활을 하면서 모세는 몹시 애를 먹었다. 여러 가문의 사람들이 누구를 직접적인 수장으로 인정해야 할지 알지 못했기 때문이었다. 그래서 모세는 사람들을 여러 지파로 구분하고, 각 지파에서 장로를 선출했다. 사사(士師)라 불린 이들은 소소한 불평을 모두 듣고 논쟁이나 분규를 해결하는 역할을 맡았다.

하나님의 뜻에 따라 모든 조직과 체제를 정비한 모세는 야영지를 해산시켰다. 그러자 그동안 유대 민족 위에 떠다니면서 사막에서 갈 길을 보여주었던 구름 기둥이 성궤, 즉 언약궤 위에 내려앉았다. 이 성궤에는 십계명의 판이 들어 있었다. 레위 지파는 성스러운 임무, 즉 영원히 성소의 중앙에 선다는 의무를 받아들였다. 이제 이스라엘 백성들의 여정도 끝이 보였다.

드디어 약속의 땅 가나안에 거의 다다랐을 무렵, 여전히 하나님과 모세를 원망하던 유대인들에게 하나님은 불뱀을 보내어 그들을 물게 했다.

◀십계명과 모세(162쪽)_ 하나님이 친히 써주신 십계명의 석판을 들고 내려오는 모세의 모습이다. **페르디난드 볼의 작품.**

구리뱀_ 하나님의 진노로 불뱀에 물린 유대인들에게 모세가 장대에 구리뱀을 달아, 그것을 바라보는 사람들은 죽지 않고 살게 하였다. **루벤스의 작품.**

약속의 땅_여호수아와 갈렙이 가나안 땅에서 포도송이를 가져오는 장면이다. **니콜라 푸생의 작품.**

유대인들이 죄를 고백하자 모세는 장대에 구리뱀을 달아서 그것을 쳐다보는 사람은 죽지 않게 했다.

요르단 강에 가까워질수록 유대인들에 대한 이방족의 태도도 더 공격적으로 바뀌었다. 이때 유대인들에게는 가나안 땅에 살고 있는 아낙의 자손에 대한 소문이 떠돌았다. 그들은 네피림(Nephilim, 거인족)의 후손으로 큰 키에 힘이 장사였다. 유대인들은 가나안 땅에 들어가기 전부터 두려움에 떨었다.

모세는 이런 소문을 잠재우고자 열두 지파에서 한 명씩을 뽑아 가나안 땅을 염탐하게 했다. 얼마 후 언제나 모든 일에 열성적인 여호수아와 유다 지파의 갈렙은 에스골 골짜기에서 찾은 거대한 포도송이를 들고 돌아왔다. 그들은 땅이 비옥하고, 우유와 꿀이 넘쳐난다고 보고했다. 물론 이 땅에서 살고 있는 사람들을 몰아내려면 전쟁을 각오해야만 했다.

그러나 유대인들 사이에는 이미 공포심이 가득했다. 이집트를 탈출한 유대 민족은 뜨거운 사막과 광야를 건너오면서 목마름과 굶주림 등 갖은 고생을 했고, 이제 하나님이 약속하신 가나안 땅을 지척에 두고 있었다. 그동안 하나님의 기적을 수차례 경험했음에도 유대인들의 원망과 불평은 여전했다.

모세의 죽음_천사와 하나님이 모세를 반기는 장면이다. 모세는 이스라엘 백성들이 가나안 땅에 들어가기 직전에 하나님의 부르심을 받았다. **프랑스화파의 작품.**

결국 유대 민족은 하나님과 모세에게 반란을 일으켰다. 포악한 이들은 이집트로 돌아가자고 주장했다. 유대인들은 고함을 질러댔고 서로 자기 주장을 떠들어댔다. 모세와 아론과 용감한 여호수아가 이런 상황에서 물러설 수 없다고 설득해도 소용이 없었다. 이에 하나님이 크게 분노하였다. 하나님의 인내심은 끝이 났고, 그의 목소리가 성전 지붕에서 들렸다. 유대 민족은 끊임없이 하나님의 뜻을 거역해 왔고, 이제는 믿음이 부족한 벌로 40년 동안 사막에서 방황하게 되었다.

그렇게 유대인들은 하나님이 약속하신 가나안 땅을 등지고, 40년 동안 아브라함과 이삭이 예전에 그러했던 것처럼 양치기로 살았다. 그들의 후손들은 이전 세대가 겪은 이집트 생활을 점차 잊게 되었고, 새로운 환경에 순응하여 이스라엘 선조들의 단순한 생활방식을 다시 따르게 되었다. 이에 모세는 만족했고, 그의 임무는 완수되었다. 모세는 하나님의 명에 의하여 가나안으로 들어가는 관문인 요르단강을 건너기 전, 여리고 성 맞은 편 모압 땅의 느보산에서 향년 120세에 하나님의 부르심을 받았다.

제3장

여호수아

〈여호수아〉는 이스라엘 백성이 모세의 후계자인 여호수아
의 지도로 가나안을 정복하는 이야기이다. 요단 강 도강, 여
리고 성 함락, 아이 성 전투, 하나님과 이스라엘 백성들이
맺은 '언약 갱신' 등 유명한 사건들이 포함되어 있다. 〈여호
수아〉는 이스라엘 백성이 어떻게 하나님께 순종하면서 살
아가야 하며, 어떻게 하나님께서는 그 순종에 보답하시는
가를 설명한다.

▌여호수아와 라합

여호와의 종 모세가 죽은 후에 여호와께서 모세의 수종자 눈의 아들 여호수아에게 말씀하여 이르시되 내 종 모세가 죽었으니 이제 너는 이 모든 백성과 더불어 일어나 이 요단을 건너 내가 그들 곧 이스라엘 자손에게 주는 그 땅으로 가라 내가 모세에게 말한 바와 같이 너희 발바닥으로 밟는 곳은 모두 내가 너희에게 주었노니 곧 광야와 이 레바논에서부터 큰 강 곧 유브라데 강까지 헷 족속의 온 땅과 또 해 지는 쪽 대해까지 너희의 영토가 되리라 네 평생에 너를 능히 대적할 자가 없으리니 내가 모세와 함께 있었던 것 같이 너와 함께 있을 것임이니라 내가 너를 떠나지 아니하며 버리지 아니하리니 강하고 담대하라 너는 내가 그들의 조상에게 맹세하여 그들에게 주리라 한 땅을 이 백성에게 차지하게 하리라 오직 강하고 극히 담대하여 나의 종 모세가 네게 명령한 그 율법을 다 지켜 행하고 우로나 좌로나 치우치지 말라 그리하면 어디로 가든지 형통하리니 이 율법책을 네 입에서 떠나지 말게 하며 주야로 그것을 묵상하여 그 안에 기록된 대로 다 지켜 행하라 그리하면 네 길이 평탄하게 될 것이며 네가 형통하리라 내가 네게 명령한 것이 아니냐 강하고 담대하라 두려워하지 말며 놀라지 말라 네가 어디로 가든지 네 하나님 여호와가 너와 함께 하느니라 하시니라

–여호수아 1장 1~9절

이스라엘 백성들의 절대적인 지도자였던 모세가 하나님의 부름을 받고 눈을 감았다. 이에 이스라엘 백성들은 이집트에서 벗어났지만, 앞날이 막막했다. 이들은 모세로부터 가나안 땅은 하나님으로부터 약속받은 땅이니 그 땅에 살고 있는 원주민들을 축출하고, 가나안 땅을 차지할 것을 명받았다. 하지만 하나님에 대한 믿음이 부족했던 탓에 40년간 광야를 떠돌아야만 했다.

사실 이스라엘 백성들은 이집트를 탈출하고 곧바로 가나안으로 들어가려고 했었다. 이때 정보를 얻기 위해 가나안에 보낸 12명의 정탐병 중에 여호수아와 갈렙 두 사람만 하나님의 말씀을 믿고는 바로 침공하자고 주장했다. 그러나 나머지 10명은 '가나안에 가면 모두 죽는다'며 백성들을 선동하였다. 이에 하나님의 분노를 받아 40년간 가나안에 들어가지 못하고 광야를 전전하는 벌을 받은 것이었다.

하나님은 모세에게 여호수아를 후계자로 삼으라고 명하였고, 모세가 눈을 감자 여호수아가 이스라엘 백성들의 새로운 지도자가 되었다. 여호수아는 모세가 새로 준 이름으로 '하나님의 구원이시다'라는 뜻이다. 여호수아는 약속의 땅인 가나안을 정복하기 위한 전쟁에 앞장섰다. 한 세대 전만 하더라도 이집트에서 탈출하여 두려움에 떨었던 유대인들은 이제 4만 명이라는 막강한 군대를 조직하게 되었다.

여호수아_본명은 호세아로, 모세의 종자(從者)였다. 그의 시중을 들다가 가나안 땅 정탐병에 선발되었는데, 갈렙과 함께 긍정적인 주장을 하여 가나안 땅에 들어가는 것이 허락되었다. 모세가 죽기 전에 여호수아를 후계자로 지명하였고, 하나님으로부터 그와 함께하겠다는 약속을 받았다. 이후 모세가 죽자 이스라엘 백성들을 이끌고 가나안으로 들어갔다.

라합과 두 정탐병_여호수아가 보낸 두 명의 정탐병은 낮에는 성안의 지리와 적의 동태를 살피고 밤이 되면 라헬의 집에서 안전하게 숨어 지냈다. **이탈리아화파의 작품.**

여호수아는 전투를 벌이기 전에 신중한 계획을 짜두었다. 먼저 싯딤에 본부를 설치한 후 여리고에 두 사람의 정탐병을 보내며 명령했다.

"여리고 성내에 진입하여 가장 취약한 곳을 물색하여라."

여호수아의 명대로 두 정탐병은 여리고 성으로 몰래 침입해 라합이라 는 기생의 집에 들어가 머물면서 자신들의 임무를 펼쳐나갔다. 그들은 여리고 성벽의 강도를 조사하고, 병사들의 사기와 동태를 지켜보면서 정 보들을 모았다.

이때 낯선 이방인을 수상히 여긴 사람들이 그들의 출현을 여리고의 왕 에게 알렸다. 즉시 여리고의 병사들이 라합의 집에 들이닥쳐서 두 정탐 병을 찾고자 가택 수사를 하게 되었다. 그런데 라합은 생각과는 달리 매 우 신뢰할 만한 여인이었다. 그녀는 누군가 문을 두드리는 소리를 듣고 는 곧바로 두 정탐병을 평평한 지붕 위로 데려가 삼대 아래에 숨겨주었 다. 다른 집의 지붕에도 삼대가 있었기 때문에 병사들은 이상한 점을 발견할 수 없었다. 그들은 성의 이곳저곳을 수색했으나 수상한 사람을 찾을 수 없었고, 결국 거짓 정보라는 결론을 내렸으며 여리고 성은 다시 고요해졌다.

이윽고 라합은 대마로 만든 붉은색 밧줄을 들고 지붕으로 올라왔다.

"이 밧줄을 성 밖으로 내려다 드리지요. 이제는 성벽을 감시하는 자가 없으니 쉽게 도망칠 수 있을 겁니다. 나가면 언덕으로 가세요. 그러면 강을 건널 수 있을 겁니다. 하나만 기억해 주세요. 오늘 목숨을 살려드렸으니 이 성을 점령하는 날에 나와 우리 가족, 내 동료 모두의 안전을 보장해 주세요."

정탐병을 도와준 라합_ 유대 민족과 하나님의 이야기를 듣고 믿음을 가진 라합이 두 정탐병을 돕고 있는 장면이다.

라합의 말을 들은 두 정탐병은 그렇게 하겠다고 약속하고, 자기들이 성 내에 진입했을 때 창가에 이와 똑같은 붉은 밧줄을 달아두라고 말했다. 그러면 이곳은 보호해야 할 친구의 집이라는 것을 이스라엘 병사들이 알게 될 것이라고 말했다.

두 정탐병은 창가에 매어진 붉은 밧줄을 타고 내려와 성을 빠져나왔지만, 들판에 들어섰을 때는 또다시 추격을 당했다. 그들은 가능한 빨리 달려 언덕에 도착했고, 사흘 후 요단강을 건너갈 수 있었다. 나머지 길은 어렵지 않았다. 그들은 거처로 돌아와 여호수아에게 그간 겪었던 일을 모두 보고하였다. 여호수아는 여리고 사람들이 공포에 떨고 있다는 소식을 듣고 최대한 빨리 요단강을 건너 여리고를 공격하기로 결정하였다.

라합의 믿음_ 여리고 성에 살던 기생 라합은 하나님에 대한 믿음에 따라 두 정탐병을 숨겨서 보호했다. 여리고 성의 모든 사람이 죽임을 당할 때 라합과 그의 가족은 구원을 받았다. **구스타프 클림트의 작품**

여리고 성의 전투

여호와께서 여호수아에게 이르시되 내가 오늘부터 시작하여 너를 온 이스라엘의 목전에서 크게 하여 내가 모세와 함께 있었던 것 같이 너와 함께 있는 것을 그들이 알게 하리라 너는 언약궤를 멘 제사장들에게 명령하여 이르기를 너희가 요단 물가에 이르거든 요단에 들어서라 하라

-여호수아 3장 7~8절

여호수아는 모든 이스라엘 백성과 함께 싯딤을 떠나 요단강에 도착하여 진을 쳤다. 이스라엘 군대의 맨 앞에는 레위 지파 제사장들이 언약궤를 짊어 메고 앞장섰으며, 그 뒤를 이스라엘 백성들이 따랐다. 제사장들이 요단강에 이르렀을 때는 마침 추수 기간이어서 제방까지 물이 가득 차올라 있었다. 그러나 언약궤를 멘 제사장들의 발이 요단강에 닿자마자 위에서부터 흐르던 강물이 멈추었고, 백성들은 여리고 성의 맞은편으로 건너갈 수 있었다. 여호수아는 모든 백성이 요단강을 무사히 건널 때까지 하나님의 언약궤를 멘 제사장들이 요단강 가운데의 마른 땅에 서 있게 하였다.

마침내 이스라엘 민족은 아브라함이 살던 '선조의 땅'에 도착했다. 짧은 전투 후 이스라엘 군대는 길갈 마을 근처에서 멈추었다. 유월절이 돌아왔다. 시나이산의 모래사막에서 성스러운 축제를 처음 한 이래로 지난 40년간 많은 일이 있었다. 그들은 하나님께 감사드리고, 또 서로 간에 감

여리고 성 전투_ 가나안 땅 정복을 위한 첫 관문으로, 하나님의 명에 따른 여호수아의 전략으로 유대

사를 나눌 이유가 많았다.

그러나 아직 해야 할 일이 남았다. 이스라엘 백성들이 유월절 축일을 지낸 들판 저편에는 그들이 상대해야 할 여리고 성이 있었다. 여리고 성은 예상보다 굳건하였다. 오랫동안 포위하지도 않고 이런 성을 빼앗는다는 것은 거의 불가능했다. 신중한 여호수아는 자기 힘만으로는 부족하리라는 것을 알고 기도로써 하나님에게 도움을 청했다. 그러자 하나님은 천사를 보내어 그들에게 해야 할 일을 알려주었다.

그 후 엿새 동안 여호수아와 이스라엘 군대는 매일 아침 여리고 성벽 주변을 조용히 행진했다. 행렬 맨 앞에는 제사장 일곱 명이 어깨 위 높이로 언약궤를 들고, 양의 뿔로 만든 나팔을 불었다. 그렇게 일곱 번째 날, 그들은 똑같은 방식으로 여리고 성 주변을 일곱 번 돌다가 갑자기 걸음을 멈추었다. 이때 제사장들은 이마의 핏줄이 불거져 나올 정도로 나팔을 불었고, 병사들은 모두 하나님을 찬양하며 소리를 외쳤다.

바로 그 순간, 하나님은 약속을 지키셨다. 굳건한 여리고 성벽이 단숨에 와르르 무너져 내렸다. 여리고 성을 점령한 이스라엘 군대는 라합과 그의 가족들은 살려줬다. 하나님께서 그녀와의 약속을 지킨 것이다.

무너지는 여리고 성_하나님의 언약궤를 짊어진 제사장들과 이스라엘 군대가 여리고 성 둘레를 일곱 번 돌다가 나팔을 불자 여리고 성이 무너지는 기적을 묘사한 그림이다.

이스라엘의 첫 패배

여호와께서 여호수아에게 이르시되 일어나라 어찌하여 이렇게 엎드렸느냐 이스
라엘이 범죄하여 내가 그들에게 명령한 나의 언약을 어겼으며 또한 그들이 온전히
바친 물건을 가져가고 도둑질하며 속이고 그것을 그들의 물건들 가운데에 두었느
니라 그러므로 이스라엘 자손들이 그들의 원수 앞에 능히 맞서지 못하고 그 앞에
서 돌아섰나니 이는 그들도 온전히 바친 것이 됨이라 그 온전히 바친 물건을 너희
중에서 멸하지 아니하면 내가 다시는 너희와 함께 있지 아니하리라
-여호수아 7장 10~12절

여리고 성 함락 이후로 가나안 땅 정복을 위한 전투는 계속되었다. 이
제 지중해 사이에 있는 모든 땅이 유대인들이 원하는 대로 될 것처럼 보
였다. 그러나 이스라엘 군대 진영에서도 모든 일이 뜻대로 순조롭지만은
않았다. 하나님께서는 여리고 전투에서 라합과 그녀의 가족과 동료들을
제외하고는 모든 여리고 사람들을 멸하고, 그들의 재물도 모두 불태워버
리라고 지시하셨다. 하지만 금은보화에 눈이 먼 아간이 여리고의 값나가
는 재물을 빼돌려 자신의 집에 숨겨두었다.

여호수아는 이 사실을 알지 못한 채 전진하면서 여리고에서 벧엘 동
쪽 벧아웬 근처에 있는 아이 성을 공격했다. 그는 하나님이 승리를 주실
것이라는 확신에 차 있었다. 하지만 아이 사람들은 여리고 성에서 있었
던 일을 듣고 겁을 먹기는 했으나 항복하지는 않았다. 오히려 아이 성을

아간의 도둑질_ 히브리어로 아간은 '괴롭히는 자', '골치 아픈 사람', '고통의 사람'이란 뜻이다. 아간은 여호수아의 지휘로 여리고 성을 함락시켰지만, 하나님의 지시를 어기고 하나님의 것으로 구별되어야 할 전리품을 훔치는 죄를 저질렀다.

공격하던 이스라엘군이 패배하여 많은 병사가 죽거나 쫓겨나야 했다.

이스라엘의 첫 패배로 여호수아는 슬퍼하면서 옷을 찢고, 하나님의 언약궤 앞에서 얼굴을 땅에 대고 엎드려 저녁때까지 있었다. 그리고 그는 이스라엘 진중에 누군가가 하나님의 명령을 거역했다는 사실을 알게 되었다. 여호수아는 죄 있는 자가 자기의 죄를 자백하면 나머지는 구원받을 것이라고 종용하였다. 그러나 아무도 자기 죄를 밝히려 하지 않자, 여호수아는 하나님의 능력으로 제비뽑기를 하여 범인을 색출하기로 했다. 제비는 아간을 도둑으로 지명했다. 그는 결국 훔친 물건을 숨겨둔 장소를 말해야만 했고, 그가 훔친 금과 은과 옷은 불에 태워졌다.

아간의 죽음과 아골 골짜기_아간이 하나님의 제물을 빼돌린 것으로 인해 이스라엘은 아이 성 전투에서 참패했다. 이후 아간의 범죄 사실이 드러나 그가 훔친 모든 전리품을 불사르고, 아간과 그의 가족을 아골 골짜기에서 돌로 처형한 후 그곳에 돌무덤을 쌓게 된다. **윌리엄 블레이크의 작품.**

현재의 아골 골짜기(베카호르카니아)의 모습

  이런 일이 있고 난 뒤 이스라엘 백성들은 아간을 돌로 쳐 죽였다. 그들은 그 위에 큰 돌무더기를 쌓았는데 그것이 지금까지 남아 있다. 이렇게 하고 나서야 하나님께서는 맹렬한 진노를 거두셨다. 그래서 그곳 이름을 오늘까지도 아골 골짜기라고 부른다. 아골은 히브리어로 '근심' 또는 '괴로움'이란 뜻이다. 하나님이 아간을 죽이라고 명령하신 것은 구성원 한 명의 죄로 전체 구성원을 심판해서는 안 된다는 규정에서였다.

▌여호수아의 반격

여호와께서 여호수아에게 이르시되 두려워하지 말라 놀라지 말라 군사를 다 거느리고 일어나 아이로 올라가라 보라 내가 아이 왕과 그의 백성과 그의 성읍과 그의 땅을 다 네 손에 넘겨 주었으니 너는 여리고와 그 왕에게 행한 것 같이 아이와 그 왕에게 행하되 오직 거기서 탈취할 물건과 가축은 스스로 가지라 너는 아이 성 뒤에 복병을 둘지니라 하시니

-여호수아 8장 1~2절

여호수아는 하나님의 계시를 받아 아이 성을 재공격하기 위해 새로운 계획을 세웠다. 그는 군대를 둘로 나누었다. 밤새 아이 성 외곽의 언덕에 3만 명의 군사들을 매복시켰고, 벧엘과 아이 성 사이에 5천 명의 군사들을 매복시켰다. 이렇게 하여 아이 성의 북쪽에 본진을 치고, 서쪽에는 복병을 배치하였다. 그리고 또 다른 5천 명의 군사와 함께 여호수아는 아이 성문을 향해 진군하였다.

아이 성의 왕은 여호수아가 적은 수의 군대로 공격해오는 것을 보고 얼마 전 자신들이 승리한 전투에서처럼 나머지 병사만 처리하면 된다고 생각했다. 그래서 여호수아를 크게 비웃으며 성문을 열고 나와 이스라엘 군대를 공격하였다. 이때 여호수아가 신호를 보내자 병사들은 후퇴를 시작했고, 아이 성의 왕은 성안의 모든 군사를 이끌고 여호수아를 추격하였다.

여호수아는 병사들을 이끌고 산 쪽으로 후퇴했다. 그러자 아이 병사들이 있는 힘을 다해 여호수아의 군대를 쫓았다. 좁은 산골짜기에 다다른 여호수아는 계략대로 그곳에서 멈췄다. 그는 천 조각을 매단 창으로 서쪽 언덕에 매복해 있던 병사들에게 신호를 보냈다. 그러자 매복해 있던 병사들은 일제히 참호에서 뛰쳐나와 아이 병사들이 뒤쪽에서 공격했다.

양쪽에서 공격을 받게 된 아이 성의 왕과 군대의 운명은 이제 이스라엘의 손안에 있었다. 몇 시간 후 그들은 전멸했다. 아이 성문은 열려 있었기 때문에 성은 쉽게 함락되었다. 아이 성의 운명도 여리고 성과 같았다. 그들은 모두 살해되었고, 마을은 전소됐다.

여호수아는 아이 성의 모든 백성을 전멸시켜서 희생 제물로 바칠 때까지 단창을 치켜든 그의 손을 내리지 않았다. 오직 가축과 그 성의 전리품은 하나님이 여호수아에게 명한 대로 이스라엘 백성이 차지하였다. 여호수아는 아이 성을 불 질러서 황폐한 흙더미로 만들었는데, 오늘날까지 그대로 남아 있다.

그 뒤에 여호수아는 에발산에 하나님을 섬기려고 제단을 쌓았다. 그것은 하나님의 종 모세가 이스라엘 자손에게 명령한 대로, 또 모세의 율법에 기록된 대로 쇠 연장으로 다듬지 아니한 자연석으로 쌓은 제단이다. 그들은 그 위에서 번제와 화목제를 하나님께 올렸다. 그리고 여호수아는 이스라엘 자손이 보는 앞에서 모세가 쓴 모세의 율법을 그 돌에 새겼다.

불타는 아이 성(181쪽 그림)_하나님의 성스러운 언약궤를 앞세운 여호수아와 이스라엘 군대가 아이 성을 함락하는 장면이다.

에발산 중턱에서 발견된 여호수아의 제단

기브온의 위장 전술

그들이 여호수아에게 대답하여 이르되 당신의 하나님 여호와께서 그의 종 모세에게 명령하사 이 땅을 다 당신들에게 주고 이 땅의 모든 주민을 당신들 앞에서 멸하라 하신 것이 당신의 종들에게 분명히 들리므로 당신들로 말미암아 우리의 목숨을 잃을까 심히 두려워하여 이같이 하였나이다 보소서 이제 우리가 당신의 손에 있으니 당신의 의향에 좋고 옳은 대로 우리에게 행하소서 한지라

–여호수아 9장 24~25절

가나안 땅을 정복해가는 이스라엘 민족을 본 몇몇 도시는 그들의 침입에 두려워하면서 온갖 책략을 동원해 멸망을 피해 보려고 노력하였다. 그 도시 중 기브온의 사람들이 모여서 회의를 했다.

"이스라엘의 힘이 너무 강력해서 우리는 대적할 수도 없소. 가능한 한 빨리 협정을 맺어야 하오. 그들은 곧 우리 근방에 오게 될 것이니, 우리들의 도시가 멀리 떨어져 있다고 믿게 만들면 아마도 우리와 조약을 맺을 것이오. 그리고 우리 도시가 큰길만 벗어나면 바로 있다는 것을 결코 알지 못 하게 해야만 하오."

기브온의 이런 계략은 처음에는 상당히 성공적이었다. 그러던 어느 날 늦은 오후, 기브온의 사절단이 이스라엘 진영에 찾아와 여호수아를 만나게 해달라고 부탁했다. 사절단은 당장이라도 쓰러질 것 같은 몰골이었다. 그들은 제대로 걷지도 못했고, 옷은 진흙투성이였으며, 물도 마시지 못해 탈진한 것처럼 보였다.

기브온의 사절단을 만나는 여호수아_기브온의 사절단은 그들이 멀리에서 온 것처럼 초라한 행색과 탈진 상태의 모습을 보이며 마치 기브온이 매우 먼 곳에 있는 것처럼 꾸몄다.

기브온 사절단의 대표가 말했다.

"우리는 먼 곳에서 왔습니다. 이제 우리와 조약을 맺어 주십시오."

이에 이스라엘의 장로가 대답했다.

"당신들은 우리 근처에 사는 듯한데 어떻게 당신들과 조약을 맺을 수 있겠소?"

그러자 기브온의 사절단이 말했다.

"우리의 행색을 보십시오. 우리가 떠나 올 때는 모두 새 옷을 입었었으나 길이 멀어 이렇게 남루한 옷이 되고 말았습니다. 게다가 얼마 남지 않은 식량마저 모두 곰팡이가 피었습니다. 우리는 전쟁보다 평화를 원합니다. 그러니 차라리 우리를 종으로 삼아주시길 바랍니다."

여호수아는 그들의 그럴듯한 이야기에 속아 넘어가 조약을 맺었다. 얼마 지나지 않아 기브온이 가까운 길가에 있다는 것을 알게 되었지만, 이미 늦은 후였다. 이스라엘은 하나님의 이름을 두고 조약을 지키기로 약속했기에 기브온을 칠 수 없었다.

여호수아는 그들을 불러 말하였다.

"당신들은 우리 가까이에 살면서 어찌하여 멀리서 왔다고 우리를 속였소? 당신들이 우리를 속였기 때문에 저주를 받아 영원히 종이 될 것이오. 우리 하나님의 집에서 나무를 패고 물을 긷는 일을 하게 될 것이오." 여호수아는 기브온 사람들의 목숨은 살려주겠다고 약속했지만, 이스라엘의 노예가 되어야 한다고 말했다.

기브온 사람들은 비록 목숨은 건졌지만, 유대인들을 위해 일해야만 했다. 이것만으로도 슬픈 운명이었으나, 다른 가나안 부족들이 이 소식을 듣게 되면서 그들에게는 더 끔찍한 일이 닥치게 되었다.

다른 부족들은 이스라엘 민족에 맞서 싸울 준비가 되어 있었다. 하지만 여리고와 아이는 멸망하였고, 아이보다 강한 기브온이 제대로 싸우지도 않고 항복한 상태였다. 그들은 이런 불명예스러운 일을 다른 부족들이 따라 하기 전에 빠른 결단을 내려 이스라엘의 공격을 대비해야만 했다.

기브온으로 향하는 아모리 연합군_예루살렘과 다섯 나라의 연합군은 여호수아에게 항복한 기브온의 행태를 다른 부족들이 따라 하기 전에 서둘러 병력을 일으켰다. 그들이 기브온을 재점령하기 위해 출정하는 모습이다. **귀스타브 도래의 작품.**

가나안을 정복한 여호수아

여호와께서 아모리 사람을 이스라엘 자손에게 넘겨 주시던 날에 여호수아가 여호
와께 아뢰어 이스라엘의 목전에서 이르되 태양아 너는 기브온 위에 머무르라 달아
너도 아얄론 골짜기에서 그리할지어다 하매
-여호수아 10장 12절

당시 예루살렘을 통치하고 있던 아도니세덱 왕은 여호수아가 여리고
성과 아이 성을 점령하고, 심지어 기브온이 이스라엘과 조약을 맺었다는
소식에 몹시 놀랐다. 기브온으로 말하면 왕이 있는 도성처럼 큰 성읍이
고, 아이 성보다도 훨씬 큰 성이며 게다가 기브온 사람들은 모두 용맹한
전사들이었기 때문이다.

그래서 아도니세덱은 헤브론 왕 호함과 야르뭇 왕 비람, 그리고 라기스
왕 야비아와 에글론 왕 드빌에게 급히 전갈을 보냈다. 그리하여 아모리
족속의 다섯 도시, 즉 예루살렘과 헤브론과 야르뭇과 라기스와 에글론의
연합군은 그들의 모든 군대를 거느리고 기브온을 공격하려고 진을 쳤다.

이에 기브온 사람들은 길갈 진에 있는 여호수아에게 전갈을 보냈다.

"종들을 버리지 마십시오. 속히 우리에게로 와서 우리를 구출하여 주
십시오. 우리를 도와주십시오. 산간지방에 거주하는 아모리 왕들이 연합
군을 이끌고 우리를 공격하고 있습니다."

기브온 전투_여호수아가 이끄는 이스라엘군에게 기브온이 항복하자 이에 위협을 느낀 가나안 연합군, 즉 예루살렘의 아도니세덱, 헤브론의 호함, 야르뭇의 비람, 라기스의 야비아, 에글론의 드빌 다섯 왕이 연합하여 이스라엘군과 전투하는 장면이다. **니콜라 푸생의 작품.**

　여호수아는 정예부대를 포함한 이스라엘 전군을 이끌고 길갈에서 진군하여 기브온으로 올라갔다.

　그때 하나님이 여호수아에게 말씀하셨다.

　"그들을 두려워하지 마라. 내가 그들을 너의 손에 넘겨주었다. 그들 가운데서 한 사람도 너를 당할 수 없을 것이다."

　여호수아는 아모리의 연합군이 이스라엘군의 도착을 알지 못하게 군대를 이끌고 기브온 근방에 이르러 완벽한 기습 작전을 펼쳤다. 이스라엘은 연합군을 크게 무찔러 승리하였다. 그리고 연합군들이 여호수아 군대의 추적에 도망하여 벧호론의 내리막길에 이르렀을 때, 하나님이 아세가에 이르기까지 그들에게 큰 우박을 퍼부어 많은 사람이 죽었으니, 이스라엘군의 칼에 죽은 것보다 더 많은 연합군이 죽었다.

아모리 연합군은 모두 도주하였고, 아모리 다섯 왕은 막게다의 동굴에 숨어서 이스라엘군이 자신들을 찾지 않기만을 바랐다. 그러나 그들은 곧 발견되었다. 여호수아는 동굴 입구에 큰 돌을 굴려 막고 병사들로 그곳을 지키게 하였다. 동굴은 감옥이 되었다. 그리고 나서 여호수아는 남아 있는 적의 군대를 우선 추적한 후에 왕들을 처치하기로 했다. 그사이 연합군은 다시 힘을 규합하여 필사적으로 저항했다. 곧 몇 시간만 더 버티면 밤이 되어 도망칠 수 있었기 때문이었다.

여호수아는 바로 지금, 이곳에서 반드시 승리해야만 했다. 그렇지 않으면 모든 것이 허사가 될 판이었다. 다시 여호수아는 하나님에게 도움을 청했다. 하나님은 여호수아의 기도에 즉시 응답하여 태양은 기브온 상공을 떠나지 않고, 달은 아얄론 골짜기에 머무르게 하셨다. 이렇게 하여 태양이 12시간이나 중천에 머물러 있었다. 이에 힘입은 이스라엘군은 아모리 연합군을 맹공격하여 전멸시켰다.

마침내 태양이 지자 이스라엘의 백성은 가나안 모든 땅의 새로운 주인이 되었다. 여호수아는 쉬지 않고 다시 연합군의 다섯 왕이 갇혀 있는 동굴로 돌아왔다. 그리고 예루살렘 왕과 헤브론 왕, 라기스 왕, 에글론 왕과 야르뭇 왕을 끌어내 본보기로 죽였다. 그러자 가나안의 서른 명 남짓한 왕들은 곧바로 항복했고, 여호수아가 제시한 요구에 모두 따랐다.

이로써 가나안 정복은 완성되었다. 드디어 이스라엘은 40년간 시나이 사막에서 보낸 광야 생활을 끝내고, 선조들의 고향인 가나안 땅을 차지했다. 여호수아는 세겜과 길갈 사이에 있는 실로에 성전을 짓고, 이곳을 이스라엘의 새로운 정신적인 중심지로 삼았다. 그리고 정복한 영토를 그동안 함께 고생한 모든 지파에 균등하게 나눠 용기와 인내를 똑같이 보

아얄론 골짜기에 머무는 태양_여호수아의 기도로 하나님은 태양을 열두 시간 동안 아얄론 골짜기의 하늘 위에 머무르게 했다. 여호수아가 아모리 연합군을 전멸시키고 승리하는 장면이다. **존 마틴의 작품.**

상받을 수 있게 했다.

이제 유대 민족은 더 이상 이집트의 빈민가에 살 필요가 없었다. 그들은 다시 양치기가 되었다. 모든 유대인은 각각 조금씩 땅을 받았고, 각 지파는 성으로 된 집을 가질 수 있었다. 흩어졌던 백성들이 하나의 공통된 이상을 가진 강력한 국가로 모여들었다. 그들의 이상은 바로 자신들을 노예 상태에서 끌어내 자유 독립의 강력한 국가를 이룩하게 한 하늘과 땅의 주인이신 하나님을 섬기는 것이었다. 그리고 그들의 조상 야곱의 또 다른 이름인 '이스라엘'을 국가의 이름으로 정했다.

실로의 성전_여호수아는 가나안 정복의 영광을 하나님께 돌렸다. 그는 실로에 성전을 지은 후 하나님의 율법인 십계명이 든 성궤를 그곳에 보관하였다.

제4장

사사기

〈사사기〉는 가나안 정복과 왕정 확립 사이, 즉 이 스라엘이 역사적으로 불안정했던 시기가 배경인 이야기로 이루어져 있다. 이 시기에는 왕이 없었 다. 대신 전통적으로 '사사'라고 불리는 족장이나 지도자들이 백성들을 다스렸다. 사사들은 다툼을 해결하는 재판장 역할을 하거나 이스라엘을 지키 는 군사 지도자 역할을 하였다.

▌최초의 사사, 옷니엘

여호와의 사자가 길갈에서부터 보김으로 올라와 말하되 내가 너희를 애굽에서 올라오게 하여 내가 너희의 조상들에게 맹세한 땅으로 들어가게 하였으며 또 내가 이르기를 내가 너희와 함께 한 언약을 영원히 어기지 아니하리니 너희는 이 땅의 주민과 언약을 맺지 말며 그들의 제단들을 헐라 하였거늘 너희가 내 목소리를 듣지 아니하였으니 어찌하여 그리하였느냐 그러므로 내가 또 말하기를 내가 그들을 너희 앞에서 쫓아내지 아니하리니 그들이 너희 옆구리에 가시가 될 것이며 그들의 신들이 너희에게 올무가 되리라 하였노라

-사사기 2장 1~3절

이스라엘 민족은 그들의 숙원이었던 '약속의 땅' 가나안을 정복했다. 그러나 지중해 연안 서아시아에 위치한 팔레스타인 지역에서 '진정한 주인'이 되기 위해서는 아직 할 일이 많이 남아 있었다. 더군다나 지금까지 이스라엘을 이끈 여호수아가 죽자 백성들은 그의 뒤를 이을 후계자를 놓고 혼란에 휩싸였다.

그러면서 다른 한편으로는 이제 전쟁이 끝났기 때문에 새로운 지도자를 뽑을 필요가 없으며, 단지 필요할 때마다 실로에 있는 대제사장이 하나님의 율법을 해석하여 옳고 그름을 따르고자 했다. 이런 판단은 만약 지도자를 새로 뽑을 경우, 지금까지 각 지파 사이에 있던 오래된 경쟁심을 부추겨 오히려 더 혼란만이 가중될 것 같아서였다. 게다가 지난 몇 년

간 치른 많은 전쟁으로 이스라엘 백성들은 지도자를 따라서 전쟁을 하던 이전의 생활에서 벗어나고 싶었다.

그러나 이스라엘 민족은 자신들이 믿던 하나님을 버리고 우상인 바알과 아스다롯을 섬겼다. 이들의 악행을 보다 못해 진노한 하나님은 이스라엘 민족을 약탈자의 손에 넘겨주었다. 급기야 메소포타미아 바빌론의 왕 구산 리사다임의 손을 빌려 8년 동안 지배를 받게 하였다.

이스라엘 민족은 뒤늦게 자신들의 잘못을 뉘우치며 하나님께 울부짖었다. 이에 하나님은 그들을 구하려고 그들 중 한 구원자를 발탁했는데, 그가 곧 갈렙의 아우 그나스의 아들인 옷니엘이었다.

이교도의 우상을 섬기는 이스라엘 민족_이스라엘 민족은 평화롭고 안정적인 생활을 누리게 되자 이교도와 결혼하는 등 다시 하나님을 잊고 살았다. 그들은 이교도의 우상을 섬기며 하나님이 주신 십계명을 지키지 않았다. 이스라엘은 점점 문란하고 폭력이 난무한 사회가 되었다. **루카스 반 레이던의 작품.**

옷니엘은 40년 전 여호수아와 함께 에스골 지방을 정탐한 갈렙의 딸 악사와 혼인하였다. 당시 갈렙은 자신의 후계자를 뽑으려고 시험을 했었다. 갈렙은 자신이 성주로 있는 헤브론의 서남방 15㎞ 지점에 있는 드빌을 정복하는 사람을 자신의 후계자로 삼을 뿐만 아니라, 아름다운 딸까지 아내로 주겠다고 공포했다.

그러자 조카 옷니엘이 곧장 자원하여 드빌을 정복했고, 아름다운 아내 악사를 얻게 되었다. 이때 악사는 기지를 발휘하여 자신의 남편 옷니엘에게 아버지에게서 밭을 얻으라고 재촉하였다. 그리고 그녀는 아버지를 졸라 메마른 땅에 샘을 몇 개만 달라고 하여 수자원의 영지까지 얻었다.

하나님의 뜻으로 이스라엘의 사사가 된 옷니엘은 바빌론 왕인 구산 리사다임을 이기고 이스라엘의 영토에서 그들을 몰아냈다. 다시 이스라엘은 평온을 되찾았고, 40년 후에 옷니엘이 죽었다.

옷니엘_이스라엘 최초의 사사였던 옷니엘은 하나님의 명으로 메소포타미아 왕 구산 리사다임을 내쫓아 이스라엘을 구하였다.

옷니엘 사후의 이스라엘_옷니엘이 죽은 후 이스라엘은 다시 이교도 우상을 숭배하며 악행을 저질렀다. 이에 하나님은 이스라엘을 시험하고자 그들 주변의 적들로 벌하였다.

옷니엘이 죽은 후 이스라엘 민족은 다시 하나님을 잊고 살아갔다. 그들은 인근 이교도의 딸들과 결혼하거나 가나안 원주민 중에서 아내를 취했다. 이런 결혼으로 태어난 아이들은 자기 어머니의 언어와 종교를 따르게 마련이었다.

점점 이스라엘 민족은 자신들이 어려웠던 시절에 하나님이 구원하신 사실을 망각해갔다. 하나님이 없으면 자신들은 강력한 이웃 나라에 꼼짝 못 하는 존재인 것을 잊었다. 그 결과 그들은 모세가 지도자였던 시절부터 우선시한 '이스라엘 공동체' 인식을 느끼지 못하고 서로 싸우기 시작했다.

이런 이스라엘의 내분은 이들을 늘 주시하던 이웃 나라에도 알려졌고, 모압과 암몬, 아말렉은 동맹을 맺어 몇 년 전 여호수아에게 빼앗겼던 땅을 되찾고자 이스라엘을 침입했다. 아무런 준비가 되어있지 않았던 이스라엘 민족은 점령당했고, 그들은 또다시 노예 신세로 전락했다. 이런 상태는 18년간 지속되었는데, 그동안 이스라엘 민족은 모압 왕 에글론을 통치자로 섬기기에 이른다.

▌왼손잡이 사사, 에훗

그들에게 이르되 나를 따르라 여호와께서 너희의 원수들인 모압을 너희의 손에 넘겨 주셨느니라 하매 무리가 에훗을 따라 내려가 모압 맞은편 요단 강 나루를 장악하여 한 사람도 건너지 못하게 하였고

-사사기 3장 28절

이스라엘 민족은 모압 왕 에글론의 가혹한 통치로 고통 속에 살면서 다시 하나님을 찾기 시작했다. 하나님은 그들에게 구원자를 발탁하여 세웠는데, 그가 곧 베냐민 지파 게라의 아들인 왼손잡이 에훗이다. 그는 하나님의 뜻에 따라 모압 왕 에글론에게 공물을 바치러 나서게 되었다.

에훗은 날 선 칼을 만들어 오른쪽 허벅지 옷 속에 차며 단단히 준비했다. 에글론의 호위대는 에훗이 왼손잡이였으므로 오른쪽에 칼을 숨겼기 때문에 전혀 의심하지 않았다. 에훗의 옷을 수색하는 사람도 없었다. 드디어 에글론과 만난 에훗은 먼저 공물을 바친 후 공물을 메고 온 사람들을 돌려보냈다.

에훗이 에글론에게 말했다.

"왕께 은밀히 아뢸 비밀 정보가 있습니다."

그러자 에글론은 주위에 있던 신하들을 모두 내보냈다. 독재자답게 의심이 많았던 에글린은 혹시나 반란자의 정보를 알 수 있을까 싶어서 에

에글론을 암살하는 에훗_에훗이 오른쪽 허벅지에 찬 단도로 모압 왕 에글론에게 공물을 바친 후에 암살하는 장면이다.

사사가 된 에훗_에훗은 사사로 선출되어 모압을 물리치고 이스라엘에 평화를 가져온다. **제임스 티소의 작품.**

훗의 말을 자세히 듣고자 몸을 일으켰다. 그때 에훗은 왼손으로 오른쪽 허벅지 옷 속에 숨긴 칼을 재빨리 빼내어 에글론의 배를 찔렀다. 얼마나 세게 찔렀는지 칼자루도 칼날을 따라 들어가서 칼끝이 등 뒤로 삐져 나왔다. 에훗이 그 칼을 빼내지 않았으므로, 기름기가 칼에 엉겨 붙었다. 에훗은 현관으로 나와서 다락문들을 뒤에서 걸어 잠갔다.

에훗이 나간 뒤에 그의 신하들이 들어와 다락문들이 잠겨 있는 것을 보고는 왕이 시원한 다락방에서 용변을 보고 있다고 생각하였다. 그러나 오랫동안 기다려도 왕이 다락문들을 열지 않자 열쇠를 가져다가 문을 열고 보니 왕이 죽은 채로 바닥에 쓰러져 있었다.

에글론의 신하들이 왕이 다락문을 열기를 기다리는 동안 에훗은 몸을 피하여 돌 우상들이 있는 곳을 지나 스이라로 도망쳤다. 그가 그곳에 이르러 에브라임 산간지방에서 소집 나팔을 불자 이스라엘 백성들이 그를 따라 산간지방에서 내려왔다. 에훗은 그들을 앞장서 모압 족을 향해 공격하였다.

이때 에훗은 모압으로 가는 요단강 나루를 점령하고 한 사람도 건너가지 못하게 하였다. 그리고 공격의 고삐를 늦추지 않고 모압의 군사 한 명도 도망치지 못하게 모두 전멸시켰다. 이렇게 모압을 굴복시킨 이스라엘은 이후 80년 동안 다시 평화와 독립을 누렸다.

여자 사사, 드보라

에훗이 죽으니 이스라엘 자손이 또 여호와의 목전에 악을 행하매 여호와께서 하솔
에서 통치하는 가나안 왕 야빈의 손에 그들을 파셨으니 그의 군대 장관은 하로셋
학고임에 거주하는 시스라요

-사사기 4장 1~2절

에훗 이후로도 여러 사사가 뒤를 이었다. 그들은 모두 강인한 성격이
었으며, 이스라엘의 위기 때마다 하나님의 뜻대로 이교도들을 물리쳤다.
이스라엘의 사사들은 가나안 이교도들과 끊임없이 전쟁을 치르면서도
언제나 '하나님을 위해 싸운다'라는 사실을 잊지 않았다.

에훗이 죽고 난 후에 아낫의 아들 삼갈이 사사가 되었는데, 그는 소를
몰 때 사용하는 막대기로 블레셋 사람 6백 명을 죽이고 이스라엘을 구원
한 적도 있었다. 그러나 용맹스러웠던 삼갈이 죽자 가나안의 왕 야빈은
이스라엘의 국경에 출몰해 가축을 훔치고, 남자들을 죽였으며, 여자와
어린아이들을 끌고 갔다.

이스라엘은 삼갈 이후로 사사가 없던 시기여서 과연 야빈과의 전쟁에
서 누가 이스라엘을 이끌지 판단하기 어려웠다. 야빈의 군대에는 잔인하
기로 소문난 시스라라는 군대 장관이 있었다. 그는 이집트 출신으로 야
빈의 수하에서 용맹을 떨치고 있었다. 게다가 야빈에게는 철갑 병거 9백
대가 있어서 마치 칼로 물을 베듯이 전쟁에서 이스라엘군의 목숨을 쉽게

시스라의 위용_이스라엘을 공격해온 시스라는 철갑 병거 9백 대를 거느린 이집트 출신의 군대 장관으로, 이스라엘군은 그에게 무참히 죽어 나갔다.

앗아갔다. 이스라엘은 무려 20년 동안 야빈의 학대를 받았으며 다시 하나님을 찾아 부르짖었다.

한편 벧엘 근방에 드보라(Deborah, '꿀벌'이라는 뜻)라는 여인이 살고 있었다. 그녀는 미래를 예지하는 능력이 있었다. 드보라의 뛰어난 예지력은 서아시아 전역에 퍼져 있어서 많은 사람이 찾아와 자신들의 앞날에 대한 일들을 물어보곤 하였다. 야반의 군대에 늘 걱정을 하고 있던 이스라엘도 드보라를 찾아가 앞으로 어떤 일을 해야 할지 알려 달라고 부탁하였다.

이에 드보라는 항복하지 말고 싸우라고 충고한 후 사람을 보내어 아비노암의 아들 바락을 불러들었다. 바락은 근방에서 이름을 날리던 용사였다. 드보라는 바락에게 시스라에 맞서 용감하게 싸우라고 종용하였다.

그러나 바락은 주저하며 말했다.

"결국에는 재앙으로 끝날 것이오. 우리 군대는 철갑 병거 부대의 상대가 될 수 없소"

드보라는 이스라엘군이 먼저 공격하면 하나님이 함께하여 그들의 눈을 보이지 않게 만들 것이라고 답했다. 하지만 철갑 병거가 두려웠던 바락은 여전히 시스라의 군대와 맞서 싸우기를 거부했다.

바락이 드보라에게 말하였다.

"그대가 나와 함께 가면 나도 가겠지만, 그대가 나와 함께 가지 않으면 나도 가지 않겠소."

이에 드보라는 만약 자신이 따라가야 용기가 생긴다면 기꺼이 그렇게 하겠노라고 말했다.

"내가 반드시 장군과 함께 가겠습니다. 그러나 하나님께서 시스라를 한 여자의 손에 내주실 것이니 장군께서는 이번에 가는 길에서는 영광을 얻지는 못할 것입니다."

전장에 나서는 드보라_ 현명하고 용감한 드보라는 자기 뜻이 아니라 하나님의 뜻이 이루어질 것을 강조했다.

드보라는 전쟁에서 승리하여도 그 영광이 바락에게 돌아가지 않고 한 여인에게 돌아갈 것이라 경고했다. 그런데도 바락은 드보라에게 승리의 영광을 양보하기로 하고, 병사 1만 명을 거느리고 다볼산의 요새를 떠나 시스라 군을 향해 출전했다.

전쟁이 시작되자 시스라의 철갑 병거는 기손강에 진을 치고 다볼산에서 내려오는 유대인들을 공격했다. 그러나 하나님은 이스라엘군의 편이었다. 하나님은 시스라와 그의 철갑 병거들을 칼날로 혼란에 빠지게 했다. 시스라의 군대는 필사적으로 싸웠지만, 크게 패하고 말았다. 얼마 안 되는 생존자들은 달아났고, 용맹했던 시스라조차도 도망치고 말았다.

시스라 군과의 전투_드보라는 여자의 몸이었지만, 용맹을 떨치던 시스라에게 당당히 맞서 싸워 승리했다. **후안 드 라 코르테의 작품.**

시스라를 죽인 야엘

그가 깊이 잠드니 헤벨의 아내 야엘이 장막 말뚝을 가지고 손에 방망이를 들고 그에게로 가만히 가서 말뚝을 그의 관자놀이에 박으매 말뚝이 꿰뚫고 땅에 박히니 그가 기절하여 죽으니라

−사사기 4장 21절

이스라엘군에게 무참히 패한 시스라는 서쪽으로 걸어서 도망쳤다. 시스라는 자신의 왕인 야빈과 친하게 지내던 겐 사람 헤벨의 집에 들어가 몸을 숨기려 하였다. 그런데 헤벨은 마침 외출 중이었고, 그의 아내 야엘이 시스라를 맞이했다. 야엘은 단번에 자신의 집에 숨어들어온 사람이 이스라엘군에게 쫓기고 있는 시스라가 틀림없다고 생각하였다. 시스라는 이국적인 외모에 황금 투구를 쓰고 있었고, 평소 명령하는 것에 익숙한 사람처럼 야엘에게도 명령조로 말을 걸었다.

야엘은 이 초대받지 않은 손님에게 먹고 마실 것을 주었고, 그가 완전히 탈진하자 바닥의 양탄자에 누워 쉬라고 말했다. 그러고는 주위를 살피다가 혹시 이스라엘 병사가 집 근처에 오면 알려주겠다고 약속했다. 시스라는 야엘의 말을 믿고 깊은 잠에 빠졌다. 그러자 야엘은 장막을 고정하는 데 사용하던 커다란 말뚝을 시스라의 관자놀이에 박아서 죽였다. 바락이 시스라를 추격할 때에 야엘이 나가서 자기가 한 일을 자랑스럽게 보고했다.

깊게 잠든 시스라를 죽이는 야엘_자기 집에 나타난 시스라를 안심시켜 잠을 재운 야엘이 시스라의 관자놀이에 말뚝을 박아 죽이는 장면이다. **오라치오 젠틸레스키의 작품.**

▶시스라를 처단하는 야엘의 조각상(205쪽 그림)

이처럼 하나님은 가나안 왕 야빈을 이스라엘 민족에게 굴복시켰다. 야빈은 신임하던 시스라가 죽자 이스라엘과 평화 협정을 맺을 수밖에 없었다. 이스라엘은 다시 자유의 몸이 되었고, 자신들을 위해 힘쓴 드보라와 야엘을 자랑스럽게 여기며 그들에게 영예를 베풀었다.

그러나 이스라엘 백성들은 언제나처럼 하나님의 도움으로 전쟁에서 승리하고 평화로운 시기가 오면 다시 나태해졌다. 그들은 항상 전쟁을 치르며 살았기 때문에 누구보다 평화를 원했고, 그렇게 찾아온 시간을

축제를 벌이는 이스라엘 백성들_이스라엘 백성들은 다시 평화가 찾아오면 늘 축제를 즐겼다. 모세는 늘 하나님을 잊지 말라고 했으나 그들은 쉽게 하나님을 망각하고, 다시 어려운 일이 닥쳐서야 하나님 을 찾았다. **제임스 티소의 작품.**

그저 즐기려고만 했다. 과거 모세는 항상 모든 것을 경계하며 하나님을 섬기라고 명령했었다. 그러나 살기 편해진 세상에서 아무 문제가 없는 이스라엘 백성들이 모세의 명령을 따르기는 쉽지 않은 일이었다.

이스라엘은 가나안 왕 야빈을 진멸한 후 다시 하나님을 잊었고, 젊은 세대들은 하나님의 계율을 무시했다. 그들은 자신들이 누리는 자유와 평화로움의 영광을 하나님께 돌리지 않고 다시 나락의 길을 걸었다.

드보라의 승리의 노래

-사사기 5장 2~31절

이스라엘의 영솔자들이 영솔하였고 백성이 즐거이 헌신하였으니 여호와를 찬송하라. 너희 왕들아 들으라 통치자들아 귀를 기울이라 나 곧 내가 여호와를 노래할 것이요 이스라엘의 하나님 여호와를 찬송하리로다. 여호와여 주께서 세일에서부터 나오시고 에돔 들에서부터 진행하실 때에 땅이 진동하고 하늘이 물을 내리고 구름도 물을 내렸나이다. 산들이 여호와 앞에서 진동하니 저 시내 산도 이스라엘의 하나님 여호와 앞에서 진동하였도다.

아낫의 아들 삼갈의 날에 또는 야엘의 날에는 대로가 비었고 길의 행인들은 오솔길로 다녔도다. 이스라엘에는 마을 사람들이 그쳤으니 나 드보라가 일어나 이스라엘의 어머니가 되기까지 그쳤도다. 무리가 새 신들을 택하였으므로 그 때에 전쟁이 성문에 이르렀으나 이스라엘의 사만 명 중에 방패와 창이 보였던가. 내 마음이 이스라엘의 방백을 사모함은 그들이 백성 중에서 즐거이 헌신하였음이니 여호와를 찬송하라.

흰 나귀를 탄 자들, 양탄자에 앉은 자들, 길에 행하는 자들아 전파할지어다. 활 쏘는 자들의 소리로부터 멀리 떨어진 물 긷는 곳에서도 여호와의 공의로우신 일을 전하라 이스라엘에서 마을 사람들을 위한 의로우신 일을 노래하라 그

때에 여호와의 백성이 성문에 내려갔도다. 깰지어다 깰지어다 드보라여 깰지어다 깰지어다 너는 노래할지어다 일어날지어다 바락이여 아비노암의 아들이여 네가 사로잡은 자를 끌고 갈지어다.

그 때에 남은 귀인과 백성이 내려왔고 여호와께서 나를 위하여 용사를 치시려고 내려오셨도다. 에브라임에게서 나온 자들은 아말렉에 뿌리 박힌 자들이요 베냐민은 백성들 중에서 너를 따르는 자들이요 마길에게서는 명령하는 자들이 내려왔고 스불론에게서는 대장군의 지팡이를 잡은 자들이 내려왔도다. 잇사갈의 방백들이 드보라와 함께 하니 잇사갈과 같이 바락도 그의 뒤를 따라 골짜기로 달려 내려가니 르우벤 시냇가에서 큰 결심이 있었도다.

네가 양의 우리 가운데에 앉아서 목자의 피리 부는 소리를 들음은 어찌 됨이냐 르우벤 시냇가에서 큰 결심이 있었도다. 길르앗은 요단 강 저쪽에 거주하며 단은 배에 머무름이 어찌 됨이냐 아셀은 해변에 앉으며 자기 항만에 거주하도다. 스불론은 죽음을 무릅쓰고 목숨을 아끼지 아니한 백성이요 납달리도 들의 높은 곳에서 그러하도다. 왕들이 와서 싸울 때에 가나안 왕들이 므깃도 물 가 다아낙에서 싸웠으나 은을 탈취하지 못하였도다.

별들이 하늘에서부터 싸우되 그들이 다니는 길에서 시스라와 싸웠도다. 기손 강은 그 무리를 표류시켰으니 이 기손 강은 옛 강이라 내 영혼아 네가 힘 있는 자를 밟았도다 그 때에 군마가 빨리 달리니 말굽 소리가 땅을 울리도다 여호와의 사자의 말씀에 메로스를 저주하라 너희가 거듭거듭 그 주민들을 저주할 것은 그들이 와서 여호와를 돕지 아니하며 여호와를 도와 용사를 치지 아니함이니라 하시도다.

야엘과 드보라와 바락(209쪽 그림)_망치를 들고 있는 여인이 야엘이고, 가운데 두 손을 모으고 있는 여인이 드보라이다. 그 뒤에 있는 남성이 시스라에 맞서 싸우는 것을 두려워했던 바락이다. **살로몬 드 보레이의 작품.**

승리를 노래하는 드보라_사사기 5장은 '드보라의 노래'다. 시스라를 물리친 군사적 업적이 상세히 소개된다. 작곡가 헨델은 드보라에 관한 오라토리오를 지었고, 현대 이탈리아의 작곡가 일데브란도 피체티는 〈드보라와 야엘〉이라는 오페라를 작곡했다.

겐 사람 헤벨의 아내 야엘은 다른 여인들보다 복을 받을 것이니 장막에 있는 여인들보다 더욱 복을 받을 것이로다. 시스라가 물을 구하매 우유를 주되 곧 엉긴 우유를 귀한 그릇에 담아 주었고. 손으로 장막 말뚝을 잡으며 오른손에 일꾼들의 방망이를 들고 시스라를 쳐서 그의 머리를 뚫되 곧 그의 관자놀이를 꿰뚫었도다. 그가 그의 발 앞에 꾸부러지며 엎드러지고 쓰러졌고 그의 발 앞에 꾸부러져 엎드러져서 그 꾸부러진 곳에 엎드러져 죽었도다.

시스라의 어머니가 창문을 통하여 바라보며 창살을 통하여 부르짖기를 그의 병거가 어찌하여 더디 오는가 그의 병거들의 걸음이 어찌하여 늦어지는가 하매. 그의 지혜로운 시녀들이 대답하였겠고 그도 스스로 대답하기를. 그들이 어찌 노략물을 얻지 못하였으랴 그것을 나누지 못하였으랴 사람마다 한두 처녀를 얻었으리로다 시스라는 채색 옷을 노략하였으리니 그것은 수 놓은 채색 옷이리로다 곧 양쪽에 수 놓은 채색 옷이리니 노략한 자의 목에 꾸미리로다 하였으리라.

여호와여 주의 원수들은 다 이와 같이 망하게 하시고 주를 사랑하는 자들은 해가 힘 있게 돋음 같게 하시옵소서 하니라 그 땅이 사십 년 동안 평온하였더라.

드보라와 이스라엘 백성들에게 야빈과 시스라의 철갑 병거는 도저히 감당할 수 없는 '현실의 벽'이었다. 그러나 하나님의 능력으로 그들을 물리치고 20년 만에 자유를 얻는 순간에 나온 노래가 바로 〈드보라의 승리의 노래〉였다. 이스라엘 민족은 노래와 시(詩)로 전쟁의 승리를 기념했다. 승리의 기쁨을 표현한 〈드보라의 승리의 노래〉는 전쟁 직후의 것으로 전쟁의 생생한 장면이 묘사되어 있다.

야빈과의 전쟁에서 승리한 이스라엘은 모든 영광을 하나님께 돌리면서 감사하고 기념하기 위해서 하나님을 찬양하고 있다. 드보라의 노래에서 강조되고 있는 것은 과거 이스라엘과 함께하신 하나님께서 지금도 살아계시고 역사하시며 이스라엘 백성을 도우신다는 것과 이스라엘의 구원은 오직 하나님의 능력에서 비롯된다는 것이다. 물론 이스라엘은 하나님을 잊고 불순종하는 어리석음으로 스스로 불행을 자초하는 일을 수없이 반복하였다.

〈드보라의 승리의 노래〉는 히브리 시문학 중에서도 최고의 걸작이며, 문학사로도 훌륭한 전승가이다. 이 시의 연대는 대략 주전 1125년경으로, 이 시가 성경에서 가장 오래된 시라고 볼 수 있다.

드보라의 기마상_ 야빈과 시스라를 물리친 이스라엘은 모든 영광을 하나님께 돌리고, 감사하며 기념하기 위해서 하나님을 찬양했다.

바알의 제단을 부순 기드온

여호와께서 이스라엘 자손에게 한 선지자를 보내시니 그가 그들에게 이르되 여호와께서 이같이 말씀하시기를 이스라엘의 하나님 내가 너희를 애굽에서 인도하여 내며 너희를 그 종 되었던 집에서 나오게 하여 애굽 사람의 손과 너희를 학대하는 모든 자의 손에서 너희를 건져내고 그들을 너희 앞에서 쫓아내고 그 땅을 너희에게 주었으며 내가 또 너희에게 이르기를 나는 너희의 하나님 여호와이니 너희가 거주하는 아모리 사람의 땅의 신들을 두려워하지 말라 하였으나 너희가 내 목소리를 듣지 아니하였느니라 하셨다 하니라

–사사기 6장 8~10절

에브라임 마을에 어느 부유한 과부가 하나뿐인 아들 미가와 함께 살고 있었다. 미가는 종종 어머니의 돈을 훔쳤지만, 그의 어머니는 그런 사실을 알고도 그를 용서했을 뿐만 아니라 금과 은을 녹여서 우상을 만들어 사랑하는 아들에게 주었다. 미가는 황금으로 만든 장난감을 무척 좋아했다. 미가는 자기 집에 작은 신전을 마련하고, 레위 지파의 소년을 개인 사제로 고용하여 황금 우상에 제사를 치르도록 했다. 그리하여 그는 성전에 가지 않아도 집에서 제사를 치를 수 있었다.

이런 일은 모세가 전해준 고대 율법을 거스르는 행위였다. 미가의 이런 행동에 신앙심이 깊지 않은 이스라엘 사람들조차도 굉장한 충격을 받았다. 그러나 미가는 돈이 많았고, 하고 싶은 일은 뭐든 할 수 있었다. 어느

우상을 섬기는 미가_미가는 자신의 집에 황금 우상으로 제단을 만들고, 레위 지파 소년을 제사장으로 삼았다. 이후 단 지파의 용사 다섯이 황금 우상과 레위 소년을 몰래 데리고 간다. **빌렘 드 푸테르의 작품.**

날, 가축들의 목초지를 얻기 위해 서쪽으로 유랑하던 단 지파의 사람들이 미가의 신전에 침입하여 황금 우상을 가져갔다. 이에 미가의 사제였던 레위 지파의 소년은 단 지파 사람을 따라가 충성을 맹세했다.

이처럼 하나님을 잊고 살아가는 이스라엘 민족의 모습에 진노하신 하나님은 곧 미디안 족을 이스라엘 땅으로 보냈다. 그들은 매년 여름이면 노략질과 폭행을 일삼아 이스라엘을 공포에 떨게 하였다. 이스라엘 백성들은 미디안 족이 출몰하면 산으로 도망가 겨울을 지내곤 했다. 그리고 이런 자신들의 처지에 절망한 이스라엘 백성들은 더 이상 농사도 짓지 않았다.

그러던 중에 가뭄과 기근이 들자 이스라엘 백성들은 굶어 죽기 시작했다. 몇몇 강한 정신력을 가진 사람만이 농사를 지었는데, 그들 중에는 기드온의 아버지인 요아스도 있었다. 그런데 요아스도 하나님이 주신 이스라엘의 율법은 지키지 않고 이교도의 우상을 숭배하였다. 하지만 요아스의 아들 기드온은 아버지와 달랐다. 그는 이스라엘 민족의 오래된 신앙을 지키면서 하나님을 믿고 있었다.

어느 날, 하나님의 천사가 요아스의 땅 오브라에 있는 상수리나무 아래에 와서 앉았다. 그때 기드온은 미디안 족에 들키지 않으려고 포도주 틀에서 몰래 밀 이삭을 타작하고 있었다.

이때 하나님의 천사가 기드온에게 말하였다.

"용사여, 하나님께서 너와 함께 계신다."

그러자 기드온이 그에게 되물었다.

"하나님께서 우리와 함께 계신다면, 어째서 우리가 이 모든 어려움을 겪습니까? 우리 조상이 우리에게 '하나님께서 놀라운 기적을 일으키시어 우리 백성을 이집트에서 인도해 내셨다'라고 말하였는데, 그 모든 기적이 다 어디에 있습니까? 지금은 하나님께서 우리를 버리시기까지 하셔서 우리가 미디안 사람의 손아귀에 넘어가고 말았습니다."

그러자 하나님의 천사가 기드온에게 말했다.

"네게 있는 그 힘으로 이스라엘을 미디안의 손에서 구하여라. 내가 친히 너를 보낸다."

기드온이 다시 천사에게 물었다.

"감히 여쭙습니다만, 제가 어떻게 이스라엘을 구할 수 있습니까? 저의

하나님의 천사와 이야기하는 기드온_ 하나님의 천사는 기드온에게 '큰 용사여'하고 불렀다.

가문은 므낫세 지파 가운데서도 가장 약하고, 또 저는 아버지의 집에서
도 가장 어린 사람입니다."

기드온의 물음에 천사가 답하였다.

"하나님이 반드시 너와 함께 있을 것이니, 네가 미디안 사람들을 마치
한 사람을 이기듯이 쳐부술 것이다."

이에 기드온이 또다시 물었다.

"정말로 저를 그리 좋게 보신다면, 지금 제게 말씀하시는 분이 정말로
하나님이시라는 증거를 보여주십시오. 제가 예물을 꺼내 와서 가져다 놓
겠으니, 제가 돌아올 때까지 떠나지 마십시오."

기드온은 말을 마치자마자 즉시 가서 염소 새끼 한 마리로 요리를 만들고, 밀가루 한 에바로 누룩을 넣지 않은 빵도 만들어 고기는 바구니에 담고, 국물은 그릇에 담아 상수리나무 아래로 가지고 가서 천사에게 주었다.

하나님의 천사가 기드온에게 말하였다.

"그 고기와 누룩 넣지 않은 빵을 가져다가 이 바위 위에 놓고, 국물을 그 위에 부어라."

기드온이 천사의 말대로 하였더니 하나님의 천사가 손에 든 지팡이 끝을 내밀어 고기와 누룩 넣지 않은 빵에 댔다. 그러자 갑자기 바위에서 불이 치솟아 고기와 누룩 넣지 않은 빵을 불살라 버렸다. 그러고 나서 하나님의 천사는 그 앞에서 사라져 보이지 않았다. 기드온이 정신을 차리자 그가 꿈을 꾸었다는 것을 알았다. 기드온은 꿈속에서 하나님의 천사를 만난 것이다.

그러던 어느 날, 기드온의 아버지 요아스가 바알의 제단을 세웠다. 기드온은 하나님의 천사를 만난 꿈으로 용기를 얻어 밤중에 일어나 바알 제단을 부수고, 그 자리에 하나님의 제단을 쌓았다. 다음 날 아침, 모든 사태를 파악한 이웃들은 요아스의 집으로 달려갔다. 그들은 요아스에게 신성 모독을 저지른 아들을 처벌해야 한다고 외쳐댔다.

그러나 요아스는 상식이 있는 사람이었다. 그는 만약 바알 신이 이웃들이 주장하는 만큼 강력하다면 기드온을 당연히 죽일 것이라고 말했다. 하지만 몇 주가 지나도록 기드온은 멀쩡했고, 이에 이웃들은 마음을 돌렸다. 이후 기드온은 여룹바알이라는 이름으로 불리며 명성을 떨쳤는데, 이는 '바알의 제단을 부순 자'라는 뜻이다.

바위에서 불을 피우는 천사_기드온이 천사의 명으로 하나님께 예물로 드린 고기와 빵을 바위에 올려 놓자 불이 치솟는 기적을 보이는 장면이다. **페르디난드 볼의 작품.**

기드온과 3백 용사

여호와께서 기드온에게 이르시되 내가 이 물을 핥아 먹은 삼백 명으로 너희를 구
원하며 미디안을 네 손에 넘겨 주리니 남은 백성은 각각 자기의 처소로 돌아갈 것
이니라 하시니
-사사기 7장 7절

이스라엘을 향한 미디안의 대규모 공격이 시작되었다. 그러나 이미 겁
을 먹은 이스라엘은 반격할 기세도 없이 절멸(絶滅)할 지경에 이르렀다.
이에 이스라엘은 기드온에게 지도자가 되어 달라고 요청했고, 기드온은
곧장 군대를 소집하여 이즈르엘의 오래된 평야에서 다가올 전투에 대비
해 병사들을 훈련 시켰다. 하지만 이스라엘군의 사기는 아주 형편없이
떨어져 있었다. 그들은 전쟁을 앞두고 두려워했으며, 그저 편안한 곳으
로 돌아가고 싶어 했고, 육체적인 고통을 받느니 차라리 굶주리는 편이
낫겠다고 생각했다.

이를 지켜본 기드온은 두려워서 떠는 병사들을 돌아가게 하니, 그들 가
운데서 이만 이천 명이 돌아가고 만 명만이 남았다. 하지만 이들마저도
완전히 신뢰하지 못했던 기드온은 하나님께 미래에 대한 인정의 증거
를 보여 달라고 요청했다.

기드온의 양털(219쪽 그림)_전쟁을 앞둔 기드온은 두려움에 떠는 자들로는 이길 수 없다고 판단하고 그
런 병사를 돌려보냈다. 그러나 남은 병사들만으로 승리를 장담할 수 없었던 기드온은 하나님께 미래
에 대한 증거를 요청한다. **니콜라 디프르의 작품.**

NDET SICVT PLVVIAT IN VELLVS ET SICVT STILL

물 마시는 모습으로 병사를 고르는 기드온_하나님이 부르신 용사는 3백 명이었고, 그들은 하나님과 이스라엘을 위해 힘써 싸웠다.

　기드온은 자신의 천막 바깥에 양털 한 뭉치를 놓아두었다. 아침이 되어 그가 양털을 집어 들었을 때 그것은 이슬에 젖어 있었지만, 바닥의 풀은 보송보송했다. 이는 하나님이 앞으로 공격 때 기드온과 함께할 것이며, 그는 계획을 밀고 나가도 된다는 증거였다.

　기드온은 병사들에게 행군하라고 명령했다. 병사들이 지치자 그는 그들을 강으로 보냈다. 몇천 명 중에서 전술에 일가견이 있던 3백 명만이 물을 마시는 동안 반대편 강가를 경계했다. 또한, 그들은 손으로 물을 떠서 입으로 마셨다. 이에 기드온은 이 3백 명을 택하고 나머지는 모두 돌려보냈다. 전쟁이 벌어지면 나머지는 성가시기만 할 것이기 때문이었다.

　이제 기드온과 3백 명의 용사들만 남아 전쟁을 대비해 훈련을 받았다. 기드온은 그들에게 각각 양 뿔 나팔과 횃불을 주었으며, 횃불은 항아리 속에 감추어 불빛이 보이지 않게 했다. 밤이 깊어지자 기드온은 부하들을 이끌고 미디안을 공격했다. 그들은 달리면서 크게 나팔을 불었고, 기드온의 신호에 항아리를 동시에 깨트렸다. 그러자 미디안 군대는 깜짝 놀라 모두 도망쳤고, 수천 명의 사상자가 발생했다. 기드온과 3백 용사의 승리는 전적으로 하나님의 능력으로 거둔 것이었다.

기드온의 승리_기드온은 승리를 확증하는 표적을 하나님께 요청했고, 하나님께서는 이슬이 양털에
만 내리고 온 땅에는 내리지 않는 표적, 또 반대로 온 땅에만 내리고 양털에 내리지 않는 두 가지 표
적을 보여주었다. 이에 힘을 얻은 기드온은 하나님의 말씀에 순종하여 3만 2천 명의 병사 중 물을 손
으로 떠서 핥아먹는 용사 3백 명만을 선발하였다. 또한, 하나님께서는 적진에서 한 미디안 군사가 다
른 동료 군사에게 꿈 이야기하는 것을 엿듣게 함으로써 기드온에게 승리에 대한 확신과 용기를 주었
다. 결국, 기드온은 미디안의 두 왕인 세바와 살문나를 생포하는 등 대승을 거두었고, 이스라엘 지경
을 요단강까지 확장하였다.

폭군 아비멜렉

하루는 나무들이 나가서 기름을 부어 자신들 위에 왕으로 삼으려 하여 감람나무에게 이르되 너는 우리 위에 왕이 되라 하매 감람나무가 그들에게 이르되 내게 있는 나의 기름은 하나님과 사람을 영화롭게 하나니 내가 어찌 그것을 버리고 가서 나무들 위에 우쭐대리요 한지라 나무들이 또 무화과나무에게 이르되 너는 와서 우리 위에 왕이 되라 하매 무화과나무가 그들에게 이르되 나의 단 것과 나의 아름다운 열매를 내가 어찌 버리고 가서 나무들 위에 우쭐대리요 한지라 나무들이 또 포도나무에게 이르되 너는 와서 우리 위에 왕이 되라 하매 포도나무가 그들에게 이르되 하나님과 사람을 기쁘게 하는 내 포도주를 내가 어찌 버리고 가서 나무들 위에 우쭐대리요 한지라 이에 모든 나무가 가시나무에게 이르되 너는 와서 우리 위에 왕이 되라 하매 가시나무가 나무들에게 이르되 만일 너희가 참으로 내게 기름을 부어 너희 위에 왕으로 삼겠거든 와서 내 그늘에 피하라 그리하지 아니하면 불이 가시나무에서 나와서 레바논의 백향목을 사를 것이니라 하였느니라

–사사기 9장 8~15절

미디안과의 전쟁이 끝나고 이스라엘에는 다시 평화가 찾아왔다. 이스라엘 백성들은 기드온의 공적을 인정해 그를 왕으로 추대하려 했다.

기드온이 이스라엘 백성들에게 말했다.

"당신들을 다스릴 이는 내가 아닙니다. 오직 하나님뿐입니다."

그러나 기드온은 왕위는 사양했지만, 점차 야심을 드러냈다. 그는 백성들에게 금귀걸이를 가져오게 해서 그것으로 금으로 된 에봇을 지었다. 게다가 자기 아들의 이름을 아비멜렉이라고 지으면서 실질적인 왕의 행

형제들을 살해하는 아비멜렉_기드온의 아들들이자 자신의 이복형제 70명을 죽이는 아베멜렉의 만행을 묘사한 그림이다. **제임스 티소의 작품.**

세를 했다. 아비멜렉은 '나의 아버지는 왕이다'라는 뜻이었다.

오랫동안 사사의 자리에 있던 기드온이 죽자 많은 문제가 생겼다. 기드온은 여러 번 결혼하여 많은 자식이 있었다. 그가 낳은 아들만 70명이었고, 세겜에 있는 그의 첩도 아들을 낳았는데 바로 아비멜렉이었다. 기드온의 아들들은 후계자 문제로 서로 싸우기 시작했다. 그중에서도 아비멜렉은 이스라엘의 왕이 되고 싶은 야심이 있었고, 스스로 그런 자격이 있다고 믿었다.

아비멜렉은 어머니의 고향인 세겜으로 갔다. 그는 세겜에서 왕이 될 계략을 꾸미기 시작했다. 그리고 아비멜렉이 왕이 될지도 모른다고 생각한 세겜 사람들은 그를 돕기 시작했다. 그리고 아비멜렉은 자객을 고용해 자신의 형제들을 죽이라고 명령했다. 하룻밤 사이에 아비멜렉은 이복형제들을 모두 죽이고 권력을 쟁취했다. 다만 막내아들인 요담만 간신히 목숨을 건졌다. 요담은 산으로 도망가 몸을 숨겼다.

세겜 사람들은 아비멜렉을 왕으로 추대하였다. 그 후 4년간 아비멜렉과 그의 부하 스불은 권력을 장악하고 몇 마을을 통합하여 통치했다. 그러나 도망친 요담이 백성들에게 사악한 형을 비난하였다. 하지만 아비멜렉은 개의치 않았다. 요담이 잔혹한 형을 부정해 봤자 힘이 없는 그에게 동조할 사람은 아무도 없었다.

그러나 아비멜렉의 영광은 오래가지 못했다. 아비멜렉은 고집이 세고 우둔했기에 부하들로부터 자주 불만이 터져 나왔다. 그때 가알이라는 사람이 자신의 부하들을 이끌고 반란을 일으켰다. 하지만 아비멜렉에게 제압당하고 높은 석탑 위로 몸을 피했다. 아비멜렉은 석탑을 포위하고는 탑 아래에 장작을 높이 쌓고 불을 질러 반란의 잔당을 모두 불에 태워 죽였다.

몇 년 후 데베스에서 또다시 반란이 일어났다. 아비멜렉은 반란군을 물리쳤고, 적들은 높은 망루에 갇혔다. 아비멜렉은 가알의 반란을 진압하던 방식으로 폭도들을 생화장하기 위해 불을 붙이려는 순간, 높은 데서 내려다보던 한 여인이 그에게 맷돌을 던졌다.

맷돌은 정통으로 아비멜렉의 머리를 강타했다. 머리가 깨진 아비멜렉이 곁에 있던 그의 부관에게 말했다.

"네가 그 칼로 나를 죽여다오. 그렇지 않으면 사람들이 내가 여자에게 죽임을 당했다고 놀릴 것이 아니냐?"

아비멜렉이 자신을 죽여 달라고 하자 그의 부관은 칼로 그를 찔러 죽였다.

아비멜렉의 최후_귀스타브 도레의 작품.

아비멜렉의 죽음_첩의 자식인 아비멜렉은 이복형제 70명을 죽인 후 세겜과 밀로의 왕이 되었다. 그런데 막내인 요담은 살아남았고, 이후 아비멜렉을 비난하였다. 한편 아비멜렉의 통치에 반발하여 잦은 반란이 일어났는데 데베스에서 일어난 반란을 진압하던 아비멜렉은 한 여인이 던진 맷돌에 맞아 위독했다. 그는 자신이 여자에게 살해되었다는 치욕적인 사실이 알려지지 않도록 자신의 부관에게 칼로 자신을 찔러 죽이도록 명령하여 죽음을 맞는다.

입다의 번제

여호와께서 이스라엘 자손에게 이르시되 내가 애굽 사람과 아모리 사람과 암몬 자손과 블레셋 사람에게서 너희를 구원하지 아니하였느냐 또 시돈 사람과 아말렉 사람과 마온 사람이 너희를 압제할 때에 너희가 내게 부르짖으므로 내가 너희를 그들의 손에서 구원하였거늘 너희가 나를 버리고 다른 신들을 섬기니 그러므로 내가 다시는 너희를 구원하지 아니하리라 가서 너희가 택한 신들에게 부르짖어 너희의 환난 때에 그들이 너희를 구원하게 하라 하신지라

−사사기 10장 11~14절

폭군 아비멜렉이 죽은 후에 이스라엘의 지파들은 하나의 왕국을 만들려고 시도하지 않았다. 그런데 또다시 이방 민족들이 이스라엘을 침입하기 시작했다. 미디안은 요단강 지역의 땅들을 정복하려고 위협해 왔다. 그리고 몇 년의 시간이 지나 이번에는 힘을 키운 암몬이 요단강의 땅을 차지하려고 했다. 이방인들은 이스라엘 백성들의 재산을 약탈하고, 마을에 불을 질렀다.

이에 이스라엘은 다시 뭉쳐서 이방인들에 맞서 싸우기로 하고, 길르앗의 장로들은 입다를 총사령관으로 선출했다. 입다는 므낫세 자손 길르앗의 아들로 용맹한 전사였다. 그러나 기생이 낳은 사생아였기 때문에 그를 미워한 본처 소생의 형제들이 그를 집에서 쫓아냈다. 이후 입다는 돕에 가서 살았는데, 근방의 싸움 좀 한다는 사내들이 자연스럽게 모여

이스라엘의 사사가 된 입다_ 입다는 당대의 힘세고 강한 전사였다.

입다를 따랐다. 입다는 이렇게 건달패 혹은 도적 떼의 수장으로 살던 중 갑자기 '암몬 사람들이 쳐들어오니 도와 달라'는 요청을 받은 것이다.

이를 못마땅하게 여긴 입다는 길르앗 장로들에게 불만을 토로했다.

"나를 미워해서 내 아버지의 집에서 쫓아낼 땐 언제고 이제 와서 도와 달라는 것이오?"

이에 길르앗 장로들은 그를 달래며 말했다.

"암몬 사람들을 물리쳐주면 당신을 지도자로 받들어 모실 것을 하나 님께 맹세하겠소."

이렇게 하여 입다는 이스라엘 군대를 지휘하는 총사령관이 되었다. 입 다는 먼저 암몬의 왕에게 사절을 보내어 이스라엘 영토를 침입한 이유 를 따졌다.

암몬의 왕이 수긍하지 않자 선전포고에 가까운 말을 했다.

"일전에 너희들이 우리에게 자기들 땅에 못 들어오게 해 놓고선, 지금은 이곳을 우리가 개간해놓으니 자기들 땅을 침범한 거라며 돌려달라고 우기는 건 무슨 심보냐? 우리가 그동안 눌러 살던 3백 년 동안 아무 말 없더니 지금에서야 말이다."

그러나 암몬의 왕은 이 말 또한 귓등으로도 듣지 않았다. 이에 하나님의 명을 받은 입다는 암몬 군의 배후를 쳤다. 그전에 입다는 길르앗 미스바 지방에서 하나님에게 서원한 일이 있었다.

"만일 하나님께서 암몬 군을 제 손에 부쳐주신다면, 암몬 군을 쳐부수고 돌아올 때 집에서 저를 맞으러 처음 나오는 사람을 하나님께 번제로 바쳐 올리겠습니다."

입다의 활약으로 암몬의 세력은 곧 무너졌다. 그러나 이런 승리의 순간에도 이스라엘 지파들의 갈등은 깊어져만 갔다. 병사들 사이에는 에브라임 출신의 병사들이 의무를 소홀하다고 비난하는 경우가 생겼다.

암몬의 적들이 퇴각하기 시작할 무렵에야 전투지에 도착한 에브라임 병사들은 미안하긴 하지만 어쩔 수 없었다고 응수하였다. 그들은 강 건너에서 너무나 먼 길을 걸어와야 했던 것이다. 그러나 입다는 변명이나 설명에 귀를 기울이지 않았다. 그는 경비대를 요단강 건너의 시내로 보내 아무도 통과시키지 말라고 명령했다.

그 후 배신자 집단에 속한 것으로 의심되는 사람들은 모두 소집시켰다. 에브라임 사람들은 발음을 제대로 하지 못해서 히브리어 중에서 '쉽볼렛(강이라는 뜻)'을 '십볼렛'이라고 했기 때문에 그들을 색출하기 쉬웠다. 에브라임 사람이라 의심되는 자들은 모두 '쉽볼넷'을 발음해야 했고, '십볼렛'이라고 잘못 발음한 경우에는 교수형에 처해졌다. 이런 식으로 4만

입다의 딸_입다는 암몬과의 전쟁에 앞서 하나님께 '승전 후 집에 갔을 때 가장 먼저 반기는 사람을 제물로 바치겠다'라는 서원을 했는데, 그의 딸이 가장 먼저 그를 반기는 장면이다. **봉 불로뉴의 작품**.

2천 명의 에브라임 사람들이 처형되었다.

　이후 입다는 아로엘에서 민닛 어귀에 이르기까지 스무 성읍을 함락하고 아벨그라밈까지 진격하여 암몬을 전멸시키는 대승을 거두었다. 입다는 그렇게 승승장구하며 미스바에 있는 자신의 집으로 돌아갔는데, 손뼉을 치고 춤을 추며 나와 그를 반기는 인물은 바로 자신이 가장 사랑하는 딸이었다. 결국 입다는 자신의 서원대로 하나님의 제단에 자기 딸을 번제로 바쳤다.

┃이스라엘의 영웅, 삼손

여호와의 사자가 그 여인에게 나타나서 그에게 이르시되 보라 네가 본래 임신하
지 못하므로 출산하지 못하였으나 이제 임신하여 아들을 낳으리니 그러므로 너
는 삼가 포도주와 독주를 마시지 말며 어떤 부정한 것도 먹지 말지니라 보라 네가
임신하여 아들을 낳으리니 그의 머리 위에 삭도를 대지 말라 이 아이는 태에서 나
옴으로부터 하나님께 바쳐진 나실인이 됨이라 그가 블레셋 사람의 손에서 이스
라엘을 구원하기 시작하리라 하시니
—사사기 13장 3~5절

이스라엘의 평화는 그리 오래가지 못했다. 이스라엘 백성들이 다시 죄
를 짓자, 하나님은 40년 동안 그들을 블레셋(필리스티아, '팔레스타인'의 어원)
에 맡기셨다. 이스라엘의 전쟁사에서 블레셋은 이스라엘과 가장 막강한
대치를 이루고 있던 나라다. 블레셋은 전쟁에 뛰어난 민족으로, 이스라
엘도 쉽게 제압할 수가 없었다. 현재까지도 블레셋의 후손인 '팔레스타
인'은 이스라엘과 극명한 대치를 이루고 있다.

블레셋과의 전투에서 매번 패하던 이스라엘은 모두 전멸하기 일보 직
전이었다. 바로 그때 삼손이 등장했다. 삼손은 소라에 사는 단 지파 마노
아의 아들로, 어려서부터 힘이 세고 용감하기로 명성이 드높았다. 삼손
은 '나실인'이었다. 나실인이란, 포도주와 부정한 음식을 먹지 않고, 또
머리를 자르지 않기로 하나님께 서원한 사람을 말한다.

블레셋의 군대_블레셋은 다른 민족들보다 철제를 다루는 것에 앞섰으며, 그들의 무기 체계도 발달하여 이스라엘에 커다란 위협이 되었다.

삼손이 태어나기 전, 하나님의 천사가 마노아의 아내에게 나타나 이렇게 말했다.

"네가 아들을 낳으리니 아이의 머리카락을 자르지 말아라. 장차 아이가 자라서 이스라엘을 구원할 것이다."

어느덧 청년으로 성장한 삼손은 블레셋 지역인 딤나에 갔다가 블레셋 여인에게 반해 혼인하고 싶었다. 그러나 삼손의 부모는 물론 마을 사람들은 삼손이 이방인과 혼인하겠다는 말에 반대했다. 그러나 삼손의 뜻을 꺾을 수는 없었다. 결국 삼손은 그의 부모와 함께 블레셋 여인의 집으로 가게 되었다.

사자와 싸우는 삼손_ 딤나의 포도원에서 삼손은 자신을 공격한 사자를 죽였다. **루벤스의 작품**
사자를 죽인 삼손(233쪽 그림)_삼손은 사자의 시체에서 벌집을 발견하고 이것을 수수께끼 문제를 낸다.
프란체스코 하예즈의 작품.

삼손이 딤나의 포도원에 도착했을 때 난데없이 사자가 나타났다. 사자의 공격을 받은 그는 마치 염소 새끼를 찢는 것 같이 사자를 찢어 죽이고 길가 덤불에 던졌다. 얼마 후에 그는 이곳을 다시 지나다가 벌떼가 사자의 입에 집을 짓고 바쁘게 꿀을 모으는 것을 보았다. 삼손은 그 꿀을 집어 먹고 길을 계속 갔다.

삼손과 블레셋 여인의 혼인 연회는 연일 계속되었다. 이때 삼손은 블레셋 사람들에게 수수께끼 하나를 냈다.

삼손의 결혼_블레셋 여인과 결혼한 삼손이 그를 축하하는 블레셋 사람들에게 수수께끼를 내는 장면이다. **렘브란트의 작품.**

"먹는 자에게서 먹을 것이 나오고, 강한 자에게서 단 것이 나왔다. 이것은 무슨 뜻인가?"

이것은 '죽은 사자의 사체(死體)에 벌들이 모여들어 꿀이 쌓이게 되었다'는 의미였다. 삼손은 블레셋 사람들에게 계속해서 말했다.

"수수께끼를 풀면 내가 너희에게 베옷 30벌과 나들이옷 30벌을 주고, 만일 수수께끼를 풀지 못하면 너희가 내게 동일한 물건을 줘야 한다."

수수께끼를 푸는 데 주어진 시간은 일주일이었다. 그들은 나흘 동안 아무리 머리를 맞대고 고민해도 답이 떠오르지 않자 삼손의 아내를 위협했다. 협박에 못 이긴 삼손의 아내는 울면서 남편에게 답을 가르쳐달라고 매달렸다. 삼손은 처음에는 들은 체도 하지 않았지만, 결국 마지막 일곱째 날에 고집을 꺾고 아내에게 답을 가르쳐주었다.

드디어 일곱째 날, 해가 지기 전에 블레셋 사람들이 쉽게 답을 말하는 것을 본 삼손은 모든 것을 알아차렸다. 그들의 얄팍한 속임수에 화가 났지만, 약속을 지키기 위해 아스글론에 내려가서 그곳의 블레셋 사람 30

명을 죽이고, 그들의 옷을 빼앗아 수수께끼를 푼 사람들에게 준 후 이스라엘의 집으로 돌아갔다.

삼손의 장인은 자신의 딸을 다른 사람에게 시집보냈다. 뒤늦게 이 사실을 안 삼손은 복수하기 위해 여우 3백 마리를 잡아다 꼬리에 햇불을 달고 블레셋의 들판에 풀어놓아 불바다로 만들었다.

이에 블레셋 왕은 분노하여 군사를 일으켜 삼손의 아내와 장인을 죽인 후 삼손까지 죽이려 했다. 혼자였던 삼손은 나귀의 턱뼈로 창칼로 무장한 블레셋 병사 1천 명을 상대로 모조리 쳐 죽였다.

블레셋 군대와 싸우는 삼손_자신을 죽이려는 블레셋 병사들에게 맞서 삼손이 싸우는 장면이다. 삼손은 나귀 턱뼈로 블레셋 군사 1천 명을 죽였다. **힐리어 패더의 작품.**

▌삼손과 들릴라

삼손이 여호와께 부르짖어 이르되 주 여호와여 구하옵나니 나를 생각하옵소서 하나님이여 구하옵나니 이번만 나를 강하게 하사 나의 두 눈을 뺀 블레셋 사람에게 원수를 단번에 갚게 하옵소서 하고
-사사기 16장 28절

하나님의 택함을 받은 삼손은 계속해서 블레셋 군사를 무찌르며 승리를 거뒀다. 이에 블레셋은 도저히 힘으로는 삼손을 제압할 수 없다고 판단해 계략을 꾸미기 시작했다. 그들은 블레셋 여인 들릴라로 삼손을 유혹한 후 그의 약점을 알아내기로 했다.

"삼손을 유혹하여 그의 큰 힘이 어디에서 나오는지 알아내어 우리에게 알려주면 네게 은 천백 세켈을 주겠다."

그러나 들릴라는 삼손을 만나자 갈등을 느꼈다. 그녀는 자신의 임무가 무엇인지 알고 있지만, 막상 삼손을 만나자 한눈에 반하고 말았다. 삼손 역시 화사한 봄날의 향기를 품은 그녀의 자태에 마음이 흔들리기 시작했다.

두 사람은 오래전에 만난 연인처럼 뜨거운 사이가 됐다. 삼손은 들릴라의 요염하면서 관능적인 미모에 빠져들었고, 들릴라 역시 처음으로 남자다운 남자를 만나게 되었다. 하지만 블레셋 사람들은 삼손의 약점을

삼손과 들릴라_삼손은 블레셋의 강력한 군대로부터 이스라엘 민족을 구했지만, 블레셋 여인 들릴라에게 반하였다. **호세 에체나구스니아의 작품.**

어서 알아내어 알려달라고 야단이었다. 결국 들릴라는 삼손을 사랑했지만, 돈을 택했다.

들릴라는 삼손을 유혹하면서 물었다.

"나의 사랑하는 삼손이여, 당신의 힘은 어디에서 나오나요?"

들릴라의 물음에 삼손은 아무 생각도 없이 그녀에게 대답했다.

"말리지 않은 나무줄기 일곱 줄로 나를 묶으면 힘이 없어진다오."

삼손의 말을 들은 들릴라는 그의 몸을 나무줄기로 묶었다. 삼손은 그녀의 손길이 장난이라 생각하고는 내버려 두었다. 들릴라가 밖으로 나가자 블레셋의 병사들이 들이닥쳤다. 삼손은 몸에 묶인 나무줄기를 쉽게 끊어버리고 병사들을 혼내 내쫓았다.

얼마 후 들릴라가 집안일을 하다 삼손에게 무거운 항아리를 옮겨 달라고 했다. 그 항아리는 세 사람이 들어도 들 수 없는 커다란 항아리였다. 삼손은 아무 힘도 들이지 않고 항아리를 쉽게 옮겼다. 이에 들릴라는 다시 삼손에게 물었다.

"당신의 힘은 세상 누구도 따를 자가 없을 거예요. 도대체 당신의 힘은 어디에서 나오나요? 그리고 어떻게 해야 당신의 힘을 제압할 수 있나요?"

삼손은 들릴라의 말에 의심이 생겼지만, 싫지는 않았다.

"내 힘을 없애려면 한 번도 사용한 적 없는 새 노끈으로 나를 단단히 묶으면 약해진다오."

삼손의 말을 들은 들릴라는 뺨에 홍조를 띠며 웃으며 말했다.

"정말이에요? 제가 실험해 보아도 돼요?"

들릴라는 삼손의 몸을 새 노끈으로 칭칭 묶었다. 그런데 그때 블레셋 병사들이 또다시 들이닥쳤다. 그들이 삼손을 체포하려 하자 삼손은 새

들릴라의 유혹_삼손의 약점을 알아내려고 들릴라가 그를 유혹하는 장면이다. 삼손은 들릴라에게 거짓으로 자신의 약점을 알려준다. **존 프랜시스 리거우의 작품.**

노끈을 끊어버리고 병사들을 혼내주었다. 삼손은 블레셋 병사들이 자신을 잡지 못하는 사실을 즐거워했다. 그는 자신의 힘의 원천에 대해 온갖 말도 안 되는 이야기를 들릴라에게 했다.

들릴라는 계속해서 실패로 돌아가자 삼손을 또다시 재촉했다.

"삼손, 정말로 나를 사랑하시나요? 당신은 나를 계속 속였어요. 당신이 나를 사랑한다는 말도 거짓말이죠?"

삼손은 들릴라를 사랑했기에 그녀의 말들에 너무나 괴로웠다. 들릴라는 삼손을 더욱 재촉했다.

"당신이 나를 진정 사랑한다면, 당신의 놀라운 힘을 이길 수 있는 것이 무엇인지 나를 사랑한다는 증거로 알려주세요."

결국 삼손은 들릴라의 종용에 지쳐 자신의 비밀을 말해버렸다.

"나는 태어나면서부터 머리카락을 자르지 않았소. 만약에 내 머리카락이 잘린다면 내 힘이 없어질 것이오."

들릴라는 삼손이 잠든 사이에 블레셋 병사를 불렀다. 그리고 조용히 삼손의 머리카락을 잘랐다. 삼손이 일어났을 때 그는 힘을 쓸 수가 없었다. 블레셋 사람들은 힘이 없어진 삼손의 두 눈을 빼고 감옥에서 맷돌을 돌리게 했다.

하지만 블레셋 사람들이 몰랐던 사실이 하나 있었다. 그것은 머리카락이 자라면, 다시 힘이 살아난다는 점이었다. 하나님의 도우심을 받은 삼손은 머리카락이 다시 자라자 힘을 되찾았다.

삼손을 노리는 블레셋 병사들_ 들릴라 곁에서 잠든 삼손을 잡으려는 장면이다. **오스카 다 실바의 작품.**

블레셋에 잡혀가는 삼손_들릴라의 종용에 비밀을 말해버린 삼손이 머리가 잘려 힘을 잃고 블레셋 병사들에게 잡혀가는 장면이다. **루벤스의 작품.**

　　이런 사실을 모른 채 블레셋 사람들은 자신들이 섬기는 다곤 신에게 큰 제사를 지낼 때 삼손을 끌어내 신전 기둥에 쇠사슬로 묶었다. 삼손을 보기 위해 많은 블레셋 사람들이 모여들었다. 그 속에는 들릴라도 있었다. 그녀는 자신이 밀고하여 죽기 직전에 몰린 그를 외면할 수가 없었다. 삼손이 감옥에 갇힌 후의 그의 빈자리가 엄청나게 컸기 때문이었다.

　　이때 삼손은 있는 힘을 다해 신전 기둥을 끌어안으며 하나님께 기도하기 시작했다.

　　"하나님, 마지막으로 제게 힘을 주셔서 나의 두 눈을 뺀 블레셋 사람에게 원수를 갚고, 저들의 다곤 신전을 허물게 하소서."

다곤 신전을 무너뜨리는 삼손_하나님의 도우심으로 다시 힘을 찾은 삼손이 블레셋의 다곤 신전을 무너뜨리는 장면이다. 이때 죽은 사람이 삼손이 살아 있을 때 죽인 사람보다 많았다. **볼로냐 화파의 작품.**

　　삼손이 힘을 모아 쇠사슬을 당기자 블레셋의 커다란 다곤 신전의 기둥이 내려앉으며 순식간에 무너져, 그곳에 모인 블레셋 사람들이 깔려 죽었다. 물론 삼손도 함께 죽었는데, 이때 죽은 사람은 삼손의 숫자가 살아 있을 때 죽인 사람의 수보다 훨씬 많았다.

제5장

룻기

〈룻기〉는 모압 여인이 이스라엘 하나님을 받아들인다는 이야기이다. 이스라엘 사람인 나오미는 룻의 시어머니로, 이야기의 중심인물이다. 그러나 룻은 가장 두드러진 역할을 하고 있다. 〈룻기〉는 이스라엘의 하나님께 대해서는 한 개인의 헌신이 문제가 되지, 결코 그 사람의 인종적 태생이 문제가 되는 것은 아님을 보여준다.

룻과 보아스

룻의 시어머니 나오미가 그에게 이르되 내 딸아 내가 너를 위하여 안식할 곳을 구하여 너를 복되게 하여야 하지 않겠느냐

-룻기 3장 1절

유다 베들레헴에 엘리멜렉이라는 사람이 살고 있었다. 그에게는 아내 나오미와 기론과 말론이라는 두 아들이 있었다. 엘리멜렉은 부유했지만, 가뭄이 들자 가지고 있던 모든 것을 잃고 말았다. 그에게는 보아스라는 부유한 사촌이 있었으나 자존심이 강한 엘리멜렉은 사촌에게 도움을 청하기 보다는 차라리 모압으로 가서 새롭게 시작하려고 했다. 그는 아내와 두 아들을 데리고 모압에 도착했지만, 얼마 가지 않아 죽고 말았다.

졸지에 과부가 된 나오미는 두 아들을 홀로 돌보게 되었다. 두 아들은 어머니를 도와 농장에서 일했고, 나이가 차자 모압의 여인들과 결혼하게 되었다. 그들은 이방인의 땅에서 평화롭고 행복하게 살 것이라 여겼다. 하지만 아버지의 유약한 체질을 물려받은 기론과 말론은 병에 걸려 차례로 죽고 말았다.

슬픔에 잠긴 나오미는 고향 땅인 베들레헴으로 돌아가기로 결심했다. 나오미는 두 며느리를 좋아했지만, 함께 가자고 할 수는 없었다. 이에 기론의 아내 오르바는 모압 땅에 남기로 했고, 말론의 아내 룻은 홀로 남겨

두 며느리에게 모압으로 되돌아가라고 말하는 나오미_ 나오미는 과부가 된 두 며느리에게 모압 땅으로 되돌아가라 말한다. 이에 오르바는 모압 땅으로 되돌아갔고, 룻은 나오미를 따라 베들레헴으로 갔다. **윌리엄 블레이크의 작품.**

진 늙은 시어머니를 모시고자 했다. 룻은 자신은 이미 엘리멜렉 가문의 사람이며, 시댁을 위해서 기꺼이 자신의 친지들과 헤어져 베들레헴으로 떠나기로 마음먹었다. 이에 나오미와 룻은 베들레헴으로 떠났고, 두 사람이 베들레헴에 도착했을 때는 마침 추수기였다.

롯과 나오미_롯과 나오미가 보아스의 농지에서 이삭을 줍고 있는 장면이다.
▶**이삭을 줍는 롯**(247쪽 그림)_당시에는 추수하고 난 후 바닥에 떨어져 있는 이삭은 가난한 사람들에게
주어야 한다는 율법이 있었다. **알렉상드르 카바넬의 작품.**

　롯이 나오미에게 말했다.

　"제가 밭으로 가서 이삭을 주워 오겠습니다."

　예전에 모세는 굶주린 사람들의 고통을 헤아려 추수하고 난 후 바닥에
떨어져 있는 이삭은 가난한 사람들에게 주어야 한다는 율법을 만들어 두
었다. 농부는 곡식을 모두 갖지만, 수확 중 떨어진 이삭은 땅이 없는
사람들의 것이라고 신성하게 규정한 것이다.

　이때 엘리멜렉의 사촌인 보아스가 추수를 하기 위해 하인들을 이끌고
들에 나와 있었다. 그리고 롯은 나오미를 위해 빵을 만들려고 이삭 줍는
사람들과 함께 있었다. 롯은 며칠 동안 이삭을 주웠고, 베들레헴 여자들

은 이방인인 그녀에게 여러 가지를 물어보았다. 곧 사람들은 모두 그녀의 사정을 알게 되었고, 보아스에게도 룻의 이야기가 전해졌다.

보아스는 도대체 룻이 어떤 여인일까 궁금했고, 들을 관리하는 척하며 슬쩍 룻과 이야기를 나누었다. 점심때가 되자 보아스는 룻을 초대한 후 필요한 만큼의 빵을 주었다. 룻은 아주 조금만 먹었고, 나머지는 너무 늙어서 일도 못 하고 집에 있는 나오미에게 갖다 주었다.

다음날 룻은 일찍 들에 나왔다. 보아스는 그녀의 기분을 상하게 하고 싶지는 않았지만, 그래도 일을 덜어주고 싶었다. 그래서 그는 일꾼들에게 너무 꼼꼼히 일하지 말고 들에 이삭을 많이 떨어뜨리라고 명령하였다. 부지런한 룻은 온종일 일했고, 밤이 되어 이삭을 집에 가져갈 때가 돼서야 짐이 무거워 들 수 없을 정도인 것을 알게 되었다.

◀**룻**(248쪽 그림)_모압 여인인 룻은 시어머니 나오미를 따라 이스라엘의 베들레헴에 와서 시어머니를 모셨다.
룻과 보아스의 만남_하나님은 룻이 보아스를 만나게 하시고, 양식을 얻게 하셨으며, 룻과 보아스를 혼

롯의 혼인을 기뻐하는 나오미_롯과 보아스의 자손으로 이스라엘의 위대한 왕 다윗과 예수 그리스도가

　롯은 나오미에게 보아스를 만났으며, 예전 같으면 일주일이 걸렸을 양을 하루 만에 거두었다고 말했다. 이 이야기를 들은 나오미는 매우 기뻐하였다. 그녀는 이미 자신이 오래 살지 못하리라 생각했으며, 보아스가 롯을 아내로 삼기를 바랐다. 물론 롯은 이방인이었지만, 이미 보아스의 친척과 결혼했었기 때문에 이스라엘 민족의 일원이라 할 수 있었다.

　그렇게 일은 진행되었다. 먼저 보아스는 모세의 율법에 따라 자신의 사촌 엘리멜렉이 소유했었던 땅을 고리대금업자로부터 다시 사들인 후 롯에게 청혼했다. 롯은 청혼을 받아들였고, 나오미는 죽을 때까지 그녀와 함께 살았다.

　하나님께서는 롯이 보아스를 만나게 하시고, 양식을 얻게 하셨다. 롯과 보아스는 혼인 후 맏아들 오벳을 낳았다. 이후 오벳은 아들 이새를 낳았고, 이새는 이스라엘의 가장 훌륭한 왕인 다윗을 낳았다. 그리고 다윗의 후손으로 장차 오실 메시아(Messiah, 구원자)이며, 온 인류의 죄를 대속하실 예수 그리스도가 태어났다.

제6장

사무엘 상하

〈사무엘〉의 중심 메시지는 하나님께 대한 신실함이 성공을 가져다주지만, 하나님께 대한 불순종은 재난을 가져온다는 것이다. 히브리어 원문에서 〈사무엘 상하〉는 한 권의 책이다. 〈사무엘상〉은 이스라엘의 왕정 체제 시작부터 사울 왕의 죽음으로 끝나고, 다음 편인〈사무엘하〉는 사울 왕의 죽음 이후 왕국을 확장하는 다윗의 이야기이다. 다윗의 생애와 업적은 이스라엘 백성들의 마음속에 깊이 각인되어 '다윗의 자손'이라는 칭호를 사용한다.

▌한나의 기도와 사무엘의 출생

한나가 기도하여 이르되 내 마음이 여호와로 말미암아 즐거워하며 내 뿔이 여호와로 말미암아 높아졌으며 내 입이 내 원수들을 향하여 크게 열렸으니 이는 내가 주의 구원으로 말미암아 기뻐함이니이다 여호와와 같이 거룩하신 이가 없으시니 이는 주 밖에 다른 이가 없고 우리 하나님 같은 반석도 없으심이니이다 심히 교만한 말을 다시 하지 말 것이며 오만한 말을 너희의 입에서 내지 말지어다 여호와는 지식의 하나님이시라 행동을 달아 보시느니라 용사의 활은 꺾이고 넘어진 자는 힘으로 띠를 띠도다 풍족하던 자들은 양식을 위하여 품을 팔고 주리던 자들은 다시 주리지 아니하도다 전에 임신하지 못하던 자는 일곱을 낳았고 많은 자녀를 둔 자는 쇠약하도다 여호와는 죽이기도 하시고 살리기도 하시며 스올에 내리게도 하시고 거기에서 올리기도 하시는도다 여호와는 가난하게도 하시고 부하게도 하시며 낮추기도 하시고 높이기도 하시는도다 가난한 자를 진토에서 일으키시며 빈궁한 자를 거름더미에서 올리사 귀족들과 함께 앉게 하시며 영광의 자리를 차지하게 하시는도다 땅의 기둥들은 여호와의 것이라 여호와께서 세계를 그것들 위에 세우셨도다 그가 그의 거룩한 자들의 발을 지키실 것이요 악인들을 흑암 중에서 잠잠하게 하시리니 힘으로는 이길 사람이 없음이로다 여호와를 대적하는 자는 산산이 깨어질 것이라 하늘에서 우레로 그들을 치시리로다 여호와께서 땅 끝까지 심판을 내리시고 자기 왕에게 힘을 주시며 자기의 기름 부음을 받은 자의 뿔을 높이시리로다 하니라

−사무엘상 2장 1~10절

에브라임의 산지 라마다임소빔에 엘가나라는 사람이 살고 있었다. 그는 에브라임 지파로 그의 아버지는 여로함이고, 할아버지는 엘리후였다. 엘가나에게는 두 아내가 있었다. 두 아내의 이름은 한나와 브닌나였다. 브닌나에게는 자녀가 있었지만, 한나에게는 자녀가 없었다.

СВ. ПРОРОК ИЛИЯ

엘가나_에브라임 산지에 있는 라마다임소빔 출신으로, 여로함의 아들이다. '하나님은 소유하셨다'는 뜻을 가진 그는 한나와 브닌나의 남편이자 선지자 사무엘의 아버지이다.

한나와 엘리 제사장_ 하나님께 통곡하며 기도하는 한나의 모습을 본 엘리 제사장은 그녀가 술 취한 것으로 오해하였다.

엘가나는 매년 한 번씩 실로에 올라가 하나님께 경배하며 제사를 드렸다. 그곳에는 대제사장 엘리의 두 아들인 홉니와 비느하스가 있었다. 엘가나는 제사를 드린 후에 늘 아내 브닌나와 그가 낳은 모든 아들딸에게 제물을 각각 한 몫씩 나누어 주곤 하였다. 그러나 한나에게는 두 몫을 주었다. 비록 하나님께서 한나에게 아이를 낳지 않게 하였지만, 엘가나는 한나를 끔찍이 사랑하였다.

한나가 아이를 낳지 못하자 브닌나는 그녀를 괴롭히고 업신여겼다. 이런 일이 매년 거듭되었다. 한나가 하나님의 성전에 올라갈 때마다 늘 브닌나가 괴롭혔다. 그러나 한나는 울기만 했고, 아무것도 먹지 않았다. 그럴 때마다 항상 남편인 엘가나가 한나를 위로하곤 했다.

한번은 엘가나 일행이 실로에 있는 하나님 성전에서 음식을 먹고 마시는데 한나가 조용히 일어나서 그 자리를 떴다. 한나는 괴로운 마음으로 하나님께 나아가 흐느껴 울면서 기도하였다.

"하나님의 종의 이 비천한 모습을 참으로 불쌍히 보시고, 저를 기억하여 주세요. 하나님의 종을 잊지 않으시고, 이 종에게 아들을 하나 허락하여 주시면, 저는 그 아이의 한평생을 하나님께 바치고, 삭도를 그의 머리에 대지 않도록 하겠습니다."

그때 엘리는 하나님의 성전 문설주 곁에 있는 의자에 앉아 있었다. 한나가 하나님 앞에서 계속 기도를 드리고 있는 동안에 엘리는 그녀의 입술을 지켜보고 있었다. 한나가 마음속으로만 기도를 드리고 있었으므로 입술만 움직이고 소리는 내지 않았다. 그래서 엘리는 그녀가 술에 취한 줄로 생각하고 그녀를 꾸짖었다.

"언제까지 술에 취해 있을 것이오? 포도주를 끊으시오."

한나가 대답하였다.

"엘리 대제사장님, 저는 술에 취한 것이 아닙니다. 포도주나 독한 술을 마신 것이 아닙니다. 다만 슬픈 마음을 가눌 길이 없어서, 저의 마음을 하나님 앞에 쏟아 놓았을 뿐입니다. 이 종을 나쁜 여자로 여기지 마시기 바랍니다. 너무나도 원통하고 괴로워서 이처럼 기도를 드리고 있습니다."

그러자 엘리가 말하였다.

"그렇다면 평안한 마음으로 돌아가시오. 이스라엘의 하나님께서 그대가 간구한 것을 이루어 주실 것입니다."

한나는 그 길로 가서 음식을 먹었다. 그리고 다시는 얼굴에 슬픈 기색을 띠지 않았다.

다음 날 아침, 엘가나 일행은 아침 일찍 일어나 하나님께 경배를 드리고 라마에 있는 집으로 돌아왔다. 그리고 한나는 엘가나와의 사이에서 아들을 낳았다. 그녀는 '하나님께 구하여 얻은 아들'이라고 하여, 아이의 이름을 '사무엘'이라고 지었다. 그리고 하나님께 약속한대로 아기가 젖을 뗀 후에 엘리 제사장에게 맡겼다.

하나님의 부름을 받은 사무엘

그들에게 이르되 너희가 어찌하여 이런 일을 하느냐 내가 너희의 악행을 이 모든 백성에게서 듣노라 내 아들들아 그리하지 말라 내게 들리는 소문이 좋지 아니하니라 너희가 여호와의 백성으로 범죄하게 하는도다 사람이 사람에게 범죄하면 하나님이 심판하시려니와 만일 사람이 여호와께 범죄하면 누가 그를 위하여 간구하겠느냐 하되 그들이 자기 아버지의 말을 듣지 아니하였으니 이는 여호와께서 그들을 죽이기로 뜻하셨음이더라

-사무엘상 2장 23~25절

소년 사무엘은 하나님의 성전에 머물면서 엘리 대제사장에게 제사장의 교육을 받고 자랐다. 어린 시절 사무엘이 하나님의 성전에 왔을 때에 대제사장 엘리는 늙었고, 그의 두 아들 홉니와 비느하스는 부패로 물들어 있었다. 모세가 정한 제사의 율법에 따르자면 하나님께 먼저 고기를 바친 뒤에야 제사장들이 먹을 수 있었지만, 엘리의 두 아들은 하나님께 바치기도 전에 먼저 제사장들 몫을 따로 내놓으라고 행패를 부렸다.

심지어 성스러운 하나님의 성전에서 봉사 임무를 맡은 여성을 성폭행까지 하는 등 난잡함을 금치 못했다. 엘리는 두 아들을 꾸짖었지만, 그들

소년 사무엘(256쪽 그림)_어린 사무엘로 너무나 유명한 그림이다. 금발 머리를 한 예쁜 소녀를 나타내고 있는데, 이 작품을 그릴 당시에는 영아 사망이 많았던 시절로 사내아이가 소년으로 자랄 때까지 여장하여 영아 사망을 피하려는 관습이 있었다. **조슈아 레이놀즈의 작품.**

의 악행은 멈추지 않았다.

이에 진노한 하나님이 어린 사무엘을 불렀다. 어느 날 밤, 사무엘은 하나님의 궤가 있는 성전에서 잠을 자고 있었다. 사무엘은 엘리 대제사장이 자신을 부르는 줄 알고는 곧 엘리에게로 달려갔다. 그러나 엘리는 사무엘을 부르지 않았다고 하여 돌아가 잠을 자라고 하였다.

사무엘이 다시 잠자리에 눕자 하나님이 다시 사무엘을 불렀다. 사무엘은 또다시 몸을 일으켜 엘리 대제사장에게로 갔다. 그러나 엘리 대제사장은 그를 부르지 않았다고 하여 다시 돌아와야 했다.

이때까지 사무엘은 하나님을 알지 못하였고, 하나님으로부터 부름을 받지 않고 있었던 터였다. 하나님이 세 번째로 사무엘을 부르자 또다시 엘리 대제사장에게로 갔다.

이제야 엘리는 하나님께서 사무엘을 부르신다는 것을 깨닫고는 사무엘에게 일러주었다.

"사무엘아, 가서 누워 있거라. 누가 너를 부르거든 '하나님 말씀하십시오. 주님의 종이 듣고 있습니다'라고 대답하여라."

사무엘은 다시 자리로 돌아가서 누웠다. 그런 뒤에 하나님이 다시 찾아와 사무엘을 불렀다. 이에 사무엘은 하나님께 대답하였다.

"말씀하십시오. 주님의 종이 듣고 있습니다."

하나님께서 사무엘에게 말씀하셨다.

"내가 이스라엘에서 어떤 일을 하려고 한다. 그것을 듣는 사람마다 두려움에 귀까지 멍해 질 것이다. 때가 오면 내가 엘리의 가문을 두고 말한 모든 것을 처음부터 끝까지 다 이루겠다. 엘리는 자기의 아들들

엘리 대제사장과 사무엘(259쪽 그림)_소년 사무엘이 하나님의 부르심을 받아 계시의 말씀을 들은 후 이를 엘리 대제사장에게 전하는 장면이다. **부스턴 존 싱글 톤의 작품.**

이 스스로 저주받을 일을 하는 줄 알면서도 자식들을 책망하지 않았다. 그래서 나는 그의 가문을 심판하여 영영 없애 버리겠다고 그에게 알려 주었다. 그러므로 나는 엘리의 가문을 두고 맹세한다. 엘리 가문의 죄악은 어떤 제물이나 예물로도 영영 씻지 못할 것이다."

하나님께서는 두려움 없이 악행을 일삼는 엘리 대제사장의 두 아들인 홉니와 비느하스를 심판하겠다고 사무엘을 통해 알리셨다.

하나님의 부름을 받은 사무엘_ 어머니 한나의 기도에 대한 하느님의 응답으로 태어난 사무엘은 하나님의 말씀에 순종하는 소년으로 자랐다.

▌블레셋에 빼앗긴 언약궤

백성이 진영으로 돌아오매 이스라엘 장로들이 이르되 여호와께서 어찌하여 우리
에게 오늘 블레셋 사람들 앞에 패하게 하셨는고 여호와의 언약궤를 실로에서 우
리에게로 가져다가 우리 중에 있게 하여 그것으로 우리를 우리 원수들의 손에서
구원하게 하자 하니
-사무엘상 4장 3절

그 무렵 블레셋이 이스라엘을 침범하였다. 이스라엘 군대는 블레셋
군대와 맞서 싸우고자 에벤에셀에 진을 쳤고, 블레셋은 아벡에 진을 쳤
다. 곧 전열을 갖춘 블레셋 군대가 이스라엘군을 공격하여 치열한 싸움
이 벌어졌다. 이스라엘은 이 싸움에서 패배하였고, 죽은 이스라엘 병사
들은 사천 명쯤 되었다.

이스라엘의 패잔병들이 진으로 돌아왔을 때, 이스라엘 장로들은 실로
에 있는 하나님의 언약궤를 가져와서 하나님의 능력으로 승리를 얻고자
했다. 하나님의 언약궤가 진으로 오자 모든 이스라엘 사람들은 크게 환
호성을 울렸다. 그때 언약궤와 함께 엘리의 두 아들도 진으로 왔다.

또다시 이스라엘과 블레셋의 전투가 벌어졌다. 그런데 이때에도 이스
라엘은 크게 패하고 말았다. 이스라엘의 병사 3만 명이 죽었고, 엘리의
두 아들도 죽었으며, 심지어 하나님의 언약궤도 블레셋에 빼앗기고 말
았다. 엘리 대제사장은 이 소식을 듣고 의자에서 뒤로 넘어져 목이 부러
져 그 자리에서 죽고 말았다. 또한, 엘리의 둘째 며느리는 임신 중이었는

데 남편의 사망 소식을 듣고는 그 충격으로 등을 구부린 상태로 분만하게 되어 난산하였다. 결국 아이만 남긴 채 죽었다. 죽으면서 아이의 이름을 '이가봇'이라고 이름 지었는데, 이는 '하나님의 영광이 떠났다'라는 체념의 뜻이다.

한편 블레셋은 이스라엘에서 빼앗은 하나님의 언약궤를 아스돗의 다곤 신전에 전리품으로 놔뒀다. 다음 날 신전에 가보니 다곤 신상이 언약궤 앞에 엎드러져 있어서 다시 일으켜 세웠다. 그다음 날 아침에 다시 가보니 이번에는 다곤 신상이 박살 나 있었다. 이에 언약궤를 다른 도시로 옮겼지만, 그때마다 전염병이 창궐하는 등 재앙이 속출했다.

결국 블레셋 왕이 모든 제사장과 복술자를 불러 언약궤를 돌려줄 방법을 강구했다. 이때 블레셋의 복술자가 말했다.

하나님의 언약궤_ 하나님의 임재를 상징하는 언약궤에는 모세의 십계명이 보관되어 있다. 언약궤는 금으로 장식된 나무 상자에 순금 뚜껑이 달렸고, 두 천사의 날개가 거의 맞닿을 듯 가까이 마주 보고 있는 형태였다. 언약궤는 신성한 것이었으므로 아무도 만질 수 없었다. 하지만 엘리의 두 아들의 죄악으로 블레셋에 빼앗기는 참극이 벌어진다.

언약궤를 옮기는 행렬_엘리 대제사장의 두 아들인 홉니와 비느하스는 아버지의 지위를 이용해 하나님께 반대되는 악행을 저질렀다. 그들이 신성한 언약궤를 인솔한다는 것은 곧 하나님의 벌을 받게 됨을 의미한다. **도메니코 가르기올로의 작품.**

"먼저 황금 종기 5개와 황금 쥐 5개를 만들어 이스라엘의 하나님께 제사를 지내고, 새 수레를 만들어 새끼를 낳은 지 얼마 안 된 암소 두 마리에게 수레를 멘 후에 언약궤를 싣고, 소 맘대로 가게 내버려 두십시오. 단 송아지는 외양간에 매 둬야 합니다. 만약 암소들이 이스라엘의 벧세메스로 가면 이 재앙은 하나님이 내린 것이니 제사에 따라서 우리를 용서해 주실 것이고, 소들이 새끼를 찾아서 외양간으로 가면 이 재앙은 그냥 우연히 일어난 겁니다."

이에 수레를 끄는 소들은 곧바로 국경을 넘어갔고, 언약궤는 다시 이스라엘로 돌아왔다. 그러나 호기심으로 하나님의 언약궤를 열고 안을 들여다본 백성들은 하나님의 거룩하심을 업신여겼기 때문에 모두 죽었다. 그 후 언약궤는 다윗이 예루살렘으로 옮겨올 때까지 기럇 여아림의 산에 사는 아비나답의 집에 20년 동안 보관되었다.

▌위대한 선지자, 사무엘

사무엘이 이스라엘 온 족속에게 말하여 이르되 만일 너희가 전심으로 여호와께 돌아오려거든 이방 신들과 아스다롯을 너희 중에서 제거하고 너희 마음을 여호와께로 향하여 그만을 섬기라 그리하면 너희를 블레셋 사람의 손에서 건져내시리라
–사무엘상 7장 3절

블레셋의 거듭된 공격으로 이스라엘이 위기에 처했을 무렵, 위대한 선지자로 성장한 사무엘은 이스라엘 백성들을 미스바로 모으고 하나님께 용서를 빌게 하였다. 미스바는 사무엘이 이스라엘 백성의 다툼을 중재하던 곳이었다.

이때 블레셋 왕은 미스바에 모여 있는 이스라엘 백성들을 치고자 군대를 보냈다. 이 소식을 들은 이스라엘 백성들은 사무엘에게 하나님께 기도해달라고 요청하였다. 이에 사무엘이 젖 먹는 어린 양을 한 마리 가져다가 하나님께 온전한 번제물로 바치려고 할 때 블레셋 군대가 공격해 왔다. 그러자 하나님께서 기도의 응답으로 천둥과 번개를 블레셋 군대에 내리쳤다. 겁은 먹은 블레셋 군대는 이스라엘에 패배하였고, 이스라엘 병사들은 미스바에서 나와 벳갈 아래까지 블레셋 군대를 뒤쫓으면서 무찔렀다.

많은 블레셋 사람들이 죽었고, 이날의 승리를 기념하기 위해 미스바

와 센 사이에 기념비를 세우고 에벤에셀('도움의 돌'이라는 뜻)이라고 이름 지었다. 이후 블레셋은 이스라엘을 침범하지 않았다. 사무엘이 살아 있는 동안에는 하나님께서 블레셋을 막아 주셨다. 또한, 블레셋에 빼앗긴 에그론과 가드 사이에 있는 성읍들을 수복하였으며 아모리 사람과도 평화롭게 지냈다. 사무엘은 이스라엘의 위대한 선지자로 20년 넘게 이스라엘을 다스렸다.

선지자 사무엘_사무엘은 하나님의 선지자로서, 하나님의 뜻대로 이스라엘을 다스렸다. 이스라엘 백성들은 사무엘을 통해 하나님의 말씀을 들었다.

이스라엘의 왕이 된 사울

여호와께서 사무엘에게 이르시되 백성이 네게 한 말을 다 들으라 이는 그들이 너를 버림이 아니요 나를 버려 자기들의 왕이 되지 못하게 함이니라 내가 그들을 애굽에서 인도하여 낸 날부터 오늘까지 그들이 모든 행사로 나를 버리고 다른 신들을 섬김 같이 네게도 그리하는도다 그러므로 그들의 말을 듣되 너는 그들에게 엄히 경고하고 그들을 다스릴 왕의 제도를 가르치라

–사무엘상 8장 7~9절

사무엘이 늙자 이스라엘의 장로들은 불안해지기 시작했다. 물론 사무엘의 두 아들인 요엘과 아비야가 이스라엘의 사사가 되었지만, 그들은 아버지 사무엘과는 달리 자기의 이익을 따라 뇌물을 받고 공정하지 못한 판결을 하는 등의 문제를 일으켰다.

이에 이스라엘 백성들은 사무엘에게 왕을 요구하였다.

"우리에게도 왕이 있어야 합니다."

이에 사무엘이 대답하였다.

"여러분, 우리의 왕은 오로지 하나님뿐이십니다."

사무엘은 크게 실망했지만, 백성들의 요구를 거부할 수 없어서 하나님께 기도를 드렸다. 하나님은 왕정이 생길 경우에 일어날 일을 알려주었지만, 백성들은 우리에게도 왕이 있어서 이민족들의 왕처럼 우리를 다스리며 전쟁에 우리를 이끌고 나가 싸워야 한다며 요지부동이었다.

결국 사무엘은 이스라엘 왕의 후보감을 찾아보기로 했다. 이스라엘에서 가장 작은 베냐민 지파에 기스의 아들인 사울이라는 청년이 있었다. 그는 준수한 용모에 키가 보통 사람보다 어깨 위만큼 컸다.

사무엘과 사울의 첫 만남은 우연이었다. 사울의 아버지 기스가 암나귀를 잃었는데 도저히 찾을 수가 없었다. 사울은 암나귀를 찾아오라는 명을 받고 이곳저곳을 모두 찾아다녔지만, 어디에서도 암나귀의 흔적을 찾을 수가 없었다. 낙담한 사울이 도움을 청하러 사무엘을 찾아간 순간에 사무엘은 하나님의 음성을 듣고 있었다.

"사무엘아, 내가 네게 말한 사람이다."

사무엘은 그 즉시 사울이 이스라엘의 왕이 되리라는 것을 알아챘다.

기름 부음을 받는 사울_하나님의 뜻으로 이스라엘의 왕이 된 사울이 사무엘로부터 기름 부음을 받는 장면이다. **프랑수아 드 노메의 작품.**

전리품 앞의 사울_사울이 블레셋과의 전투에서 얻은 전리품을 자신이 취하려고 하는 장면이다.

"사울이여, 하나님께서 당신을 이스라엘의 왕으로 선택하셨습니다."

사무엘이 이 사실을 사울에게 말하자 그는 두려워했다. 수줍은 젊은이가 감당하기에는 너무 어려운 영예라고 생각했기 때문이었다.

사무엘은 하나님의 말씀에 따라 사울의 머리에 기름을 부어 지도자로 삼았다. 사울은 운명을 받아들인 후, 이 높은 지위에 적합한 사람이 되기 위해 수련을 쌓았다. 우선 그는 군대의 수장이 되어 블레셋과 암몬, 아말렉 등에 맞서 싸우며 많은 전투를 이끌었다.

하지만 아직도 배울 것이 많았다. 사무엘은 하나님의 뜻은 절대적이며 무조건 복종해야 한다고 주장했지만, 자유롭게 행동하는 것을 좋아했던 젊은 사울은 이에 동의할 수 없었다. 게다가 그는 자신의 높은 지위를 이용하기 시작했고, 종종 전투에서 승리할 때면 전리품을 모으기 시작했다. 사무엘은 전리품을 하나님께 제물로 드려야 한다고 말했지만, 사울은 자신과 병사들을 위해 어느 정도 남기고 싶었다.

▌사울의 범죄

사무엘이 사울에게 이르되 왕이 망령되이 행하였도다 왕이 왕의 하나님 여호와께서 왕에게 내리신 명령을 지키지 아니하였도다 그리하였더라면 여호와께서 이스라엘 위에 왕의 나라를 영원히 세우셨을 것이거늘 지금은 왕의 나라가 길지 못할 것이라 여호와께서 왕에게 명령하신 바를 왕이 지키지 아니하였으므로 여호와께서 그의 마음에 맞는 사람을 구하여 여호와께서 그를 그의 백성의 지도자로 삼으셨느니라 하고

-사무엘상 13장 13~14절

사울은 왕위에 오른 후 자신의 군대를 조직하여 왕권을 더욱 확실하게 강화했다. 그는 세월이 흐를수록 점점 더 세속적으로 변해갔다. 한편 사무엘은 나이가 들어 온종일 책을 읽고 묵상에 잠겼다. 그는 모든 사람이 자신을 따라서 깨어 있는 시간 내내 어떤 방법으로라도 하나님을 경배해야 한다고 강조했다.

사울은 종교적인 의무에 태만하지는 않았지만, 지나치게 현실적이었다. 그는 아말렉 왕 아각을 물리친 군대에도 보상해야 한다고 여겨 전리품으로 얻은 가축을 하나님의 성전에 바치지 않았다. 게다가 포로를 처형해야 한다는 당시의 율법을 어기고 아각의 목숨을 살려주었다.

이 소식을 들은 사무엘은 사울이 하나님의 뜻을 거역했다고 책망하였다. 그러나 사울은 회개하지 않고 변명만 늘어놓았다. 그는 소와 양을 살

사무엘과 사울의 갈등_사무엘은 점점 하나님을 잊고 세속에 빠져가는 사울을 질책했으나 사울은 변명하기에 급급했다. 이에 사무엘은 사울이 하나님께 합당한 사람이 아니라고 여기고, 새로운 사람을 찾아 사울을 대신하여 이스라엘의 왕으로 등극시키려 한다. **벤자민 웨스트의 작품.**

찌운 다음 잡아서 제물로 사용하려고 가지고 있었던 것이라고 변명했다. 사무엘은 사울의 거짓말을 꿰뚫어 보고는 그가 표리부동(表裏不同)하며, 정직하지 못하다고 비난했다. 또한, 이 일로 인해 이스라엘의 왕으로는 적합하지 못하다고 경고했다. 이에 사울은 더 이상 변명하지 않고 기브아에 있는 자신의 집으로 돌아왔다. 그러나 굉장히 기분이 상했던 그는 곧 분노를 드러냈다.

사무엘은 미래를 예측할 수 있는 점성술사이며, 대단한 능력의 예언자였다. 이 사실을 알고 있는 사울은 자기 구역 내의 점성술사를 모두 처형하거나 추방하라는 명령을 내렸다. 사무엘도 가만히 있지는 않았다. 그는 이미 경고했던 바를 밀고 나가고자 했고, 왕위에 좀 더 합당한 인물을 찾기로 결심했다.

　　사무엘은 하나님의 명령에 따라 베들레헴에 갔다. 드러내고 차기 왕을 보러 간다고 하면 사울에게 죽을 것이기 때문에 제사를 핑계로 시찰을 갔다. 그곳에서 사무엘은 양치기 소년 다윗의 이야기를 듣게 되었다. 다윗은 베들레헴의 이새의 아들이자 룻과 보아스의 손자였다. 이 소년은 양치기였고, 용기가 있어서 주위의 평판이 아주 좋았다.

다윗에게 기름 부음을 하는 사무엘_사무엘이 다윗에게 사울의 뒤를 이어 새로운 왕임을 뜻하는 기름 부음을 하는 장면이다. 이후 사울과 다윗은 원수지간처럼 된다.

다윗은 자신의 양 떼가 사자나 곰의 습격을 받을 때마다 다른 사람들의 도움 없이 혼자서 사나운 짐승을 죽이고 가축을 구한 용맹스러운 소년이었다. 또한, 음악에도 조예가 깊었다. 그는 노래를 잘했을 뿐 아니라 가축을 돌보는 무료한 시간 동안 하프를 연주하곤 했다. 그의 노래와 하프 연주를 듣고자 멀리서 사람들이 찾아오기도 했다.

이런 다윗이 위대한 선지자 사무엘의 총애를 받아 훌륭한 미래를 갖게 될 것이라는 소문이 퍼져 나갔다. 이스라엘 백성들은 사무엘의 이번 선택으로 이스라엘 전체에 행복이 찾아올 것이라고 믿었다.

그러나 다윗에 대한 열광적인 반응에 공감하지 않는 사람이 있었으니 바로 사울이었다. 이때 사울은 양심의 가책으로 괴로워하고 있었다. 사울은 자신이 하나님의 명령을 어기고 아각의 가축을 취했다는 이유로 사무엘이 자신을 책망했을 때, 그의 말이 옳다는 것을 알고 있었다.

불안했던 사울은 다윗을 두려워하여 그를 제거하고 싶었다. 그러나 사울은 아무 일도 할 수가 없었다. 당시 이스라엘 백성들은 사울과 다윗을 주시하고 있었기에 사울은 언제나 신중하게 행동해야 했다.

하프를 켜는 다윗(272쪽 그림)_음악에 조예가 깊었던 다윗은 양치기 목동 시절부터 노래를 부르고 하프를 연주했다. 시인으로서도 명성을 떨쳤던 그는 구약 성경 〈시편〉의 상당 부분을 지었다. **헤라드 반 혼토르스트의 작품.**

골리앗과의 결투를 준비하는 다윗_ 다윗은 사울 왕의 갑옷을 입었으나 크고 불편하여 벗고 결투에 나선다. **제임스 티소의 작품.**

다윗에게는 하나님의 능력에 대한 믿음이 있었다. 그는 자신이 블레셋의 거인을 죽이겠다고 말했다. 이에 병사들은 다윗에게 무모하고 바보 같은 짓이라며 말렸지만, 다윗은 자신의 주장을 굽히지 않았다.

다윗이 사울에게 달려가 말했다.

"왕이시여, 제가 저 블레셋 거인과 싸우겠습니다. 제가 양을 칠 때 양을 물어가려는 사자와 곰을 하나님의 도우심으로 죽인 적이 있습니다. 왕께서 저를 블레셋 거인과 싸우게 하신다면 하나님께서 승리할 수 있도록 도우실 것입니다."

결국 사울과 이스라엘 병사들은 다윗의 뜻을 알아차리고, 그에게 골리앗과의 결투를 준비시켰다.

다윗과 골리앗의 대결_다윗이 자신보다 몇 배나 큰 거인 골리앗과 결투를 벌이는 장면이다. **제임스 티소의 작품.**

　사울은 다윗에게 자신의 갑옷을 입으라고 했지만, 다윗은 거절하면서 칼이나 창, 방패 따위는 필요하지 않다고 말했다. 다윗은 오직 하나님의 능력만을 믿었다. 그거면 충분했다. 이윽고 다윗은 우람한 거인 골리앗과 대적하게 되었다.

　다윗은 이미 강변에서 반짝반짝 빛나는 조약돌 몇 개를 주워들고 자신의 투석기를 챙겨서 골리앗 앞에 나섰다. 골리앗은 작은 소년이 자신을 상대하러 나온 것을 보고 박장대소하며 조롱하기 시작했다.

LXXVII

다윗이 골리앗에게 말했다.

"너는 커다란 칼과 창을 가졌지만, 나는 이스라엘의 하나님의 이름으로 너와 싸우겠다."

골리앗은 자신의 무지막지한 칼을 꺼내 들고 다윗에게 달려들었지만, 다윗이 던진 조약돌은 골리앗의 이마에 정확하게 명중했다. 그러자 골리앗은 비틀대다가 이내 쓰러졌다. 이때 다윗은 재빨리 골리앗의 칼을 빼앗아 그의 목을 베었다. 전의를 상실한 블레셋군이 후퇴하자 이스라엘군은 그들을 맹렬히 추석하였고, 사드와 에글론까지 차지했다.

투석기를 겨냥하는 다윗 조각상(280쪽 그림)_다윗은 목동 시절부터 양을 공격하는 사자와 곰에게 투석기로 돌을 던져 양 떼를 지켜냈었다. **베르니니의 작품.**
골리앗의 목을 든 다윗_골리앗을 쓰러뜨린 다윗이 골리앗의 머리를 칼로 베어 손에 움켜쥐는 장면이다. **카라바조의 작품.**

▌다윗을 죽이려는 사울

여인들이 뛰놀며 노래하여 이르되 사울이 죽인 자는 천천이요 다윗은 만만이로
다 한지라
-사무엘상 18장 7절

다윗이 골리앗을 상대로 승리하여 이스라엘 군대와 함께 돌아올 때, 이
스라엘의 모든 성읍에서 여인들이 소고와 꽹과리를 들고나와서 노래를
부르며 춤을 추고, 환호성을 지르면서 다윗을 환영하였다. 이제 이스라
엘의 영웅이 된 다윗은 사울조차도 인정해야 했다. 사울은 다윗에게 자
신을 만나러 오라고 말했지만, 다윗에 대한 의심을 떨치지는 못했다. 그
는 자기 아들 요나단과 베들레헴 출신의 양치기인 다윗이 만나자마자 친
구가 된 것을 보고는 그를 대놓고 싫어하게 되었다.

더군다나 사울의 딸 미갈은 다윗을 사랑했다. 사울은 다윗에게 블레셋
사람 1백 명을 무찌르면 결혼을 허락하겠다고 말했다. 물론 사울은 다윗
이 그전에 죽을 것으로 생각했다. 그러나 다윗은 이 일뿐 아니라 다른 일
들도 모두 성공적으로 마치고 미갈과 결혼하였다. 그리하여 사울과 다윗
은 장인과 사위의 관계가 되었다.

이때 사울의 고질병인 우울증이 더욱 악화되자 주치의들은 연주회를
열자고 제안했다. 그러나 결과적으로 다윗에게는 좋지 않은 일이었다.
사울은 다윗의 연주 몇 소절을 듣자마자 격렬하게 광분하며 창을 꺼내

다윗을 공격하는 사울_사울은 다윗을 자신의 사위로 맞았지만, 그를 자신의 왕위를 넘보려는 경쟁자로 여기고 창으로 죽이려는 장면이다. **구에르치노의 작품.**

다윗에게 던졌다. 재빨리 몸을 피한 다윗은 집으로 도망쳤다.

그날 밤 사울이 다윗의 집으로 부하들을 보내어 그를 지키고 있다가 아침이 되면 죽이라고 명령했다. 이를 눈치챈 미갈은 다윗을 창문으로 빠져나가 달아나게 했다. 그리고는 그녀는 집 안에 있는 우상을 가져다가 다윗의 침대에 누이고, 그 머리에는 염소 털로 짠 망을 씌우고, 그 몸에는 옷을 입혔다.

사울의 부하들이 다윗을 잡으러 들이닥치자 그녀는 남편이 병이 들어 누워 있다고 말하였다. 그러자 사울은 다윗이 정말 아픈지 확인하려고 그 부하들을 다시 보내면서, 자기가 직접 죽일 터이니 다윗을 침대째로 들고 오라고 하였다. 그런데 부하들이 와서 보니 침대에는 다윗을 가장

한 우상이 누워 있었다.

이에 분노한 사울이 미갈에게 호통을 쳤다.

"네가 나를 속이고 원수가 빠져나가서 살아날 수 있게 하였느냐?"

그러자 미갈은 다윗을 빠져나가지 못하게 하였다가는 다윗이 자기를 죽였을 것이라고 사울에게 대답하였다.

다윗은 재빨리 방 밖으로 도망쳐 목숨은 건졌으나 다시는 사울을 만나고 싶지 않았다. 그러자 사울은 자신의 분노를 아들 요나단에게 돌려 그를 죽이려고 했다. 하지만 신하들이 그의 손을 붙잡고 막았다.

미갈_사울의 둘째 딸인 그녀는 다윗을 죽이려는 아버지 사울의 계략에 다윗을 몰래 성 밖으로 도피시켰다. 그후 아버지 사울의 강요에 의해 발디엘와 결혼하였고, 사울이 죽은 뒤 왕이 된 다윗의 아내로 다시 돌아오게 된다.

요나단과 이별하는 다윗_다윗이 사울의 아들이자 그의 절친한 친구인 요나단과 작별을 하고 사막으로 향하는 장면이다. **렘브란트의 작품**.

　요나단은 이 사태로 혼란에 빠졌고, 다윗에게 뭔가를 설명해야겠다고 생각했다. 그들은 마지막으로 만나 슬픈 작별을 나누었다. 다윗은 사막으로 도망쳐 아둘람이라는 굴에 들어갔다. 곧 사울의 병사들이 그의 은신처를 찾아냈지만, 이미 다윗은 황야로 도망쳤기에 굴은 텅 비어 있었다.

도망자가 된 다윗

다윗에게 이르되 나는 너를 학대하되 너는 나를 선대하니 너는 나보다 의롭도다
네가 나 선대한 것을 오늘 나타냈나니 여호와께서 나를 네 손에 넘기셨으나 네가
나를 죽이지 아니하였도다 사람이 그의 원수를 만나면 그를 평안히 가게 하겠느냐
네가 오늘 내게 행한 일로 말미암아 여호와께서 네게 선으로 갚으시기를 원하노라
보라 나는 네가 반드시 왕이 될 것을 알고 이스라엘 나라가 네 손에 견고히 설 것을
아노니 그런즉 너는 내 후손을 끊지 아니하며 내 아버지의 집에서 내 이름을 멸하
지 아니할 것을 이제 여호와의 이름으로 내게 맹세하라 하니라

-사무엘상 24장 17~21절

사울은 다윗을 죽이려는 일을 포기하지 않고 끈질기게 다윗을 쫓아다
녔다. 사울을 피해 도망자의 신세가 된 다윗은 자신을 따르는 수하들과
함께 사막에서 지내게 되었다. 다윗은 사막 생활을 하면서 시(詩)를 쓰기
시작했다. 그는 어렵고 힘든 상황에 빠진 자신의 처지에 절망하지 않고,
하나님을 찬양하는 시를 쓰면서 자신의 괴로운 심정을 달랬다.

사무엘이 사울을 폐위하고 다윗을 후계자로 임명했기에 이스라엘의
왕은 원론적으로 다윗이었다. 하지만 백성들은 여전히 사울을 왕으로 인
정했고, 다윗은 언제든지 섭정(攝政, 왕을 대신하여 통치함)으로 나설 수 있는
왕자 정도로 생각했다. 게다가 사울은 실제 지위와 상관없이 계속해서
왕의 궁전에서 생활했다. 그의 주변에는 호위병들과 시종들이 있었으며,

사울과 다윗_이스라엘의 첫 번째 왕인 사울은 하나님의 뜻을 어기고 사무엘의 기대를 저버렸다. 이에 사울을 대신해 다윗을 이스라엘의 왕으로 삼고 기름을 부었지만, 이미 권력을 잡은 사울은 다윗을 사막으로 내쫓았다. **렘브란트의 작품.**

그의 명령에 나설 정예 군대가 항상 준비하고 있었다. 반면 다윗은 사울로 인해 도망자나 다름없었다. 그는 사막과 광야의 굴에서 살았고, 인근 도시나 마을에 모습을 드러내면 체포될 수 있었다.

　사울이 군대를 이끌고 엔게디 광야를 달리고 있을 때였다. 그는 밤을 보내기 위해 동굴 속으로 들어가게 되었다. 마침 그 동굴은 도망쳐 나온 다윗이 거처로 삼은 곳이었다. 다윗은 사울이 동굴로 들어오자 몸을 숨기고 기다렸다. 다윗을 따르는 수하들이 잠든 사울을 죽이고자 종용했다. 그러나 다윗은 반대하였다.

사울을 바라보는 다윗 _ 다윗은 사울을 죽일 기회가 번번이 있었으나 그를 죽이지 않았다.

"하나님께서 기름 부은 자를 내가 죽일 수 없다."

이에 다윗은 잠든 사울에게 다가가 그의 목숨 대신 옷자락을 베었다.

다음 날 아침, 사울이 떠나자 다윗은 그를 따라가서 그의 옷 조각을 보여 주면서 말했다.

"이 옷자락을 보십시오. 하나님께서 저에게 당신을 죽일 기회를 주셨지만, 저는 당신을 죽이지 않았습니다."

물론 사울도 다윗의 잘못이 없다는 것을 알고 있었다. 그런데도 이유 없는 적개심으로 그를 싫어했다. 얼마 후 사무엘이 세상을 떠났다. 그의 장례식에서 다윗과 사울은 다시 만났지만, 두 사람은 끝내 화해하지 않고 헤어졌다.

그리고 더 시간이 지나 사울은 조용한 광야에 나서게 되었다. 그는 유대의 농부 근성이 남아있기에 도시보다는 사막이나 광야를 찾는 것을 즐겼다. 태양이 쏟아지는 광야를 나선 사울은 날이 더워지자 바람이 부는 그늘진 높은 바위 아래를 찾아 잠을 청했다. 그곳은 다윗이 바람과 태양의 소리를 듣고 싶을 때 자주 찾아와 머물던 곳이었다.

사울에게 옷자락을 보이는 다윗_사울을 죽일 수 있었던 다윗은 그의 옷자락 끝만 살짝 베었다. 사울이 깨어나자 그에게 옷자락을 보이는 장면이다. **귀스타브 도레의 작품.**

아브넬의 무기를 탈취하는 다윗_사울이 잠들었을 때, 그를 경호하는 아브넬의 무기를 탈취하는 다윗의 모습이다. 잠에서 깨어난 사울은 비로소 잘못을 깨닫게 된다. **제임소 티소의 작품.**

　그런데 사울의 사촌이자 군대 총사령관인 아브넬이 사울을 경호하기 위해 사울 옆에 누웠다. 마침 다윗은 그들이 바위 아래에 잠들어 있는 것을 목격하고는 몰래 다가가 아브넬의 창과 칼을 집어 들고 되돌아왔다. 그리고 다윗은 높은 곳에 올라가 소리쳤다.

　"아브넬! 아브넬!"

　깜짝 놀라 일어난 아브넬을 향해 다윗은 그의 경호 태도를 질책하였다. 왕을 보호해야 하는 그가 무기를 빼앗긴 것이었다. 즉 다윗은 사울의 목숨을 두 번이나 살려준 셈이다.

　그제야 비로소 사울은 자신이 다윗에게 저지른 잘못을 깨달았다. 사울은 다윗에게 잘못을 사과하고는 돌아올 것을 요구하였다. 그리하여 다윗은 사울이 있는 왕궁으로 돌아왔지만, 오래 머무르지는 않았다. 사울의 병은 점점 더 악화되었고, 상태가 예전보다 심해졌다. 다윗은 계속 왕궁에 있다가는 어떤 일이 다시 벌어질지 염려되어 그곳을 떠났다.

사울의 왕궁에 돌아온 다윗_왕궁으로 돌아온 다윗은 사무엘로부터 하나님의 기름 부음을 받았기에 통치자의 권리를 주장할 수 있었다. 하지만 사울의 운명이 얼마 남지 않았다는 것을 알고는 거론하지 않았다. **얀 드 브레이의 작품.**

▌아비가일의 지혜

나발이 죽었다 함을 다윗이 듣고 이르되 나발에게 당한 나의 모욕을 갚아 주사 종으로 악한 일을 하지 않게 하신 여호와를 찬송할지로다 여호와께서 나발의 악행을 그의 머리에 돌리셨도다 하니라 다윗이 아비가일을 자기 아내로 삼으려고 사람을 보내어 그에게 말하게 하매
-사무엘상 25장 39절

한편 사울의 궁전에서 나온 다윗은 부하들과 함께 시글락에 정착해 있었다. 가트 왕 아기스가 다스렸던 시글락은 이스라엘과 블리셋의 경계지였다. 다윗은 사람들을 끄는 매력이 있어 많은 젊은이가 그를 따랐다. 그들은 인근 농부들을 강도로부터 보호해 주는 역할을 하면서 수수료를 받아 생활하였다.

그 무렵 나발이라는 사람이 자신의 양 떼와 염소 떼를 거느리고 갈멜로 와서 양털을 깎고 있었다. 그는 굉장한 부자로, 양 떼 3천 마리와 염소 1천 마리가 있었다. 또한, 그의 아내도 뛰어난 미모의 여인으로 이해심도 많았다.

다윗은 나발이 양 떼의 털을 깎는다는 소식을 듣고는 열 명의 부하에게 임무를 주며 말했다.

"갈멜로 올라가 나발을 찾아가서, 나의 이름으로 안부를 전하여라. 너희는 그에게 나의 말을 전하여라. '만수무강을 빕니다. 어른도 평안하시

고, 집안이 모두 평안하시기를 빕니다. 어른의 모든 소유도 번창하기를 빕니다. 지금 일꾼들을 데리고 양털을 깎고 계신다는 소식을 들었습니다. 어른의 목자들이 우리와 함께 있었는데, 우리는 그들을 괴롭힌 일도 없으며, 그들이 갈멜에 있는 동안에 양 한 마리도 잃어버린 것이 없었습니다. 일꾼들에게 물어보시면 그들이 사실대로 대답할 것입니다.

그리고 우리가 잔치를 벌이는 좋은 날에 어른을 찾아왔으니, 제가 보낸 젊은이들을 너그럽게 보시고, 부디 어른의 종들이나 다름이 없는 저의 부하들이나, 아들이나 다름이 없는 이 다윗을 생각하셔서 먹거리를 들려 보내 주십시오.'"

다윗의 부하와 나발_ 다윗의 명령을 받은 부하들이 나발을 찾아가 다윗의 말을 전하는 장면이 담긴 판화 작품이다.

이처럼 다윗의 부하들이 나발에게 다윗의 말을 전했다. 그러나 나발은 다윗의 말을 따르지 않았다.

"도대체 다윗이란 자가 누구며, 이새의 아들이 누구냐? 요즈음은 종들이 모두 저마다 주인에게서 뛰쳐나가는 세상이 되었다. 그런데 내가 어찌 빵이나, 물이나, 양털 깎는 일꾼들에게 주려고 잡은 짐승의 고기를 가져다가 어디서 왔는지도 모르는 자들에게 주겠느냐?"

나발의 거절 이야기를 들은 다윗은 분노하였다. 그는 당장 부하들에게 무장을 갖추라고 하여 나발을 혼내주라고 명령하였다.

한편 나발의 일꾼 가운데 한 사람이 다윗의 부하들을 내쫓은 이야기를 나발의 부인인 아비가일에게 달려가 말했다.

"다윗이 광야에서 부하들을 보내어 주인께 문안을 드렸는데, 주인께서 그들에게 호통만 쳐서 보냈습니다. 그러나 그들은 우리에게 매우 잘하여 준 사람들입니다. 우리가 들에서 양을 칠 때에 그들과 함께 지낸 일이 있었는데 그동안 내내 그들이 우리를 괴롭힌 적도 없고, 양 떼를 훔친 일도 없었습니다. 오히려 우리가 그들과 함께 있으면서 양을 칠 동안에는 그들이 밤이나 낮이나 우리를 성벽과 같이 잘 보살펴 주었습니다. 그러므로 이제 마님께서 무엇을 어떻게 하여야 할지 어서 생각하여 보시기 바랍니다. 다윗의 부하가 틀림없이 주인어른께 앙갚음을 할 텐데, 주인어른의 성격이 불같으셔서 말도 붙일 수 없습니다."

자초지종을 들은 아비가일은 서둘러 빵 2백 덩이와 포도주 두 가죽 부대와 이미 요리하여 놓은 양 다섯 마리와 볶은 곡식 다섯 세아와 건포도 뭉치 백 개와 무화과 뭉치 이백 개를 가져다가 모두 나귀 여러 마리에 싣고 일꾼들에게 말하였다.

"나는 뒤따라갈 터이니, 너희가 앞장서라."

아비가일은 이 일을 남편 나발에게는 알리지 않았다. 이윽고 아비가일은 다윗과 마주쳤다. 다윗은 그녀가 나발의 아내라는 것을 알고는 말하였다.

"내가 저 광야에서 그에게 속한 것은 무엇이든지 지켜 주어 그의 모든 재산 가운데서 아무것도 잃어버리지 않도록 하였지만, 그것이 모두 헛일이었다. 그는 나에게 선을 악으로 갚았다. 내일 아침까지 그에게 속한 모든 사람 가운데서 남자들을 하나라도 남겨 둔다면 나 다윗은 하나님께 무슨 벌이라도 받겠다."

아비가일이 다윗을 보고 급히 나귀에서 내려서 다윗 앞에 엎드리고는 얼굴을 땅에 대고 절을 하였다. 그런 다음에 아비가일이 다윗의 발 앞에 엎드려 애원하였다.

아비가일을 만나는 다윗_다윗이 나발과 그의 일족들을 처단하러 가는 도중에 나발의 아내인 아비가일을 만나는 장면이다. **후안 안토니오 에스 칼란의 작품.**

"죄는 바로 저에게 있습니다. 이 종이 말씀드리는 것을 허락해 주시고, 이 종의 말에 귀를 기울여 주십시오. 장군께서는 저의 몹쓸 남편 나발에게 조금도 마음을 쓰지 마시기 바랍니다. 그 사람은 정말 이름 그대로 못된 사람입니다. 이름도 나발(Nabal, '어리석다'는 뜻)인 것처럼 하는 일도 어리석습니다. 게다가 장군께서 보내신 젊은이들이 왔을 때는 제가 거기에 있지 않아서 그들을 만나지도 못하였습니다.

장군께서 사람을 죽이시거나, 몸소 원수를 갚지 못하도록 막아 주신 분은 주님이십니다. 주님도 살아 계시고, 장군께서도 살아 계십니다. 장군의 원수들과 장군께 해를 끼치려고 하는 자들이 모두 나발과 같이 되기를 바랍니다. 여기에 가져온 이 선물은 장군을 따르는 젊은이들에게 나누어 주시기를 바라는 마음으로 제가 가져온 것입니다. 이 종의 허물을 용서해 주시기 바랍니다.

장군께서는 언제나 주님의 전쟁만을 하셨으니, 주님께서 틀림없이 장군의 집안을 영구히 세워 주시고, 장군께서 사시는 동안, 평생토록 아무런 재난도 일어나지 않도록 도와주실 것입니다. 그러므로 어느 누가 일어나서 장군을 죽이려고 쫓아다니는 일이 있더라도, 장군의 생명은 장군께서 섬기시는 주 하나님이 생명 보자기에 싸서 보존하실 것이지만, 장군을 거역하는 원수들의 생명은 주님께서 돌팔매로 던지듯이 팽개쳐 버릴 것입니다.

이제 곧 주님께서 장군께 약속하신 대로, 온갖 좋은 일을 모두 베푸셔서, 장군을 이스라엘의 영도자로 세워 주실 터인데, 지금 공연히 사람을 죽여 몸소 원수를 갚으신다면 왕이 되실 때 후회하시거나 마음에 걸리는 일이 없도록 하시기 바랍니다. 주님께서 그처럼 좋은 일을 장군께 베풀어 주시는 날, 이 종을 기억해 주시기를 바랍니다."

지혜로운 아비가일_다윗은 나발의 아내 아비가일의 지혜롭고 재치 있는 언변에 감동하여 그녀의 말을 따른다. **안토니오 모리나리의 작품.**

그러자 다윗이 아비가일에게 말하였다.

"주 이스라엘의 하나님이 오늘 그대를 보내어 이렇게 만나게 하여 주셨으니, 주님께 찬양을 드리오. 내가 오늘 사람을 죽이거나 나의 손으로 직접 원수를 갚지 않도록 그대가 나를 지켜 주었으니, 슬기롭게 권면하여 준 그대에게도 감사하오. 하나님이 그대에게 복을 베풀어 주시기를 바라오. 그대에게 아무런 해도 입히지 못하도록 나를 막아 주신 주 이스라엘의 하나님이 확실히 살아 계심을 두고 분명하게 말하지만, 그대가 급히 와서 이렇게 나를 맞이하지 않았더라면, 나발의 집안에는 내일 아침이 밝을 때까지 남자는 하나도 살아남지 못할 것 같았소."

그리고 다윗은 아비가일이 가져온 것들을 받고서 이렇게 말하였다.

과부가 된 아비가일에 청혼하는 다윗_나발이 죽고 과부가 된 아비가일에게 다윗이 청혼을 하는 장면이다. **루벤스의 작품.**

"평안히 집으로 돌아가시오. 내가 그대의 말대로 할 터이니 걱정하지 마시오."

아비가일이 집에 돌아와 보니 술에 취한 나발은 그날 오후의 일을 알지 못했다. 다음날 자신이 어떤 위험을 모면했는가를 알게 된 그는 발작을 일으켰고, 열흘 뒤에 숨을 거두었다. 아비가일은 과부가 되었다. 잠깐이었지만 매우 좋은 인상을 받았던 다윗은 그녀가 과부가 되었다는 소식을 듣고는 청혼을 했고, 아비가일은 이를 받아들였다.

본래 다윗의 아내는 사울의 딸 미갈이었지만, 사울이 다윗의 아내였던 미갈을 갈림 사람 라이스의 아들 발디에게 주었다. 다윗은 이미 이스르엘 여인 아히보암을 아내로 맞이하였기 때문에, 이제는 아히보암과 아비가일이 그의 아내가 되었다. 다윗은 아비가일을 헤브론으로 데려가 길르압이라는 아들을 낳았다.

최후를 맞이한 사울

사무엘이 이르되 여호와께서 너를 떠나 네 대적이 되셨거늘 네가 어찌하여 내게
묻느냐 여호와께서 나를 통하여 말씀하신 대로 네게 행하사 나라를 네 손에서 떼
어 네 이웃 다윗에게 주셨느니라 네가 여호와의 목소리를 순종하지 아니하고 그의
진노를 아말렉에게 쏟지 아니하였으므로 여호와께서 오늘 이 일을 네게 행하셨고
여호와께서 이스라엘을 너와 함께 블레셋 사람들의 손에 넘기시리니 내일 너와 네
아들들이 나와 함께 있으리라 여호와께서 또 이스라엘 군대를 블레셋 사람들의 손
에 넘기시리라 하는지라
-사무엘상 28장 16~19절

다윗이 사울의 궁전을 떠나고 얼마 후, 이스라엘에 블레셋의 군대가 침
입해 왔다. 이에 사울은 군대를 이끌고 길보아 산에 진을 쳤다. 구름 떼처
럼 몰려드는 블레셋 군대를 본 사울은 두려움에 떨었다. 그는 하나님을
찾아 지혜를 얻으려 했으나 하나님은 사울의 기도를 외면했다.

다급한 사울은 주술사를 찾았다. 그러나 이스라엘의 주술사들은 이미
사울이 죽였거나 고향을 떠났기에 쉽사리 찾지 못했다. 수소문 끝에 시
스라가 야엘에게 살해된 장소 근처에 있는 엔도르라는 곳에 한 주술사가
살고 있다는 것을 알게 되었다.

사울은 다른 옷으로 갈아입고 변장한 다음, 두 신하를 데리고 엔도르

를 향해 갔다. 하지만 엔도르의 주술사인 여인은 사울에게 문을 열어주지 않았다. 그녀는 주술에 대한 혹독한 벌을 알고 있었기에 누구에게도 주술을 알려주지 않았다. 사울이 여인에게 말하였다.

"망령을 부르는 술법으로, 내가 당신에게 말하는 사람을 나에게 불러 올려 주시오."

그러자 그 여인이 사울에게 대답하였다.

"이것 보시오. 사울이 이 나라에서 주술사들을 모조리 잡아 죽인 것은 당신도 잘 아시지 않습니까? 그런데 왜 당신은 나의 목에 올가미를 씌워 나를 죽이려고 하십니까?"

사울이 하나님의 이름을 걸고 그 여인에게 맹세하였다.

엔도르의 주술사_ 사울은 엔도르에 사는 주술사 여인을 찾아갔다. 그녀는 망자(亡子)를 부르는 능력이 있었다.

"하나님께서 확실히 살아 계심을 두고 맹세하지만, 당신이 이 일로는 아무런 벌도 받지 않을 것이오."

이에 주술사는 문을 열고 사울에게 물었다.

"내가 당신에게 누구를 불러올릴까요?"

사울이 대답하였다.

"나에게 사무엘을 불러올리시오."

그 여인은 사무엘이 올라온 것을 보고 놀라서 큰소리를 질렀다. 그런 다음에 사울에게 항의하였다.

"사울 왕께서 몸소 오셨으면서도 왜 저를 속이셨습니까?"

사울이 그 여인에게 말하였다.

"무서워하지 마라. 네가 무엇을 보고 있느냐?"

여인이 사울에게 대답하였다.

"땅속에서 영(靈)이 올라온 것을 보고 있습니다."

그러자 사울이 그 여인에게 물었다.

"그 모습이 어떠하냐?"

여인이 대답하였다.

"한 노인이 올라오는데, 검은 겉옷을 걸치고 있습니다."

그때 땅속에서 검고 긴 옷을 입은 노인의 형체가 홀연히 나타났다. 그 것은 사울이 만나고 싶어하는 사무엘의 유령이었다. 사울은 그가 사무엘인 것을 알아차리고 얼굴이 땅에 닿도록 엎드려 절을 하였다.

살아 있는 왕인 사울과 죽은 선지자인 사무엘이 얼굴을 맞대게 되었다. 사무엘은 사울에게 그의 끔찍한 운명은 블레셋의 손안에 달려 있다고 말했다. 사무엘이 말을 마쳤을 때 사울은 기절하고 말았다.

정신을 차리고 일어난 사울은 다음날 일찍 블레셋을 습격했다. 그러나

사무엘의 유령_사울 앞에 나타난 사무엘의 유령이 그에게 계시를 알려주자, 놀란 사울이 기절하는 장면이다. **마르티노의 작품.**

사울과 사무엘의 유령(302쪽 그림)_ 사울이 사무엘의 유령에게 얼굴을 땅에 대고 엎드려 절하는 장면이다. **살바토르 로사의 작품.**

정오가 되기도 전에 사울의 군대는 전멸하고 말았다.

이 전쟁에서 사울의 아들 요나단과 아비나답, 말기수아가 모두 죽었으며, 사울은 스스로 가슴에 칼을 찔러 자결했다. 사울은 삼손의 운명을 잊지 않았기에 적의 손에 포로가 되느니 차라리 자결하기로 했던 것이었다. 사울의 시신을 발견한 블레셋 병사들은 승리의 소식을 알리기 위해 그의 머리를 베어서 들고 돌아다녔다. 그들은 방패와 창, 갑옷을 수많은 전쟁의 전리품들과 함께 아스다롯의 이교도 신전에 보관하였다. 그리고 머리 잘린 사울의 시신과 세 왕자의 시신을 벧산 성벽에 못 박았다.

이 소식을 들은 야베스 길르앗 사람들은 한때 자신들을 구해 주었던 사울의 유해를 구하기로 결정했다. 날이 어두워지자 그들은 벧산으로 몰래 들어가 사울과 세 아들의 유해를 들고나와 마을에 있는 신성한 나무 아래에 장사지냈다. 이렇게 이스라엘 최초의 왕 사울은 처참한 모습으로 눈을 감았다.

사울의 죽음_블레셋과의 전쟁에서 패배한 사울이 가슴에 칼을 찔러 자결하는 모습이다. **엘리 마르쿠제의 작품.**

▌유다의 왕이 된 다윗

이스라엘아 네 영광이 산 위에서 죽임을 당하였도다 오호라 두 용사가 엎드러졌도 다 이 일을 가드에도 알리지 말며 아스글론 거리에도 전파하지 말지어다 블레셋 사 람들의 딸들이 즐거워할까 할례 받지 못한 자의 딸들이 개가를 부를까 염려로다 길 보아 산들아 너희 위에 이슬과 비가 내리지 아니하며 제물 낼 밭도 없을지어다 거 기서 두 용사의 방패가 버린 바 됨이니라 곧 사울의 방패가 기름 부음을 받지 아니 함 같이 됨이로다 죽은 자의 피에서 용사의 기름에서 요나단의 활이 뒤로 물러가 지 아니하였으며 사울의 칼이 헛되이 돌아오지 아니하였도다 사울과 요나단이 생 전에 사랑스럽고 아름다운 자이러니 죽을 때에도 서로 떠나지 아니하였도다 그들 은 독수리보다 빠르고 사자보다 강하였도다 이스라엘 딸들아 사울을 슬퍼하여 울 지어다 그가 붉은 옷으로 너희에게 화려하게 입혔고 금 노리개를 너희 옷에 채웠 도다 오호라 두 용사가 전쟁 중에 엎드러졌도다 요나단이 네 산 위에서 죽임을 당 하였도다 내 형 요나단이여 내가 그대를 애통함은 그대는 내게 심히 아름다움이라 그대가 나를 사랑함이 기이하여 여인의 사랑보다 더하였도다 오호라 두 용사가 엎 드러졌으며 싸우는 무기가 망하였도다 하였더라

-사무엘하 1장 19~27절

　다윗도 사울의 죽음 소식을 알게 되었다. 다윗의 총애를 얻을 요량으 로 한 아말렉족 사람이 다윗에게 사울과 그의 세 아들이 어떻게 죽었는 지를 자세히 말해주었다.

　"제가 우연히 길보아 산에 올라갔다가 사울 왕이 창으로 몸을 버티고 서 계신 것을 보았습니다. 그때 적의 병거와 기병대가 그에게 바짝 다가 오고 있었습니다. 사울 왕께서는 뒤로 고개를 돌리시다가 저를 보고 부

르셨습니다. 그래서 제가 왜 그러시느냐고 여쭈었더니, 저더러 누구냐고 물으셨습니다. 아말렉 사람이라고 말씀드렸더니, 사울 왕께서는 저더러 '어서 나를 죽여다오. 아직 목숨이 붙어 있기는 하나 괴로워서 견딜 수가 없다'라고 말씀하셨습니다. 제가 보기에도 일어나서 사실 것 같지 않아서 다가가 명령한 대로 하였습니다. 그런 다음에 저는 머리에 쓰고 계신 왕관을 벗기고 팔에 끼고 계신 팔찌를 빼서 이렇게 가지고 왔습니다."

사울과 요나단의 죽음 소식을 들은 다윗은 애통하여 자신의 옷을 잡아 찢었고, 그와 같이 있던 사람들도 모두 그들의 죽음을 애통해하였다.

사울의 자결_블레셋과의 길보아 산 전투에서 패한 사울이 자신의 칼을 세우고 자결하는 장면이다. **피테르 브뤼헐의 작품**.

사울의 장례식_사울의 잘린 수급과 시신을 수습하여, 그의 장례를 치르는 장면이다. **애드워드 번 존**
슨의 작품.

　슬픔을 그친 다윗은 자신에게 사울의 죽음을 전한 자에게 말했다.

　"네가 어떻게 감히 겁도 없이 손을 들어서 하나님께서 기름을 부어서
세우신 분을 살해하였느냐?"

　다윗은 부하들에게 당장 그를 처형하라고 명하였다. 다윗은 사울과 요
나단을 깊이 애도했다. 그리고 오랫동안 금식하며 애도의 뜻을 표했고,
이스라엘 백성들이 모두 그의 깊고 진정한 슬픔을 알게 되었을 때, 비로
소 자신의 왕위를 주장했다. 다윗은 이미 선지자 사무엘로부터 기름 부
음을 통해 이스라엘의 지도자가 되었지만, 사울 때문에 제대로 왕의 취
급을 받지 못했었다.

　슬픔을 달랜 다윗은 하나님께 어디로 가야 하냐고 물었다. 하나님은
헤브론 산으로 가라고 대답했다. 다윗이 헤브론에 올라가자 유다 지파의
원로들은 그에게 기름을 붓고 왕으로 모셨다. 이로써 다윗은 왕위를 인
정받아 사울의 뒤를 이어 이스라엘의 두 번째 왕이 되었다.

이스라엘 왕국의 분열

다윗이 길르앗 야베스 사람들에게 전령들을 보내 그들에게 이르되 너희가 너희 주 사울에게 이처럼 은혜를 베풀어 그를 장사하였으니 여호와께 복을 받을지어다 너희가 이 일을 하였으니 이제 여호와께서 은혜와 진리로 너희에게 베푸시기를 원하고 나도 이 선한 일을 너희에게 갚으리니 이제 너희는 손을 강하게 하고 담대히 할지어다 너희 주 사울이 죽었고 또 유다 족속이 내게 기름을 부어 그들의 왕으로 삼았음이니라 하니라
-사무엘하 2장 5~7절

유다 지파의 기름 부음으로 왕이 된 다윗은, 사울의 시신을 수습하여 장례를 치러준 야베스 길르앗 사람들에게 사절을 보내 그들을 치하하였다. 한편 사울의 군대 사령관이었던 아브넬과 다른 지파 사람들은 마하나임에서 사울의 넷째 아들 이스보셋을 왕으로 삼고 자신들의 나라를 세웠다. 결국 이스라엘은 '남쪽 유다'와 '북쪽 이스라엘' 둘로 갈라지게 되었다. 사울 집안과 다윗 집안의 싸움은 계속되고 있었다.

사울의 아들 이스보셋은 북이스라엘의 왕에 올라 2년 동안 다스렸다. 반면 유다 지파는 다윗을 따랐는데, 다윗은 유다의 왕으로 헤브론에서 7년을 다스렸다. 이스라엘의 두 나라는 마치 이민족처럼 앙숙이 되어 전쟁을 치렀다. 아브넬이 이스보셋의 군대를 이끌고 기브온으로 원정을 떠났다. 이에 유다의 장군 요압은 다윗의 군대를 이끌고 와 기브온의 연못

기브온 전투_다윗을 따르는 남유다와 사울의 아들 이스보셋을 따르는 북이스라엘이 기브온에서 첫 전투를 벌이는 장면이다.

을 사이에 두고 서로 대치하게 되었다.

　먼저 아브넬이 요압에게 제안을 하였다.

　"젊은이들을 내세워서 우리 앞에서 겨루게 합시다."

　요압도 찬성하였다. 젊은이들이 일정한 수대로 나아갔는데 아브넬의 군대에서 베냐민 사람 열두 명이 나왔고, 요압의 부하들 가운데서도 열두 명이 나왔다. 그들은 서로 상대편의 머리카락을 거머쥐고, 옆구리를 칼로 찔러서 모두 함께 쓰러져 죽었다. 그래서 기브온에 있는 싸움터를 헬갓 핫수림('날카로운 칼의 밭'이란 뜻)이라고 불렀다.

　싸움은 점점 더 치열해졌고, 아브넬이 거느린 북이스라엘 군대가 요압의 유다 군대에게 지고 말았다. 마침 그곳에는 스루야의 세 아들 요압과

헬갓 핫수림_'날카로운 칼의 밭'이란 뜻이다. 기브온 연못 근처로 다윗의 군대장관 요압의 부하들과 이스보셋의 군대장관 아브넬의 부하들이 싸운 곳이다.

아비새와 아사헬이 있었는데, 아사헬은 매우 민첩하여 달음박질을 잘하였다. 아사헬은 곧 달아나는 아브넬을 뒤쫓기 시작하였다.

도망치던 아브넬이 뒤를 돌아보면서 쫓아오는 아사헬을 보고는 그를 타일렀다.

"나를 그만 뒤쫓고 돌아서서 가거라. 여기 있는 젊은이 한 사람을 붙잡아서 그의 군복을 벗겨 가지고 가거라."

그러나 아사헬은 물러가려고 하지 않았다. 아브넬이 다시 한 번 아사헬을 타일렀다.

"너는 나를 그만 뒤쫓고 물러가거라. 내가 너를 죽여 땅바닥에 쓰러뜨려야 할 까닭이 없지 않느냐? 내가 너를 죽이고 어떻게 너의 형 요압을 보겠느냐?"

그런데도 아사헬이 물러가기를 거절하자 아브넬이 창으로 아사헬의 배를 찔렀고, 아사헬은 그 자리에서 쓰러져 죽었다. 아사헬을 따르던 사람들이 그가 쓰러진 곳에 이르러 멈추어 섰다. 이어서 요압과 아비새 두 형제가 아브넬을 발견하고는 뒤쫓아 왔다. 그들이 기브온 광야로 들어서 암마 언덕에 이르렀을 때 날이 저물었다.

그때 아브넬을 따르는 베냐민 지파의 병사들은 언덕 위에서 아브넬을 호위하고 버텼다. 결국 아브넬이 요압에게 휴전을 제의하였다.

"우리가 언제까지 이렇게 싸워야 하겠소? 이렇게 싸우다가는 마침내 우리 둘 다 비참하게 망하고 말지 않겠소? 우리가 얼마나 더 기다려야 장군이 장군의 부하들에게 동족을 추격하지 말고 돌아가라고 명령하겠소?"

아브넬을 추격하는 아세헬_요압의 동생 아사헬이 아브넬을 추격했지만, 결국 아브넬에게 죽임을 당하고 만다.

헤브론으로 돌아오는 요압_요압은 아브넬과 휴전하여 전쟁을 종식시켰다. 하지만 그는 자신의 동생 아사헬이 아브넬에게 죽임을 당한 것을 뒤늦게 알고는 복수의 칼날을 다듬는다. **제임스 티소의 작품.**

그러자 요압이 대답하였다.

"하나님의 살아 계심을 두고 맹세하오. 장군이 이런 제안을 하지 않으셨으면 내 군대가 내일 아침까지 추격해서 장군을 잡았을 것이오."

요압이 나팔을 부니 유다의 병사들이 추격을 멈췄다. 그들은 더 이상 아브넬의 군대를 추격하지 않았고, 그들과 싸우지도 않았다. 이 틈을 놓치지 않고 아브넬과 그의 부하들은 밤이 새도록 아라바를 지나 요단강을 건너고, 비드론 온 땅을 거쳐서 무사히 마하나임으로 돌아갔다.

이스보셋을 배반한 아브넬

아브넬이 이스보셋의 말을 매우 분하게 여겨 이르되 내가 유다의 개 머리냐 내가 오늘 당신의 아버지 사울의 집과 그의 형제와 그의 친구에게 은혜를 베풀어 당신을 다윗의 손에 내주지 아니하였거늘 당신이 오늘 이 여인에게 관한 허물을 내게 돌리는도다 여호와께서 다윗에게 맹세하신 대로 내가 이루게 하지 아니하면 하나님이 아브넬에게 벌 위에 벌을 내리심이 마땅하니라 그 맹세는 곧 이 나라를 사울의 집에서 다윗에게 옮겨서 그의 왕위를 단에서 브엘세바까지 이스라엘과 유다에 세우리라 하신 것이니라 하매

–사무엘하 3장 8~10절

다윗의 남유다와 이스보셋의 북이스라엘 간의 전쟁은 계속되었다. 그리고 북이스라엘의 아브넬의 권력은 더욱 강화되었다. 두려운 것이 없었던 그는 사울의 후궁이었던 리스바라는 여인을 범하였다. 이를 알게 된 이스보셋은 아브넬을 꾸짖었다.

"장군은 어찌하여 나의 아버지의 후궁을 범하였소?"

이스보셋의 말에 아브넬은 당장이라도 북이스라엘을 떠날 기세로 분노를 터뜨렸다. 아브넬의 분노가 두려웠던 이스보셋은 더 이상 그에게 말 한마디도 하지 못하였다. 하지만 이를 빌미로 아브넬은 이스보셋을 배반하고, 다윗에게 망명하기로 마음먹었다.

아브넬은 다윗에게 사람을 보내 이렇게 전하였다.

"이 나라가 누구의 것입니까? 제가 다윗 왕의 편이 되어서 온 이스라엘

이 왕에게 돌아가도록 하겠습니다."

그러자 다윗이 대답하였다.

"좋소! 내가 장군과 언약을 세우겠소. 그런데 나는 장군에게 한 가지만 요구하겠소. 그대는 나를 만나러 올 때 사울의 딸 미갈을 데리고 오시오. 그렇지 않으면, 내 얼굴을 볼 생각을 하지 마시오."

그런 다음에 다윗은 사울의 아들 이스보셋에게 사람을 보내어 이렇게 전하였다.

"나의 아내 미갈을 돌려주시오. 미갈은 내가 사울 왕에게 블레셋 사람의 포피(包皮) 1백 개를 바치고 맞은 아내요."

다윗의 요청에 이스보셋은 사람을 보내어 미갈을 그의 남편인 라이스의 아들 발디엘에게서 빼앗아 오도록 하였다. 그때 미갈의 남편은 계속 울면서 바후림까지 미갈을 따라왔다고 한다.

미갈(315쪽 그림)_미갈은 오빠인 요나단과 마찬가지로 다윗을 진심으로 사랑했다. 또한, 사울의 살해위협에서 다윗을 도망치게 하기 위해 자기 자신까지 위험할 수 있는 일들을 벌였다. 물론 다윗도 그녀를 얻기 위해 블레셋 사람들과 전투를 벌여서 사울에게 포피를 바쳤기에, 자신이 그녀의 정당한 남편이라는 인식이 있었다. 그래서 왕위에 앉자마자 그녀를 자신의 사람이라고 확증하며 왕궁으로 불러들인다. 그러나 사울 왕은 미갈을 다른 사람에게 결혼시켰다.
당시 다윗은 미갈을 남겨두고 혼자서만 도망쳤으며, 이후 두 사람의 연락은 두절되었다. 미갈이 다윗을 진심으로 사랑한 건 사실이지만, 10년 가까운 도피 생활 동안 남이나 다름없게 되었고, 그 사이 다윗은 새로운 아내를 두 명 이상 맞아들였다. 그 소식을 미갈이 접하지 못했을 리도 없었다. 미갈 또한 새로운 가정을 이루게 된 상황이었는데, 문제의 발단은 남편을 죽이려 했던 아버지 사울에게 있었지만, 결국 그녀는 전 남편인 다윗의 명령으로 후궁으로 불러들여가는 상황에 놓이게 된 것이다. **앨리 포르티의 작품.**

▌아브넬의 죽음

그 후에 다윗이 듣고 이르되 넬의 아들 아브넬의 피에 대하여 나와 내 나라는 여호
와 앞에 영원히 무죄하니 그 죄가 요압의 머리와 그의 아버지의 온 집으로 돌아갈
지어다 또 요압의 집에서 백탁병자나 나병 환자나 지팡이를 의지하는 자나 칼에 죽
는 자나 양식이 떨어진 자가 끊어지지 아니할지로다 하니라
-사무엘하 3장 28~29절

마하나임으로 돌아온 아브넬은 북이스라엘의 장로들과 상의하였다.

"여러분은 이미 전부터 다윗을 여러분의 왕으로 모시려고 애를 썼습니
다. 이제 기회가 왔습니다. 하나님께서 이미 다윗을 두고 '내가 나의 종
다윗을 시켜서 나의 백성 이스라엘을 블레셋 사람의 지배와 모든 원수의
지배에서 구하여 내겠다' 하고 약속하여 주셨기 때문입니다."

아브넬은 베냐민 지파 사람들과도 상의한 뒤에 자신들의 뜻을 모으고,
이를 다윗에게 전하고자 헤브론으로 떠났다. 이에 다윗은 아브넬은 물론
그와 함께 온 사람들을 위해 성대한 잔치를 베풀었다.

아브넬은 다윗의 호의에 감격하여 말하였다.

"이제 온 이스라엘의 왕과 하나님의 언약을 세우게 하겠습니다."

아브넬은 다윗에게 충성할 것을 맹세하였다. 그는 다시 헤브론을 떠나
마하나임으로 향했다. 그런데 아브넬이 헤브론에 왔다가 떠났다는 소식
을 들은 요압이 다윗에게 왔다. 요압은 다윗에게 항의조로 말했다.

아브넬을 살해하는 요압_요압이 자신의 동생 아사헬의 복수를 위해 아브넬을 죽이는 장면이다.

　"왕께서는 어찌 아브넬을 그냥 보냈습니까? 그는 우리의 사정을 간파하려고 온 것입니다."

　요압은 다윗에게서 물러나자마자 부하들을 보내어 아브넬을 뒤쫓게 하였다. 요압은 자신의 동생 아사헬이 아브넬에게 죽은 것에 대해 복수를 하고자 했던 것이다. 결국 요압의 부하들은 시라 우물이 있는 곳에서 아브넬을 체포하여 요압에게 데리고 왔다. 그리고 요압은 아브넬을 껴안으면서 그의 등 뒤로 칼을 찔러 죽였다.

　다윗은 이러한 사실을 모르고 있었다. 뒤늦게 이 소식을 들은 다윗은 아브넬을 위해 성대한 장례식을 베풀어서 일을 무마시키려 했다. 또한, 요압은 이 일로 벌을 받지 않았다. 이처럼 다윗은 뛰어난 지성과 누구도 꺾을 수 없었던 의지력으로 차근차근 절대 군주가 되어갔다.

이스보셋의 최후

다윗이 브에롯 사람 림몬의 아들 레갑과 그의 형제 바아나에게 대답하여 그들에게 이르되 내 생명을 여러 환난 가운데서 건지신 여호와께서 살아 계심을 두고 맹세하노니 전에 사람이 내게 알리기를 보라 사울이 죽었다 하며 그가 좋은 소식을 전하는 줄로 생각하였어도 내가 그를 잡아 시글락에서 죽여서 그것을 그 소식을 전한 갚음으로 삼았거든 하물며 악인이 의인을 그의 집 침상 위에서 죽인 것이겠느냐 그런즉 내가 악인의 피흘린 죄를 너희에게 갚아서 너희를 이 땅에서 없이하지 아니하겠느냐 하고

-사무엘하 4장 9~11절

사울의 아들 이스보셋은 아브넬이 헤브론에서 죽었다는 소식을 듣고서 맥이 풀리고 말았다. 이때 이스보셋에게는 군을 지휘하는 지휘관 두 사람이 있었는데 한 사람은 바아나요, 또 한 사람은 레갑이었다. 이들은 베냐민 지파의 사람들이었다. 그런데 두 지휘관은 밀을 가지러 온 사람으로 변장해 왕궁으로 들어가서는, 낮잠을 자고 있던 이스보셋의 배를 칼로 찔러 죽였다. 이들은 이스보셋의 머리를 베어 헤브론으로 도망쳤다.

바아나와 레갑이 다윗에게 이스보셋의 수급을 내보이며 말했다.

"다윗 왕의 생명을 노리던 사울의 아들 이스보셋의 머리를 여기에 가져왔습니다. 하나님께서 높으신 왕을 도우시려고 오늘에야 사울과 그의 자손에게 벌을 내려서 원수를 갚아 주셨습니다."

그러나 다윗은 그들의 행동을 치하하지 않았고, 오히려 벌을 내렸다.

이스보셋의 수급을 바치는 바아나와 레갑_ 자신들이 모시던 이스보셋을 살해한 바아나와 레갑이 다윗에게 이스보셋의 수급을 바치는 장면이다. **제임스 티소의 작품.**

다윗은 지난날 시글락에서도 사울을 죽였다고 한 아말렉 족 사람에게 포상이 아닌 죽음을 주었다. 이번에도 다윗은 이스보셋을 죽인 바아나와 레갑을 처형하라고 명령하고는, 그들의 손과 발을 모조리 잘라 낸 다음, 그들의 시신을 헤브론의 연못가에 달아매었다. 그리고 이스보셋의 머리는 헤브론에 있는 아브넬의 무덤에 묻었다. 이 일로 인해 이스라엘 백성에게도 하나님을 두려워하는 마음이 자리 잡게 되었다.

이스라엘 왕국의 왕이 된 다윗

이스라엘 모든 지파가 헤브론에 이르러 다윗에게 나아와 이르되 보소서 우리는 왕의 한 골육이니이다 전에 곧 사울이 우리의 왕이 되었을 때에도 이스라엘을 거느려 출입하게 하신 분은 왕이셨고 여호와께서도 왕에게 말씀하시기를 네가 내 백성 이스라엘의 목자가 되며 네가 이스라엘의 주권자가 되리라 하셨나이다 하니라
-사무엘하 5장 1~2절

이스라엘의 모든 지파가 모였다. 그들은 회의 끝에 더 이상 피를 흘리는 전쟁을 하지 않기로 결정했다. 얼마 후 이스라엘의 모든 장로가 헤브론에서 다윗을 이스라엘의 왕으로 선택했다. 그리고 그들은 다윗에게 기름을 부어서 온 이스라엘의 왕으로 등극시켰다.

"여호와 하나님의 이름으로 다윗 왕을 축복합니다."

이에 온 이스라엘의 왕이 된 다윗은 새로운 이스라엘 왕국의 수도로 예루살렘을 선택했다. 아프리카에서 메소포타미아로 가는 교통의 요지에 있던 예루살렘은 군사적으로도 안전한 성이었다. 여부스 사람들이 살고 있던 예루살렘 성을 공격해 함락한 다윗은 예루살렘으로 수도를 옮기고, 새로운 궁전도 지었으며, 이름도 다윗 성으로 바꿨다. 그 후 주변에 있던 많은 나라가 다윗의 명성을 두려워하여 스스로 찾아와 충성을 다짐했다. 하나님의 은혜로 다윗은 더욱 강성해졌고, 이스라엘 왕국을 40

다윗이 재건한 예루살렘 조형도_ 다윗은 예루살렘을 점령하고 '다윗 성'을 건축하며, 이스라엘 왕국의 전성기를 열었다.

년간 다스리며 최대의 전성기를 맞았다.

　이때 하나님의 언약궤는 바알레유다에 있는 아비나답의 집에 20년 동안 모셔져 있었다. 다윗은 언약궤를 모실 수 있는 장막을 준비하고, 언약궤를 모셔와 하나님께 예배를 드려야겠다고 결심했다.

　다윗은 우선 언약궤를 예루살렘으로 가지고 오기로 했다.

　"하나님의 언약궤를 호위할 3만 명의 백성을 모으고, 모세의 율법대로 레위 지파에서 언약궤를 옮길 사람을 뽑아 성결하게 준비하라."

　언약궤는 아비나답의 집을 나와 예루살렘으로 향하던 중에 오벧에돔의 집에서 3개월을 머물렀다. 그 집이 축복받는 모습을 보고 다시 길을 재촉해 드디어 예루살렘에 입성하게 되었다. 성안으로 언약궤가 들어오자 다윗은 그 앞에서 춤을 추었다. 새로 만들어진 장막 안에 언약궤가 모셔졌고, 다윗이 준비시킨 찬양대가 하나님께 경배와 찬양을 드렸다.

예루살렘으로 옮겨지는 언약궤_예루살렘으로 수도를 옮긴 다윗은 먼저 하나님의 언약궤를 예루살렘으로 옮길 것을 명령했다. 언약궤를 옮기는 도중에 웃사가 언약궤를 만지자 그만 죽고 말았다. **루이지 아데몰로의 작품.**

또한, 다윗은 하나님의 성전을 건축할 계획을 세웠다. 사막의 유목민들에게는 이동하기에 편한 장막이 유용했지만, 이스라엘 왕국처럼 강력한 국가에는 성전이 필요했고, 이스라엘 백성들도 성전을 짓는 것이 국가적인 의무라고 믿었다.

다윗은 선지자 나단에게 말했다.

"내가 하나님을 위하여 성전을 짓고 싶은데 괜찮겠습니까?"

그날 밤, 하나님께서 나단의 꿈에 나타나 말씀하셨다.

"사람의 피를 많이 흘린 다윗은 내 성전을 건축하지 못한다. 대신 그의 아들 중 하나가 나를 위하여 건축하고, 내가 그의 왕위를 견고하게 할 것이다."

그 후에 다윗의 후계자 솔로몬이 예루살렘에 하나님의 성전을 건축하였다. 그때부터 예루살렘은 이스라엘의 수도일 뿐만 아니라 아브라함의 후손이라 주장하는 모든 사람의 '신앙의 중심지'가 되었다. 팔레스타인 지역에는 여러 성스러운 장소가 많이 있었지만, 예루살렘의 성전이 가장 장엄하고 훌륭했다.

게다가 이스라엘의 제사장직을 전담했던 레위 지파 사람들은 매우 현명했다. 그들은 충직하게 왕을 지지했고, 왕은 다른 성전을 전부 폐쇄해 예배자들이 모두 예루살렘 성전으로 오게 함으로써 그들에게 보답했다.

다윗은 이스라엘 왕국의 영토를 확장했고, 암몬을 격파하여 다시는 이스라엘을 괴롭히지 못하게 하였다. 그리고 블레셋과 휴전을 맺어 평화를 되찾았다. 그 뒤로 다윗 왕가는 점점 견고해졌고, 이스라엘 왕국은 더욱 강성해졌다. 그러나 다윗 개인에게는 모든 것이 순조롭지만은 않았다. 절대적인 권력이 그를 멍들게 하였다.

다윗과 밧세바

우리아가 다윗에게 아뢰되 언약궤와 이스라엘과 유다가 야영 중에 있고 내 주 요압과 내 왕의 부하들이 바깥 들에 진 치고 있거늘 내가 어찌 내 집으로 가서 먹고 마시고 내 처와 같이 자리이까 내가 이 일을 행하지 아니하기로 왕의 살아 계심과 왕의 혼의 살아 계심을 두고 맹세하나이다 하니라

－사무엘하 11장 11절

어느 날, 다윗은 사울의 아들이자 절친한 친구였던 요나단의 가족이 어떻게 지내는지 궁금했다. 그때 한 신하가 말했다.

"므비보셋이라고 절름발이 아들이 있습니다."

요나단의 아들 므비보셋은, 그가 다섯 살 때 할아버지 사울과 아버지 요나단이 블레셋과의 전투에서 숨지자 그의 유모가 그를 업고 서둘러 도망치다가 그만 떨어져서 발을 절게 되었다. 요나단의 아들 므비보셋을 불쌍히 여긴 다윗은 그를 양자로 삼고, 그가 죽을 때까지 예루살렘에서 살게 하였다.

그러나 다윗은 이런 모습과는 다르게도 자신의 쾌락을 위해서라면 절대로 자제하지 않았다. 어느 날 저녁이었다. 다윗이 왕궁 옥상을 거닐고 있을 때 아름다운 여인을 보게 되었다. 그녀는 자신의 알몸을 드러내고 목욕을 하던 중이었다. 아름다운 여인의 알몸을 본 다윗은 쾌락의 욕정

목욕하는 밧세바를 훔쳐보는 다윗_밧세바가 목욕하는 모습을 망루에서 다윗이 훔쳐보는 장면이다.
장 레옹 제롬의 작품.

이 솟아났다. 다윗은 신하를 보내서 그 여인이 누구인지 알아보게 하였다.

　그 여인은 엘리암의 딸 밧세바로, 히타이트 사람 우리아의 아내이며,
우리아는 아브넬을 죽이고도 처벌을 받지 않았던 요압의 부하였다. 다윗
은 밧세바를 왕궁으로 초대하여 간통하였다. 이후 그녀는 다윗의 아이를
임신하였다. 밧세바가 이 사실을 다윗에게 알리자, 다윗은 국경을 지키
는 요압에게 우리아를 자신의 왕궁으로 보낼 것을 명령하였다.

치장하는 밧세바_밧세바가 다윗의 왕궁을 들어가기 위해 치장을 하는 장면이다. **렘브란트의 작품.**

다윗의 편지를 받은 밧세바(326쪽 그림)_다윗의 연락을 받고 왕궁으로 들어간 밧세바는, 다윗과 불륜 관계를 맺게 된다. **윌렘 드로스트의 작품.**

　우리아가 왕궁에 오자 다윗은 그의 노고를 치하하고, 많은 선물을 주며 집으로 돌아가 쉬도록 하였다. 하지만 우리아는 자신과 함께 온 부하들과 함께 왕궁 한쪽 귀퉁이에서 잠자기를 요청하였다. 자신만 혼자 집으로 돌아가면 함께 고생해 온 부하들에게 미안하다는 것이 이유였다.

　하지만 다윗은 그가 집으로 돌아가 밧세바와 동침하기를 원했다. 그래야 그녀가 자신의 아이를 임신한 사실을 덮을 수 있기 때문이었다. 다윗은 자신의 계획이 틀어지자 요압에게 전령을 보냈다. 우리아를 최전방으로 보내 적들과 싸워 죽게 내버려 두라는 내용이었다.

　이에 요압은 우리아에게 위험에 대해 경고하기는커녕 오히려 용맹함을 인정받아 위험한 지역에 배치되었다며 우리아의 노고를 치하했다. 우

다윗과 우리아_다윗은 밧세바와의 불륜을 감추고자 그녀의 남편 우리아를 만나고, 그를 죽음에 몰아 넣는 음모를 꾸민다. **피터르 가스트만의 작품.**

리아는 모든 것을 믿었고, 담대하게 선봉대를 지휘했다. 전쟁이 시작되자 다윗의 계획은 주도면밀하게 진행되었다. 우리아가 앞으로 돌진했을 때, 나머지 병사들은 요압의 명령에 따라 퇴각했던 것이다.

결국 우리아는 홀로 남아 적에게 죽고 말았다. 다윗의 계략으로 우리아의 아내 밧세바는 과부가 되었고, 밧세바가 우리아의 장례를 마치자 다윗은 그녀를 왕궁으로 불러들여 아내로 삼았다.

다윗은 예루살렘 사람들이 자신의 악행을 모를 것으로 생각했지만, 그것은 오산이었다. 이스라엘 사람들은 다른 이의 아내가 탐이 난 왕이 남편을 죽게 하고 과부가 된 여인과 결혼했다는 사실을 알게 되었다. 물론 다윗은 여전히 왕이었고, 그에게는 아무 잘못이 없다고 생각하는 이들도 있었다. 그렇지 않은 사람들은 자신들의 속내를 털어놓았다가 투옥되어 처형당할까 봐 두려워했다.

나단의 책망과 다윗의 회개

나단이 다윗에게 이르되 당신이 그 사람이라 이스라엘의 하나님 여호와께서 이와 같이 이르시기를 내가 너를 이스라엘 왕으로 기름 붓기 위하여 너를 사울의 손에서 구원하고 네 주인의 집을 네게 주고 네 주인의 아내들을 네 품에 두고 이스라엘과 유다 족속을 네게 맡겼느니라 만일 그것이 부족하였을 것 같으면 내가 네게 이것 저것을 더 주었으리라 그러한데 어찌하여 네가 여호와의 말씀을 업신여기고 나 보기에 악을 행하였느냐 네가 칼로 헷 사람 우리아를 치되 암몬 자손의 칼로 죽이고 그의 아내를 빼앗아 네 아내로 삼았도다 이제 네가 나를 업신여기고 헷 사람 우리아의 아내를 빼앗아 네 아내로 삼았은즉 칼이 네 집에서 영원토록 떠나지 아니하리라 하셨고 여호와께서 또 이와 같이 이르시기를 보라 내가 너와 네 집에 재앙을 일으키고 내가 네 눈앞에서 네 아내를 빼앗아 네 이웃들에게 주리니 그 사람들이 네 아내들과 더불어 백주에 동침하리라 너는 은밀히 행하였으나 나는 온 이스라엘 앞에서 백주에 이 일을 행하리라 하셨나이다 하니

–사무엘하 12장 7~12절

이스라엘 백성들은 다윗이 일부러 우리아를 죽게 하여 과부가 된 밧세바와 결혼했다는 사실을 알았다. 하지만 모두 꿀 먹은 벙어리처럼 아무도 그 사실을 말하지 못하고 있었다. 그때 하나님께서 다윗에게 선지자 나단을 보내셨다. 다윗을 만난 나단은 이렇게 말했다.

"옛날에 두 사람이 있었습니다. 한 사람은 많은 양과 소를 가진 부자였고, 또 한 사람은 양 한 마리만을 가지고 자식처럼 애지중지하며 키우는 가난한 사람이었습니다. 그러던 어느 날 부잣집에서 손님이 왔습니

다. 그런데 부자는 가난한 사람이 키우는 한 마리의 양이 탐나서 그 양을 빼앗아갔습니다."

나단의 이야기를 들은 다윗은 크게 분노했다. 그는 나단에게 이제까지 들었던 이야기 중에서 가장 비열한 범죄라고 말하며, 엄중한 처벌을 내리겠노라고 약속했다. 또 양을 빼앗긴 가난한 사람에게는 네 배로 갚아 주어야 하며, 죄를 저지른 부자는 당장 처형시키겠다고 했다.

그러자 나단이 일어나서 다윗에게 말했다.

다윗 앞에 선 나단 선지자_이스라엘의 누구도 다윗의 죄악을 지적하지 못하자 하나님의 명령으로 나단 선지자가 나서는 장면이다. **외젠 시베르트의 작품.**

다윗을 책망하는 나단 선지자_나단 선지자는 비유를 통해 다윗을 책망하고, 다윗과 밧세바의 죄악을 꾸짖는 장면이 담긴 부조 작품이다.

"왕이시여, 그 사람은 바로 당신입니다. 하나님께서 왕에게 좋은 것을 모두 주셨는데 왕께서는 우리아를 죽이고, 그의 아내 밧세바를 취하셨습니다. 당신의 죄로 인하여 하나님은 당신과 당신 가족에게 큰 슬픔을 줄 것입니다. 당신과 밧세바의 자식은 일찍 죽을 것이고, 다른 자식들 간에는 칼부림이 끊이지 않을 것입니다."

다윗은 회한과 공포에 휩싸였다. 얼마 후 그의 막내아들이 병에 걸렸다. 그것은 나단의 예언 중 일부였다. 다윗은 머리에 재를 뿌리고 가능한 한 모든 방법으로 하나님 앞에 자신을 낮추었다. 그는 일곱 날, 일곱 밤을 먹지도 마시지도 않으며 기도했다.

"하나님, 죄를 용서해 주시고, 내 안의 영을 새롭게 하옵소서."

그러나 아이는 시름시름 앓다가 여덟 째 날이 되자 죽었다. 나단의 예언이 현실로 나타난 것이다.

하나님께 회개하는 다윗_나단 선지자의 책망으로 자신의 죄악을 깨달은 다윗이 하나님께 죄를 고백하며 회개하는 장면이다. **피터 드 그레버의 작품.**

그때부터 다윗은 자신을 자기 아이를 죽인 살해범으로 여겼다. 다윗은 하나님께 진심으로 자신의 죄악들을 고백했다. 그는 자신이 지은 죄가 우리아는 물론 하나님께도 범죄라는 사실을 깊이 자각하고 고백하며 회개했다. 다윗이 보여준 진실한 회개는 하나님을 감동시켰다. 하나님께서는 다윗의 회개를 받으시며 용서하시고, 이번 일로 다윗을 죽이지 않을 것을 말씀하셨다.

그 후 다윗과 밧세바는 또다시 아들을 낳았다. 그 아이의 이름은 솔로몬이었다. 다윗은 기뻐하며 솔로몬을 자신의 후계자로 삼겠다고 밧세바에게 약속하였다.

암논을 죽인 압살롬

그가 그에게 대답하되 아니라 내 오라버니여 나를 욕되게 하지 말라 이런 일은 이스라엘에서 마땅히 행하지 못할 것이니 이 어리석은 일을 행하지 말라 내가 이 수치를 지니고 어디로 가겠느냐 너도 이스라엘에서 어리석은 자 중의 하나가 되리라 이제 청하건대 왕께 말하라 그가 나를 네게 주기를 거절하지 아니하시리라 하되
-사무엘하 13장 12~13절

다윗에게는 밧세바에게서 태어난 솔로몬 말고도, 다른 여인으로부터 낳은 자식들이 여러 명 있었다. 그런데 다윗이 솔로몬을 후계자로 삼겠다고 하자, 다윗의 또 다른 아들인 압살롬과 아도니아는 매우 불만이 많았다. 압살롬의 위로는 두 명의 형제가 있었는데, 한 명은 다윗이 헤브론에 있던 시절 아히노암에게서 낳은 장남 암논이었고, 둘째는 아비가일의 소생인 길르압이었다. 하지만 길르압은 어릴 적에 죽었기에 압살롬의 왕위 계승 서열은 암논 다음이 되었다.

또한, 압살롬에게는 아직 결혼하지 않은 다말이라는 여동생이 있었다. 다말은 매우 아름다웠는데, 다윗의 배다른 아들인 암논이 그녀에게 연정을 품고 있었다. 암논이 다말과의 이루어질 수 없는 관계를 안타까워하며 애를 태우자 그의 사정을 알게 된 요나답이 암논을 도왔다.

암논은 요나답의 계략으로 자리에 눕고 말았다. 다윗이 그를 걱정하자 암논은 아버지 다윗에게 꾀병을 부려 다말이 직접 만들어 준 음식을 먹으면 나을 것이라고 말했다. 이에 다윗은 다말에게 음식을 만들어 암논에게 병문안을 하라고 하였다. 이렇게 다말을 자신의 침실에 끌어들이는 데 성공한 암논은 자신을 위해 직접 만든 음식을 가지고 온 그녀를 힘으로 눌러서 겁탈하였다.

다말을 겁탈한 암논은 자신의 욕정을 채우자, 다말을 향한 연정이 식어 그녀를 쫓아냈다. 이에 수치심에 쌓인 다말은 입고 있던 채색옷을 찢고, 머리에 재를 뒤집어쓰고, 머리에 손을 얹고는 울며 집으로 돌아갔다.

암논과 다말_자신의 이복 동생인 다말을 사랑하여 음모를 꾸민 암논이 다말을 겁탈하는 장면이다. **지오반니 도메니코 세리니의 작품.**

다말을 내쫓는 암논_다말을 겁탈한 암논이 자신의 욕정을 채우자, 그녀를 책임지지 않고 내쫓는 장면이다. **플랑드르 화파의 그림.**

　여동생 다말이 암논에게 겁탈당했다는 사실을 알게 된 압살롬은 크게 분노했다. 그러나 우선 세간의 소문을 의식해 다말을 달래고는 아버지 다윗의 처분을 기다리기로 했다. 하지만 다윗은 이 사실을 알고도 그저 노여워만 했을 뿐 암논에게 어떠한 처벌도 내리지 않았다. 다윗 또한 밧세바를 겁탈하여 죄 없는 우리아를 죽음으로 내몬 적이 있었기에 암논을 징계할 도덕적인 명분이 부족했다.

하지만 압살롬은 암논을 향한 분노가 식을 줄 몰랐다. 그로부터 2년 후, 압살롬은 성대한 잔치를 열어 암논을 비롯한 다른 형제들을 초대하였다. 암논은 별다른 의심 없이 자신이 저지른 잘못도 잊은 채 압살롬의 잔치에 참석하였다. 압살롬은 이 기회를 놓치지 않고 암논을 살해하여 여동생 다말의 원수를 갚았다.

이에 놀란 다른 형제들은 모두들 도망쳤다. 이런 와중에 '압살롬이 모든 형제를 죽였다'라는 오보를 접한 다윗은 자기 옷을 찢으며 통곡했다. 한편 암논을 죽인 압살롬은 다윗을 피해 그술로 도망가 3년 동안의 도피 생활을 시작했다.

암논을 죽이는 압살롬_압살롬은 자신의 여동생을 겁탈한 이복형인 암논을 잔치를 벌여 유인 후 살해한다. 이 일로 다윗과 멀어지게 된 그는 아버지 다윗에게 반란을 준비한다. **니콜 드 시몬의 작품.**

▌예루살렘으로 돌아온 압살롬

여인이 이르되 그러면 어찌하여 왕께서 하나님의 백성에게 대하여 이같은 생각을 하셨나이까 이 말씀을 하심으로 왕께서 죄 있는 사람 같이 되심은 그 내쫓긴 자를 왕께서 집으로 돌아오게 하지 아니하심이니이다 우리는 필경 죽으리니 땅에 쏟아진 물을 다시 담지 못함 같을 것이오나 하나님은 생명을 빼앗지 아니하시고 방책을 베푸사 내쫓긴 자가 하나님께 버린 자가 되지 아니하게 하시나이다 이제 내가 와서 내 주 왕께 이 말씀을 여쭙는 것은 백성들이 나를 두렵게 하므로 당신의 여종이 스스로 말하기를 내가 왕께 여쭈오면 혹시 종이 청하는 것을 왕께서 시행하실 것이라 왕께서 들으시고 나와 내 아들을 함께 하나님의 기업에서 끊을 자의 손으로부터 주의 종을 구원하시리라 함이니이다 당신의 여종이 또 스스로 말하기를 내 주 왕의 말씀이 나의 위로가 되기를 원한다 하였사오니 이는 내 주 왕께서 하나님의 사자 같이 선과 악을 분간하심이니이다 원하건대 왕의 하나님 여호와께서 왕과 같이 계시옵소서

−사무엘하 14장 13~17절

다윗은 왕으로서, 그의 아들이지만 살인자인 압살롬을 마땅히 처벌해야 했다. 하지만 먼저 암논이 저지른 잘못이 문제였다는 점을 인지하고 있었다. 그렇다고 형제를 죽인 압살롬을 쉽게 용서하는 것도 어려운 상황이었다. 장남인 암논은 이미 죽었고, 둘째인 길르압마저 어린 시절에 죽었기 때문에 가장 유력한 왕위 계승자는 압살롬이었다.

사실 다윗은 형을 죽인 괘씸한 압살롬이었지만 그를 그리워하고 있었다. 이런 상황을 눈치챈 요압은 드고아에서 여인 하나를 불러서 상복을

입히고 다윗에게 보내 이렇게 말하도록 시켰다.

"제게는 두 아들이 있습니다. 어느 날 둘이 서로 싸우다가 동생이 형을 죽였습니다. 그것을 알게 된 마을 사람들이 남은 아들마저 죽이려고 합니다. 이를 어찌 하올까요?"

여인의 말을 들은 다윗은 그녀의 아들을 죽이지 못하도록 하겠다는 명령을 내리겠다고 그녀에게 약조했다. 이에 여인은 다윗에게 감사를 표하면서 다시 말했다.

"왕께서는 이 종에게는 은혜를 베푸시면서, 왜 내쫓긴 아들에게는 은혜를 베풀지 않으시는지요?"

그제야 다윗은 이 여인이 요압이 보낸 사람이라는 걸 눈치챘다. 그는 여인을 돌려보낸 다음 요압에게 압살롬을 예루살렘으로 데려오라고 명했다. 이로서 압살롬은 3년 동안의 타향 생활을 마치고 예루살렘으로 돌아왔다. 그러나 2년이 지나도록 압살롬은 다윗의 얼굴조차 볼 수가 없었다.

압살롬을 완전히 용서할 생각이 없었던 다윗은, 자신 앞에는 얼씬도 못 하게 한 것이다. 왕족이자 왕가의 사람이 왕궁 출입을 못 한다는 것은 사회적으로 매장당하는 것과 다름이 없었다. 죄를 물어 사로잡아 끌고 오거나 처형하는 등의 형태로 본국에 돌아온 것은 아니지만, 아버지 앞에 나서지 못하는 죄인으로서의 위치에 놓인 압살롬에게 다윗의 처사는 가혹한 처벌이었다.

요압의 묘책으로 다윗을 만난 드고아 여인(339쪽 그림)_'드고아'에 살고 있는 여인의 판화 작품이다. '드고아'는 아모스 선지자의 고향으로도 잘 알려져 있다. 그녀는 '슬기로운 여인'이라고 기록되어 있는데, 그것은 '지혜가 있다'는 뜻이다. 그녀는 요압이 생각해 낸 묘책을 실천하기 위해 다윗을 만나 출중한 연기력을 발휘하여 다윗의 심정을 움직여 압살롬을 예루살렘으로 돌아오게 한다.

예루살렘으로 돌아오는 압살롬_압살롬은 암논을 살해한 죄로 그술로 도망쳤지만, 3년 후 요압의 도움
으로 예루살렘에 돌아오게 된다. 하지만 그는 한동안 다윗을 만나지 못했다.

그러나 다윗의 입장에서는 자신의 잘못을 사죄한다거나 뉘우치는 기
색을 보이지 않고, 다시 이전 지위로 돌아오고자 하는 압살롬에게 주는
하나의 경고일 수 있었다. 압살롬은 자신을 복귀할 수 있게 도와준 요압
에게 몇 번이나 전갈을 넣어보았으나, 그 역시 다윗과 마찬가지로 압살
롬을 거들떠보지 않았다. 이에 화가 난 압살롬은 요압의 밭에 불을 질러
버렸다.

요압은 자신의 밭이 불타자 압살롬 앞에 나타나 말했다.

"왕자님은 어찌하여 제 밭에 불을 질렀습니까?"

그러자 압살롬이 대답했다.

"이것 보시오. 나는 이미 장군에게 사람을 보내어 좀 와 달라고 간청을 하였소. 장군을 부왕께 보내어 나를 왜 그술에서 돌아오게 하였는지 여쭈어보고 싶었소. 여기에서 이렇게 살 바에야 차라리 그곳에 그대로 있는 것이 더 좋을 것 같았소. 이제 나는 아버지의 얼굴을 뵙고 싶소. 나에게 아직도 무슨 죄가 남아 있다면, 차라리 죽여 달라고 하더라고 말씀을 올려 주시오."

요압이 다윗에게 나아가서 이 일을 상세히 아뢰니, 다윗이 압살롬을 불렀다. 압살롬이 다윗에게 나아가 얼굴이 땅에 닿도록 절을 하자 다윗이 압살롬에게 입을 맞추었다.

다윗과 압살롬_다윗은 아들 압살롬을 용서하고 그를 받아들였지만, 압살롬은 아버지 다윗에게 반란을 일으킨다. **피터르 라스트만의 작품.**

압살롬의 반란

다윗이 예루살렘에 함께 있는 그의 모든 신하들에게 이르되 일어나 도망하자 그렇지 아니하면 우리 중 한 사람도 압살롬에게서 피하지 못하리라 빨리 가자 두렵건대 그가 우리를 급히 따라와 우리를 해하고, 칼날로 성읍을 칠까 하노라
-사무엘하 15장 14절

다윗과 화해를 한 압살롬은 자기가 탈 수레와 말 여러 필을 마련하고, 호위병도 쉰 명이나 거느리게 되었다. 무엇보다도 압살롬은 예루살렘 사람들에게 인정받기 위해 노력했다. 그는 긴 금발을 목에까지 늘인 잘생긴 젊은이였다. 군중들이 모이는 곳이면 어디에나 모습을 드러냈고, 부자들에게 고통받는 가난한 사람들을 옹호하는 것을 좋아했다.

압살롬은 아침마다 일찍 일어나서 성문으로 들어오는 길가에 서 있곤 하였다. 그러다가 소송할 일이 있어서 판결을 받으려고 다윗을 찾아오는 사람이 있으면, 압살롬은 그를 불러서 어느 성읍에서 왔느냐고 묻곤 하였다. 그 사람이 자기의 소속 지파를 밝히면, 압살롬은 그에게 다음과 같이 말했다.

"듣고 보니 그대의 말이 다 옳고 정당하오. 하지만 그 사정을 대신 말

병거를 모는 압살롬(343쪽 그림)_다윗과 화해를 한 압살롬은 자신의 호위병을 거느리며 점점 더 야심을 키워나간다.

해 줄 사람이 왕에게는 없소."

압살롬은 늘 이런 식으로 사람들에게 말하곤 하였다. 더욱이 압살롬은 이런 말도 하였다.

"누가 나를 이 나라의 재판관으로 세워 주기만 하면, 누구든지 소송 문제가 있을 때 나를 찾아와서 판결을 받을 수가 있을 것이고, 나는 그에게 공정한 판결을 내려 줄 것이오."

또 압살롬은 누가 가까이 와서 엎드려 절을 하려고 하면 손을 내밀어 그를 일으켜 세운 후, 그의 뺨에 입을 맞추곤 하였다. 그렇게 하여 압살

성문 앞의 압살롬_다윗은 무려 19명의 아들을 두었는데, 그들 사이에 권력 다툼이 심했다. 다윗의 셋째 아들인 압살롬은 다윗이 후계자로 밧세바가 낳은 막내인 솔로몬을 정하자 이스라엘 백성들을 자신의 편으로 끌어들여 반란을 도모한다.

압살롬과 그의 지지자들_ 압살롬은 헤브론 지역으로 가서 아버지 다윗에게 반역을 일으켰다. 이 사건은 다윗에게 인생의 무상함을 안겨준 동시에 그의 몰락을 가져왔다.

롬은 4년 동안이나 다윗에게 판결을 받으려고 오는 모든 이스라엘 백성들의 마음을 사로잡았다. 그는 자신의 지지자가 충분하다고 여기고는 다윗에게 하나님께 제사를 지낸다는 명분으로 예루살렘을 떠나 헤브론으로 향했다. 사실 압살롬은 아버지에 대한 반란을 벌일 계획이었다.

　이때 압살롬은 2백 명의 사람들과 함께 헤브론으로 갔다. 그들은 손님으로 초청받은 것일 뿐이며, 압살롬의 음모를 전혀 알지 못한 채로 그저 따라가기만 한 사람들이다. 압살롬은 사람을 보내어 다윗의 참모였던 길로 사람 아히도벨을 그의 성읍인 길로에서 올라오라고 초청하였다.

다윗 왕에게 돌을 던지는 시므이_다윗이 아들 압살롬의 반란을 피해서 예루살렘을 떠날 때, 바후림에서 압살롬을 지지하는 시므이라는 사람이 다윗에게 돌을 던지며 온갖 욕을 하는 장면이다. **제임스 티소의 작품.**

아히도벨은 길로에서 정규적인 제사 일을 맡아 보고 있었다. 이렇게 반란 세력이 점점 커지자 압살롬을 따르는 백성도 점점 더 많아졌다.

한편 다윗은 전령을 통해 압살롬의 반역 소식을 듣게 되었다. 이에 다윗은 심한 충격을 받았다. 그는 자식 중에서도 압살롬을 가장 사랑했기 때문에 그의 반란에 몹시 혼란스러웠다. 게다가 자신의 피와 살이나 진배없는 아들과 전쟁을 해야 한다는 사실을 참을 수가 없었다.

결국 다윗은 예루살렘으로 들이닥칠 압살롬과의 전쟁을 피하고자 예루살렘의 왕궁을 비우기로 했다. 그는 왕궁을 지킬 후궁 열 명만 남겨놓고, 예루살렘을 떠나 마하나임으로 향했다.

압살롬의 죽음

압살롬이 살았을 때에 자기를 위하여 한 비석을 마련하여 세웠으니 이는 그가 자기 이름을 전할 아들이 내게 없다고 말하였음이더라 그러므로 자기 이름을 기념하여 그 비석에 이름을 붙였으며 그 비석이 왕의 골짜기에 있고 이제까지 그것을 압살롬의 기념비라 일컫더라

―사무엘하 18장 18절

예루살렘에 무혈입성(無血入城)한 압살롬은 스스로 자신을 '이스라엘의 왕'이라고 선언했다. 그리고 다음에 할 일을 아히도벨에게 물었다. 아히도벨은 지략이 넘치고 치밀한 사람이었다. 그는 압살롬에게 두 가지 후속 조치를 조언하였다.

첫째, 다윗이 왕궁에 남겨놓은 후궁들을 압살롬 곁에 두어서 다윗의 권위를 무너뜨린다.

둘째, 지금 바로 다윗을 추격하여 그를 죽여서 후환을 없애버린다.

만약 압살롬이 아히도벨의 조언을 따랐다면 다윗은 살아있지 못하였을 것이다. 하지만 압살롬은 아히도벨의 조언과는 반대로 행동했다. 압살롬은 다윗의 후궁들을 대낮에 백성들이 보는 앞에서 겁탈하는 등의 만행을 저질렀다. 게다가 아히도벨의 조언을 무시하고 후새의 말을 따랐다. 후새는 압살롬에게 "지금 다윗을 추격하면 백성들이 동요할 수 있으니 서두르지 말고 훗날을 도모하자"고 말했다.

결국 압살롬은 다윗을 없앨 수 있는 유일한 기회를 날려버린 것이다. 이에 다윗을 너무도 잘 아는 아히도벨은 앞으로의 시간은 다윗의 편으로, 압살롬은 오래가지 못하고, 다윗이 다시 돌아오게 되면 자기는 살아남지 못한다는 것을 미리 예측했다. 결국 그는 고향에 내려가 자살하고 말았다.

이윽고 압살롬이 이끄는 반란군은 에브라임 수풀에서 다윗의 군대와 전투를 벌이게 되었다. 압살롬이 상대하는 다윗군은 이스라엘 최고의 명장 요압과 오랜 세월 동안 다윗과 함께 산전수전을 다 겪은 역전의 용사들이었다. 게다가 에브라임의 수풀은 사실상 늪지대였다. 아무리 압살롬이 확실한 수적 우위를 점하고 있다고 해도 전쟁 경험이 압도적으로 높은 다윗의 정예병들을 상대한다는 것은, 그야말로 달걀로 바위치기와 같았다.

아히도벨_원래 매우 유능한 다윗의 모사였으나, 다윗을 배반하고 압살롬의 반란에 가담하였다. 그는 압살롬이 자신의 조언을 무시하자 다윗이 이길 것을 미리 알고, 자기 고향으로 가서 자살했다. 반면 후세는 다윗이 예루살렘에 남아서 압살롬의 작전을 방해하도록 심어둔 일종의 이중 첩자였다. 그는 압살롬을 설득하여 다윗의 추격을 주저하는 오판을 저지르게 한다.

상수리나무에 매달린 압살롬_압살롬은 나귀를 타고 도망치다가 그의 긴 머리카락이 상수리나무에 걸렸고, 나귀가 달아나자 압살롬은 공중에 매달려 꼼짝할 수 없게 된다. **제임스 티소의 작품.**

　결과는 참담할 정도로 압살롬 반란군의 완패였다. 무려 2만 명이 도륙을 당했고, 늪지에서 죽은 자가 칼에 맞은 자보다 더 많았다. 이를 지켜보던 압살롬은 혼비백산이 된 채 나귀를 타고 도주하기 시작했다. 우습게도 그가 자랑하던 긴 머리카락이 상수리나무의 가지에 걸리는 바람에 나귀는 그대로 빠져나가 버리고, 압살롬은 나무에 대롱대롱 매달려 버렸다. 그때 이 광경을 목격한 다윗의 군사 한 명이 요압에게 보고하였다.

한편 다윗은 자신에게 반기를 든 압살롬이 자기가 아끼는 후궁까지 건드렸지만, 혈육의 정에 그를 죽이지 말도록 부하들에게 신신당부했다. 하지만 반란군의 주동자를 살려두면 분명 후환이 있을 거라 판단한 요압은 이를 보고한 병사를 문책했다.

"그를 죽였다면 큰 상을 받았을 텐데 왜 안 죽였느냐?"

요압은 곧 손에 단창 셋을 쥐고 가서 상수리나무에 매달려 있는 압살롬의 심장을 찌른 후 부하 열 명과 함께 압살롬을 에워싸서 죽였다. 그리고 수풀 가운데 큰 구멍을 판 다음 압살롬의 시체를 던지고, 그 위에다 돌무더기를 쌓았다. 이를 본 반란군은 기세가 꺾여 도주하고 말았다.

압살롬의 죽음_상수리나무에 머리카락이 걸려 꼼짝할 수 없는 암살롬을 요압이 창으로 찔러 죽이는 장면이 담긴 목판화 작품이다. 아버지 다윗에게 반란을 일으킨 압살롬의 반란은 이렇게 끝나고 만다.

압살롬을 애도하는 다윗

왕의 마음이 심히 아파 문 위층으로 올라가서 우니라 그가 올라갈 때에 말하기를
내 아들 압살롬아 내 아들 내 아들 압살롬아 차라리 내가 너를 대신하여 죽었더면
압살롬 내 아들아 내 아들아 하였더라

−사무엘하 18장 33절

압살롬의 반란을 진압한 요압은 이 사실을 다윗 왕에게 빨리 전하려고
이방족인 에티오피아 전령을 보냈다. 이때 사독의 아들 아히마하스가 자
신이 승전의 기쁨을 다윗 왕에게 알리겠다고 말했다. 그러나 요압은 압
살롬이 죽었으니 기쁜 소식이 아니라고 말했다.

"오늘은 아무리 좋은 소식이라도 네가 전하여서는 안 된다. 다른 날에
이 소식을 전하여도 된다. 하지만 오늘은 날이 아니다. 오늘은 왕의 아
들이 죽은 날이다."

그러나 요압의 말에도 아히마하스는 자기 뜻을 굽히지 않았고, 요압
에게 무슨 일이 일어나도 좋으니 자신이 전령의 뒤를 따라가게 해 달라
고 다시 요청하였다. 이에 요압은 그의 뜻을 꺾을 수 없다고 판단하고는
허락하였다. 그렇게 해서 아히마하스는 지름길로 달려가 전령을 앞질러
다윗에게로 갔다.

한편 다윗은 파수꾼으로부터 한 사람의 전령이 달려오고 있다는 말을
듣고는 기쁜 소식이라 추측했고, 곧이어 뒤에 또 다른 전령이 달려온다

는 말에 그도 기쁜 소식을 전할 것으로 생각했다.

왕궁에 도착한 아히마하스는 다윗 앞에서 승리의 소식을 전하였다. 이에 다윗은 압살롬의 소식을 물었다. 아히마하스는 요압이 자신을 보낼 때 큰 소란이 일어나는 것은 보았지만, 무슨 일이 있었는지는 모른다고 대답하고는 다윗 앞에서 물러났다.

그 뒤 에티오피아의 전령이 다윗에게 달려와 승전보를 전했다. 다윗은 그가 압살롬의 상황을 알 거라 판단했는지, 그에게 압살롬이 무사한가를 물어보았다.

다윗의 물음에 에티오피아 전령은 엎드려 절하며 말했다.

"높으신 다윗 왕의 원수들을 비롯하여 왕께 반역한 자들이 모조리 그 젊은이와 같이 되기를 바랍니다."

다윗 왕은 사랑하는 아들 압살롬이 죽었다는 사실을 그때야 알게 되었다. 다윗은 가슴이 찢어질 것 같았다. 그는 자기가 저질렀던 범죄와 선지자 나단의 저주를 기억했다. 물론 다윗은 반란을 진압하여 왕좌를 지킬수 있었다. 반역에 가담한 사람들은 서둘러 화해하려 했지만, 불쌍한 압살롬은 살아날 수 없었다.

다윗은 왕궁의 이곳저곳을 돌아다니며 울부짖었다. 이후로 불행은 계속되었다. 다윗은 점점 약해졌고, 살날이 얼마 남지 않을 정도가 되었다. 다윗이 군대를 지휘할 수도 없는 상황에서 블레셋이 또다시 이스라엘을 공격해 왔다.

다윗의 슬픔(353쪽 그림)_압살롬의 죽음을 슬퍼하는 다윗이 '통곡의 벽'에 매달려 통곡하는 장면이 담긴 동판화 작품이다. **귀스타브 도레의 작품.**

다윗은 자신과 밧세바와 사이에서 태어난 아들 솔로몬을 자신의 뒤를 이어 이스라엘의 왕으로 추대했다. 이에 솔로몬이 자신보다 훨씬 더 지혜롭다는 것을 알고 있던 아도니야는 동생 솔로몬에게 항복했고, 용서를 받았다.

그러나 다윗은 이런 모든 일에 관심을 두지 않았다. 다만 왕궁의 한 모퉁이에 앉아 자신에게 대항했다가 살해당한 압살롬을 기리는 말만 중얼거렸다. 다윗은 죽고 나서야 모든 고통을 끝낼 수 있었으며, 하나님의 명령을 어긴 이후로 누릴 수 없었던 평화를 비로소 되찾게 되었다.

압살롬 기념비_예루살렘 북쪽 기드론 골짜기에 위치한 압살롬의 기념비이다. 전체 높이는 18.5m로, 제1 신전과 제2 신전 시대의 무덤들 가운데 성 밖 남동쪽에 있다. 계단을 포함한 모든 것이 바위를 조각하여 만든 것으로, 그 예술성을 높게 평가받고 있다.

제7장

열왕기 상하

〈열왕기〉는 다윗의 죽음에서 시작하여 솔로몬의 왕위 계승과 왕국의 분열을 거쳐 바벨론에 의한 예루살렘 함락으로 이어지는, 약 4세기에 걸친 이스라엘의 역사이다. 〈열왕기〉에 나오는 왕들은 하나님에 대한 충성도에 따라 각기 평가된다. 국가의 흥망은 우상 숭배와 불순종에 달려있다. 〈열왕기상〉은 〈사무엘 상하〉에서 시작된 이스라엘 왕정사의 이야기를, 다음 편인 〈열왕기하〉는 두 개의 이스라엘 왕국의 역사를 다루고 있다.

솔로몬이 왕이 되다

왕이 이르되 내 생명을 모든 환난에서 구하신 여호와께서 살아 계심을 두고 맹세
하노라 내가 이전에 이스라엘의 하나님 여호와를 가리켜 네게 맹세하여 이르기를
네 아들 솔로몬이 반드시 나를 이어 왕이 되고 나를 대신하여 내 왕위에 앉으리라
하였으니 내가 오늘 그대로 행하리라
-열왕기상 1장 29~30절

솔로몬은 다윗의 후계자가 되어 왕의 자리를 이을 가능성이 희박했다.
그가 비록 다윗의 총애를 받는 밧세바의 소생이었지만, 왕위 계승 서열
이 낮았기 때문이었다. 당시 다윗의 아들 중에서 계승 서열이 가장 높았
던 이는 넷째인 아도니야였다. 다윗의 아들 중에서 장남인 암논은 압살
롬에게 살해당했고, 둘째인 길르앗은 요절했으며, 압살롬은 아버지 다윗
에게 반란을 시도했다가 실패한 후 죽임을 당했다.

게다가 아도니야의 뒤에는 이스라엘의 군대 사령관 요압과 대제사장
아비아달이 지원하고 있었다. 특히 요압은 다윗의 전성기를 이끈 불세출
의 명장으로, 부왕의 정치기반이라 할 수 있는 유다 지파 세력의 지지를
받고 있었다. 다윗조차도 요압을 제거하려다가 실패한 전적이 있었다.

물론 솔로몬에게도 그를 지지하는 제사장 사독과 근위대장 브나야가
있었지만, 아도니야의 대제사장 아비아달이 엘리 계열의 지체 높은 명문
제사장 가문이었던 것에 비하면, 솔로몬의 제사장 사독은 아비아달만큼

다윗과 선지자 나단_다윗이 아들 중 서열이 가장 높은 아도니야의 그릇된 행동에도 훈계하지 않자, 선지자 나단이 다윗에게 직언하는 장면이다. **마티아스 샤이츠의 작품.**

가문의 입지가 높지 못했다. 또한, 브나야 역시 군부의 수장인 요압과 정면으로 대치하기에는 역부족이었다.

아도니야는 자신의 막강한 배경을 기반으로 자기가 곧 다윗의 뒤를 이어 다음 왕이 될 것이라고 여기며 후계자 행세를 하고 다녔다. 그러나 다윗은 아도니야를 꾸짖지 않았다. 그러자 아도니야는 더욱 기고만장하여 엔 로겔 가까이에 있는 소헬렛 바위 옆에서 양과 소와 살진 송아지를 잡아서 잔치를 베풀고, 자기의 형제인 왕자들과 유다 사람인 왕의 모든 신하를 초청하였다.

그러나 선지자 나단과 브나야와 왕의 경호병들, 그리고 동생 솔로몬은 초청하지 않았다. 이에 선지자 나단이 솔로몬의 어머니 밧세바에게 다윗 왕을 찾아가 왕이 전에 약속하였던 후계자 자리를 솔로몬에게 물려주는 것을 확인하라고 조언했다.

곧 밧세바는 선지자 나단의 조언을 듣고 다윗의 침실로 갔다. 그때 다윗은 수넴 여자 아비삭의 수종을 받고 있었다. 다윗이 늙어서 옷을 많이 입어도 몸이 따뜻하지 않으므로 왕궁의 의사가 처방하기를, 젊은 처녀를 안고 몸을 따뜻하게 하는 것을 권하였다. 이렇게 하여 미인이 많다는 수넴에서 다윗의 시중을 들 젊은 여자를 선발하였는데, 그녀가 바로 아비삭이었다.

아비삭은 다윗의 마음에 들어 왕궁과 왕실에서 반드시 지켜야할 법도와 교양에 대한 교육을 받은 후에 다윗의 시녀가 되었다. 그녀는 낮이면 다윗의 곁에서 시중을 들고, 밤이면 침실에서 보드랍고 뜨거운 알몸으로 쇠약한 다윗의 품에 안겨 체온을 데워주며 밤을 보냈다. 다윗은 너무 늙어서 아름답고 어린 처녀를 품에 안고도 성관계는 갖지 않고 잠만 잤다.

다윗과 아비삭_다윗의 침실에서 아비삭이 늙은 다윗을 안는 장면이다. 그들은 성관계를 갖지 않고 밤을 보냈다. **페드로 아메리코의 작품.**

솔로몬에게 왕위를 물려주는 다윗_다윗이 자기 뒤를 이어 솔로몬이 이스라엘의 새로운 왕이 되는 기름 붓는 의식을 치르는 장면이다. **루벤스의 작품.**

밧세바는 다윗에게 다가가 지난날 다윗이 자기 아들 솔로몬을 왕으로 점지했는데, 아도니아가 스스로 왕이라고 칭하는 역모를 고하였다. 이에 다윗은 분노하여 정식으로 솔로몬에게 왕위를 물려줄 것을 선언하였다.

"내 목숨을 모든 환난에서 구원하신 살아계신 하나님을 가리켜 맹세한다. 내가 하나님 앞에서 네가 낳은 솔로몬에게 왕위를 물려주겠다고 하고는 잠시 잊었지만, 오늘 내가 하나님께 맹세한 대로 솔로몬에게 왕위를 물려 주겠다."

다윗은 사독과 브나야를 불러들인 뒤 아도니야 일파가 손을 쓸 틈도 주지 않고 직접 왕위를 솔로몬에게 넘겨줬다. 이로 인해 아도니야 일파는 순식간에 역적으로 몰려서 숙청되었다.

다윗이 죽다

다윗이 그의 조상들과 함께 누워 다윗 성에 장사되니 다윗이 이스라엘 왕이 된 지 사십 년이라 헤브론에서 칠 년 동안 다스렸고 예루살렘에서 삼십삼 년 동안 다스렸더라 솔로몬이 그의 아버지 다윗의 왕위에 앉으니 그의 나라가 심히 견고하니라
-열왕기상 2장 10~12절

솔로몬이 이스라엘의 새로운 왕이 되었다. 그리고 죽음이 임박한 다윗은 왕이 된 아들 솔로몬을 불러 유언을 하였다.

"나는 이제 세상 모든 사람이 가는 길로 간다. 너는 굳세고 장부다워야 한다. 그리고 너는 주 너의 하나님의 명령을 지키고, 모세의 율법에 기록된 대로 주님께서 지시하시는 길을 걷고, 주님의 법률과 계명, 주님의 율례와 증거의 말씀을 지켜라. 그리하면 네가 무엇을 하든지, 어디를 가든지, 모든 일이 형통할 것이다. 또한, 주님께서 전에 나에게 '네 자손이 내 앞에서 마음과 정성을 다 기울여서 제 길을 성실하게 걸으면, 이스라엘의 왕의 자리에 오를 사람이 너에게서 끊어지지 않을 것이다'라고 약속하신 말씀을 이루실 것이다.

더욱이 너는 스루야의 아들 요압이 나에게 한 것, 곧 그가 이스라엘 군대의 두 사령관인 넬의 아들 아브넬과 예델의 아들 아마사에게 한 일을 알고 있을 것이다. 요압이 그들을 살해함으로써 평화로울 때나, 전쟁을

다윗과 솔로몬_ 솔로몬은 다윗의 19명의 아들 중 가장 나이가 어린 막내로 태어났지만, 이복형제들을 물리치고는 이스라엘의 새로운 왕이 되었다. 다윗과 솔로몬의 모습이 담긴 스테인드글라스 작품이다.

할 때나 피를 흘려서 내 허리띠와 신에 전쟁의 피를 묻히고 말았다. 그러
므로 너는 지혜롭게 행동을 하여, 요압이 백발이 성성하게 살다가 평안
히 스올에 내려가도록 내버려 두지 마라.

그러나 길르앗 사람인 바르실래의 아들들에게는 자비를 베풀어서, 네
상에서 함께 먹는 식구가 되게 하여라. 그들은 내가 네 형 압살롬을 피하
여 도망할 때에 나를 영접해 주었다. 또 바후림 출신으로 베냐민 사람인
게라의 아들 시므이가 너와 같이 있다. 그는 내가 하나님으로 가던 날에
나를 심하게 저주하였지만, 그가 요단강으로 나를 맞으려고 내려왔을 때
내가 주님을 가리켜 맹세하기를, '너를 칼로 죽이지 않겠다'라고 말한 적
이 있다. 그러나 너는 그에게 죄가 없다고 여기지 말아라. 너는 지혜로운

잠든 다윗의 목조상_이스라엘의 전성기를 열었으며, 40년간 이스라엘을 통치한 다윗은 솔로몬에게 왕위를 물려주고 기원전 961년에 눈을 감았다.

사람이니, 그를 어떻게 처리해야 하는지 잘 알 것이다. 너는 그의 백발에 피를 묻혀 스올로 내려가게 해야 한다."

솔로몬에게 유언을 마친 다윗은 눈을 감았고, 그의 조상과 함께 '다윗성'에 안장되었다. 그가 이스라엘 왕이 된 지 40년 만이었다. 다윗이 죽자 아도니야가 솔로몬의 어머니 밧세바를 찾아와 자신을 위해 아비삭을 달라고 간청했다. 그런데 아도니야가 다윗의 첩인 아비삭과 결혼하고자 한 이유는 아도니야가 그녀를 통해서 다시 왕권 주장을 하기 위해서였다. 하지만 솔로몬은 아도니야의 계략을 간파하고는 그를 죽여버렸다. 그리고 아비삭 역시 왕권 다툼의 희생양이 되고 말았다.

반역자 요압의 죽음

왕이 이르되 그의 말과 같이 하여 그를 죽여 묻으라 요압이 까닭 없이 흘린 피를 나와 내 아버지의 집에서 네가 제하리라 여호와께서 요압의 피를 그의 머리로 돌려보내실 것은 그가 자기보다 의롭고 선한 두 사람을 쳤음이니 곧 이스라엘 군사령관 넬의 아들 아브넬과 유다 군사령관 예델의 아들 아마사를 칼로 죽였음이라 이 일을 내 아버지 다윗은 알지 못하셨나니 그들의 피는 영영히 요압의 머리와 그의 자손의 머리로 돌아갈지라도 다윗과 그의 자손과 그의 집과 그의 왕위에는 여호와께로 말미암는 평강이 영원히 있으리라

–열왕기상 2장 31~33절

솔로몬이 이스라엘의 새로운 왕이 되자 아도니야를 도운 요압은 몸을 피해 집으로 도망쳤다. 그러나 다윗은 자신이 죽을 때 솔로몬에게 남긴 유언에서 요압을 용서하지 말라고 하였다. 아도니야가 처형되고 아비나달이 낙향했다는 소식을 들은 요압은 이제 자신이 죽을 차례임을 직감하고 장막 안의 제단 뿔을 잡고 버텨보았지만, 반역의 처단 명분으로도, 또 종교적인 이유로도 고의적인 모살(謀殺, 계획적으로 다른 사람을 살해하는 일)을 반복한 탓에 제단 뿔을 잡는 수단은 효력이 없었다.

한편 솔로몬은 다윗의 유지(遺志)도 있었지만, 오랫동안 이스라엘의 군부를 장악하면서 사사건건 왕명에 항거하던 요압의 존재는 왕권 강화를 노리던 솔로몬의 입장에서도 굉장한 걸림돌이었다. 그래서 솔로몬은 브

요압을 살해하는 브나야_브나야는 이스라엘 왕국의 군대 장관으로, 솔로몬 왕 시기에 활동했다. 솔로몬의 명령에 따라 많은 정적을 숙청했다. 다윗 왕 말기에 아도니야가 왕의 행세를 하며 주변 인물들을 끌어들일 때 오히려 사독, 나단, 시므이, 레위와 함께 그를 반대하였다. 그리고 솔로몬이 왕위에 오르자 솔로몬의 명령으로 아도니야를 죽이고, 아도니야를 지지하던 요압도 죽인 후 그의 자리를 차지했다. **윌리엄 에티의 작품.**

나야를 보내 요압의 목을 쳐버렸다. 요압이 처단당하면서 유다 지파 세력은 권력을 상실했다. 사실상 이스라엘의 지배 세력에 가까웠던 유다 지파는 다윗 왕 때의 치세와는 달리 솔로몬 치세 내내 아무 소리도 못 내고, 다른 열 한 지파들처럼 솔로몬의 명령에 따를 수밖에 없었다.

당시 이스라엘은 왕의 완벽한 통치가 온 이스라엘 땅에 이루어지는 나라가 아니었다. 수많은 이민족을 품고 있었고, 같은 이스라엘 백성조차도 각 지파의 대립이 존재해서 조금만 틈이 있어도 붕괴될 수 있었다. 이런 상황을 요압이 군사력을 바탕으로 이들을 겨우 막고 있는 상태였다. 그런데 그 요압을 아무런 대체자 없이 무작정 숙청해버렸으니, 이스라엘 왕국의 붕괴는 결국 솔로몬이 자초한 셈이다.

솔로몬의 일천 번제

이에 하나님이 그에게 이르시되 네가 이것을 구하도다 자기를 위하여 장수하기를
구하지 아니하며 부도 구하지 아니하며 자기 원수의 생명을 멸하기도 구하지 아니
하고 오직 송사를 듣고 분별하는 지혜를 구하였으니 내가 네 말대로 하여 네게 지
혜롭고 총명한 마음을 주노니 네 앞에도 너와 같은 자가 없었거니와 네 뒤에도 너
와 같은 자가 일어남이 없으리라 내가 또 네가 구하지 아니한 부귀와 영광도 네게
주노니 네 평생에 왕들 중에 너와 같은 자가 없을 것이라 네가 만일 네 아버지 다윗
이 행함 같이 내 길로 행하며 내 법도와 명령을 지키면 내가 또 네 날을 길게 하리라
－열왕기상 3장 11~14절

솔로몬은 이집트의 파라오와 인척(姻戚) 관계를 맺고, 그의 딸을 아내로
맞았다. 그리고 자신의 궁과 하나님의 성전과 예루살렘 성벽의 건축을
끝낼 때까지 아내를 다윗 성에 있게 하였다. 그런데 하나님께 예배드릴
성전이 그때까지도 건축되지 않았고, 이스라엘 백성은 여러 곳에 있는
산당에서 제사를 지냈다. 물론 솔로몬은 하나님을 경외하였으며, 다윗의
법도를 따랐으나, 그도 여러 산당에서 하나님께 제사를 지냈다.

기브온에 제일 유명한 산당이 있었으므로, 솔로몬은 늘 그곳에 가서
제사를 지냈다. 솔로몬이 그때까지 그 제단에 바친 번제물은 1천 마리가
넘었다. 한 번은 솔로몬이 기브온의 산당으로 제사를 지내러 갔는데, 그
날 밤 하나님께서 솔로몬의 꿈에 나타나 말했다.

1천 마리의 번제를 바치는 솔로몬_솔로몬이 기브온의 산당에서 하나님께 1천 마리의 양을 번제로 바치자, 그날 밤 그의 꿈에 하나님이 나타났다.

"내가 너에게 무엇을 주기를 바라느냐? 나에게 구하여라."

이에 솔로몬이 대답하였다.

"하나님, 나의 아버지인 다윗이 진실과 공의와 정직한 마음으로 주님을 모시고 살았다고 해서 큰 은혜를 베풀어 주시고, 또 그 큰 은혜로 그를 지켜 주셔서 오늘과 같이 이렇게 그 보좌에 앉을 아들까지 주셨습니다. 그러나 주 나의 하나님께서는 제가 아직 어린 나이인데도 나의 아버지 다윗의 뒤를 이어서 주님의 종인 나를 왕이 되게 하셨습니다. 저는 아직 나가고 들어오고 하는 처신을 제대로 할 줄 모릅니다. 주님의 종은 주님께서 선택하신 백성, 곧 그 수를 셀 수도 없고 계산을 할 수도 없을 만큼 큰 백성 가운데 하나일 뿐입니다. 그러므로 주님의 종에게 '지혜로움'을 주셔서, 주님의 백성을 재판하고, 선과 악을 분별할 수 있게 해주시기를 바랍니다. 이렇게 많은 주님의 백성을 누가 재판할 수 있겠습니까?"

솔로몬의 꿈_솔로몬은 하나님께 지혜로움을 구하였고, 하나님으로부터 지혜는 물론 부와 영광도 얻을 수 있었다. **루카 지오르다노의 작품.**

　하나님은 솔로몬이 이렇게 청한 것이 마음에 들었다. 이에 하나님은 솔로몬에게 말했다.

　"너의 구하지 아니한 부와 영광도 네게 주노니, 네 평생에 열왕 중에 너와 같은 자가 없을 것이라."

　솔로몬이 깨어나서 보니 꿈이었다. 그는 곧바로 예루살렘으로 가서 하나님의 언약궤 앞에 서서 번제와 화목제를 올리고, 모든 신하에게 잔치를 베풀어 주었다. 이후 솔로몬은 '지혜의 왕'으로 알려졌으며, 남쪽 스바 여왕과도 교분을 가졌다.

솔로몬의 지혜로운 재판

왕이 이르되 산 아이를 둘로 나누어 반은 이 여자에게 주고 반은 저 여자에게
주라
-열왕기상 3장 25절

이스라엘의 왕인 솔로몬은 국가의 대재판장이기도 했다. 어느 날 두
여인이 솔로몬을 찾아왔다. 두 여인 중 한 여인이 솔로몬 왕 앞에 나서
서 말을 하였다.

"저희 두 사람은 한집에 살고 있습니다. 제가 아이를 낳을 때 저 여자
도 저와 함께 있었습니다. 그리고 제가 아이를 낳은 지 사흘 만에 저 여
자도 아이를 낳았습니다. 그 집 안에는 우리 둘만 있을 뿐이고, 다른 사
람은 아무도 없었습니다. 그런데 저 여자가 잠을 자다가 그만 잘못하여
자기의 아이를 깔아뭉개었으므로 그 아들은 그날 밤에 죽고 말았습니다.

그런데 제가 깊게 잠든 사이에 저 여자가 한밤중에 일어나서 아이를
바꾸었습니다. 제 옆에 누워 있는 저의 아들을 데리고 가서 자기 품에
두고, 자기의 죽은 아들은 저의 품에 뉘어 놓았습니다. 제가 새벽에 저
의 아들에게 젖을 먹이려고 일어나서 보니, 아이가 죽어 있었습니다. 아
침에 제가 자세히 들여다보았는데, 그 아이는 제가 낳은 아들이 아니었
습니다."

여인의 말이 끝나기가 무섭게 다른 여인이 반박했다. 그녀는 살아 있는 아이가 자기의 아들이며, 죽은 아이는 상대방 여자의 아들이라고 우겼다. 그러자 먼저 말을 한 여자도 지지 않고 살아 있는 아이가 자기 아들이고, 죽은 아이는 자기의 아들이 아니라고 맞섰다. 이렇게 그녀들은 솔로몬 왕 앞에서 다투었다.

두 여인의 이야기를 다 들은 솔로몬 왕은 속으로 생각하였다.

'두 여자가 서로 살아 있는 아이를 자기의 아들이라고 하고, 죽은 아이를 다른 여자의 아들이라고 한다. 그렇다면 좋은 수가 있다.'

솔로몬의 재판_솔로몬이 두 여인의 아이를 놓고 재판을 벌이는 장면으로, 그는 하나님의 지혜를 발휘하여 재판했다. **루벤스의 작품.**

재판을 받는 두 여인_솔로몬의 재판은 자신의 아기를 보호하기 위해 진정한 어머니로서의 모성애를
보여주고 있다. **디디에 바라의 작품.**

솔로몬 왕은 칼을 한 자루씩 여인들에게 주며 말했다.

"서로 자신의 아기라고 하니, 살아 있는 아기를 둘로 갈라 반반씩 나
눠 가지도록 하라."

솔로몬의 판결에 한 여인은 대경실색(大驚失色)하며 통곡하였다.

"제발 살아 있는 아이를 저 여자에게 주어도 좋으니 아이를 죽이지는
말아 주십시오."

그러나 다른 여인은 반대로 말했다.

"어차피 내 아이도 안 될 테고, 네 아이도 안 될 테니 차라리 우리가 나
누어 가지자."

두 여인의 말을 들은 솔로몬 왕은 드디어 판결을 내렸다.

"살아 있는 아이를 죽이지 말고, 아이를 양보한 저 여자에게 주어라. 저
여자가 그 아이의 어머니이다."

모든 이스라엘 백성들은 솔로몬 왕의 현명한 판결 소식을 들었다. 그
리고 백성들은 솔로몬 왕이 재판할 때에 하나님께서 주시는 지혜로 공정
하게 판단한다는 것을 알고 그를 두려워하였다.

성전을 건축한 솔로몬

네가 지금 이 성전을 건축하니 네가 만일 내 법도를 따르며 내 율례를 행하며 내
모든 계명을 지켜 그대로 행하면 내가 네 아버지 다윗에게 한 말을 네게 확실히 이
룰 것이요 내가 또한 이스라엘 자손 가운데에 거하며 내 백성 이스라엘을 버리지
아니하리라 하셨더라
- 열왕기상 6장 12~13절

솔로몬 왕은 기원전 943년부터 903년까지 이스라엘을 40년 동안 통치
했다. 그는 통치 기간에 많은 건물을 지었다. 맨 먼저 그는 왕궁을 지었
다. 그 왕궁은 집회장과 궁정이 많은 거대한 건물이었으며, 모든 길은 성
전으로 이어졌다. 높은 성벽의 왕궁 안에는 왕이 사람들을 만나 분쟁을
해결하는 방이 있었다. 왕과 시종들의 거처는 따로 마련하였으며, 호기
심 어린 시선에서 벗어나게 지은 왕비들의 방도 있었다. 모든 것은 석재
로 만들어졌으며, 다 짓는 데만 20년이 걸렸다.

그다음 솔로몬 왕은 하나님의 성전을 지었다. 당시 이스라엘 백성들
은 농부이거나 상인이었기 때문에 건축 기술은 거의 없었다. 그래서 돌
을 깎고, 나무를 조각하고, 금속을 세공하는 기술자들을 외국에서 데려
와야 했다. 그 기술자들 대부분은 3천 년 전 세계 최대의 상업 중심지였
던 페니키아의 사람들이었다.

성전을 짓는 이스라엘 백성들_이스라엘 백성들은 성전을 짓기 위해 일 년 중 30일을 노역 봉사에 동원되었다.

오늘날 두로와 시돈은 낙후한 어촌에 불과하지만, 솔로몬 시대에는 매우 웅장한 규모의 큰 항구였다. 다윗은 두로의 히람 왕과 이미 협정을 맺었고, 솔로몬은 시돈 왕과 동맹을 맺었다. 히람 왕은 매년 곡물을 공급받는 대신 선박 몇 척을 이스라엘의 왕이 마음대로 사용할 수 있게 했으며, 성전을 짓는 데 필요한 목재와 기술자들을 보내주기로 약속했다.

성전을 건축한 솔로몬_솔로몬은 아버지 다윗의 숙원이었던 하나님의 성전을 화려하게 건축했다. 안드레아스 부루의 작품.

솔로몬은 그 선박으로 멀리 다시스(지금의 스페인 지역)에 이르는 모든 지중해의 항구에 들러 성전을 위해 필요한 금과 보석, 값비싼 목재를 구해 왔다. 이제 지중해라는 작은 세계로는 솔로몬 왕의 욕구를 다 만족시킬 수 없었다. 그래서 그는 인도양으로 가는 무역항로를 만들기로 했다.

솔로몬 왕은 페니키아의 선박 건조업자들에게 홍해의 동쪽 지방인 아카바만 연안에 정착하라고 지시했다. 그들은 에시온게베르 근방에 조선소를 세웠다. 여기에서 만들어진 배로 아프리카의 동해안 또는 인도의 서해안 지역까지 가서 대상들이 실어 나르던 백단목과 상아, 그리고 향을 실어 왔다.

사실 그 당시 거의 3천 년이나 되었던 피라미드나 테베와 멤피스, 니네베, 바빌론에 있던 신전과 비교한다면 솔로몬의 성전은 그다지 위압적이지 않았다. 하지만 서아시아의 작은 셈 족이 그렇게 야심찬 건축 계획을 세운 것은 처음이었다.

언약궤를 성전으로 옮기다

그 때에 솔로몬이 이르되 여호와께서 캄캄한 데 계시겠다 말씀하셨사오나 내가
참으로 주를 위하여 계실 성전을 건축하였사오니 주께서 영원히 계실 처소로소
이다 하고

-열왕기상 8장 12~13절

솔로몬 왕에 의해 진행되었던 왕궁과 하나님의 성전이 완공되자, 솔로
몬은 성스러운 성전을 위해 크고 장엄한 축제로 봉헌했다. 그는 이스라
엘의 모든 지파 지도자들을 예루살렘으로 초청하였고, 그들과 함께 시온
으로 걸어가 언약궤를 가져오기로 했다.

시온은 예전부터 예루살렘에 있던 언덕 중 하나였는데, 그곳에는 가나
안의 원주민인 여부스 족이 만든 요새가 있었다. 예전에 그들의 왕이 여
호수아에게 죽임을 당했음에도 불구하고, 그들은 몇 세기 동안 계속 독
립을 유지하고 있었다. 그러나 마침내 다윗 왕이 시온을 점령했다. 다윗
왕은 그곳을 '다윗의 시'라 이름 짓고, 미래 수도의 중심지로 만들었다.
다윗이 언약궤를 기럇여아림에서 가지고 왔을 때, 이전의 왕궁 안에 건
축된 임시 성소에 언약궤를 놓아두었었다.

제사장들은 이제 성전 안의 최후의 장소로 언약궤를 옮겼다. 이 일이
이루어지자마자 여호와의 성령이 임했음을 나타내는 구름이 성전에 가

솔로몬 성전_당시 예루살렘의 솔로몬 성전을 그대로 재현한 미니어처로, 중앙에 있는 성전이 언약궤를 모시는 제성전(祭星殿)이다.

득 찼다. 그러자 솔로몬은 무릎을 꿇고 이스라엘 백성을 위해 하나님께 기도를 올렸다. 그러자 하늘에서 내려온 불길이 제단 위에 놓여 있던 제물을 모두 태웠다. 그리하여 솔로몬 왕과 백성들은 하나님이 새 성전에 대해 매우 만족해한다는 것을 알 수 있었다.

축제는 2주일 동안 계속되었다. 솔로몬은 2만 2천 마리의 소와 12만 마리의 양을 잡았고, 다른 사람들도 능력껏 제물을 바쳤다. 이 일로 솔로몬의 위상은 크게 올라갔다. 이스라엘 역사상 처음으로 국제적인 관심을 얻게 되었고, 여러 곳에서 다양한 사람들이 솔로몬을 찾아왔다. 이스라엘의 번영의 시대가 시작되었던 것이다.

솔로몬과 스바 여왕

복되도다 당신의 사람들이여 복되도다 당신의 이 신하들이여 항상 당신 앞에 서서
당신의 지혜를 들음이로다 당신의 하나님 여호와를 송축할지로다 여호와께서 당
신을 기뻐하사 이스라엘 왕위에 올리셨고 여호와께서 영원히 이스라엘을 사랑하
시므로 당신을 세워 왕으로 삼아 정의와 공의를 행하게 하셨도다 하고
–열왕기상 10장 8~9절

솔로몬은 많은 업적을 남겼다. 또 이스라엘의 위상은 국제적으로도 드
높아졌다. 스바 왕국은 아라비아반도 남쪽 끝에 위치한 지금의 예멘 부
근에 있던 나라였다. 전성기 스바 왕국의 영토는 에티오피아에서 소말리
아를 포함하여 홍해까지 뻗어 나갔다.

어느 날, 스바 왕국의 여왕이 솔로몬 왕의 지혜에 대한 명성을 듣고는
그를 시험해 보려고 까다로운 문제를 가지고 이스라엘을 방문하였다.
스바 여왕은 솔로몬 왕에게 와서 마음속에 품고 왔던 것을 모두 물어보
았고, 솔로몬은 스바 여왕의 질문들에 지혜롭고 정확한 답변을 주었다.

"내가 당신의 업적과 지혜에 대해 들은 소문이 모두 사실이군요. 나는
그런 소문을 믿지 않았는데, 이제 내가 직접 와서 보니 사실보다 내가 들
은 것은 절반도 못 되며 당신의 지혜는 소문보다 엄청납니다. 당신 앞에
서 항상 당신의 지혜로운 말을 듣는 당신의 가족과 신하들은 얼마나 행

복하겠습니까! 당신의 하나님을 찬양합니다. 하나님이 당신을 기쁘게 여기셔서 자기를 위해 당신을 왕이 되게 하셨습니다. 하나님께서는 이스라엘을 사랑하셔서 막강한 나라가 되게 하시려고, 당신을 왕으로 세워 바르고 선한 정치를 하게 하셨습니다."

스바 여왕은 자기가 가져온 약 4톤의 금과 수많은 향료와 보석을 솔로몬에게 선물로 주었다. 그중에서도 스바 여왕이 솔로몬에게 준 향료는 이전에는 한 번도 보지 못한 진귀한 것이었다.

또한, 솔로몬의 신하들은 오빌(Ophir. 구약 성경 시대에 금으로 유명한 지역)에서 금을 실어 올 때 많은 백단목을 함께 실어 왔다. 솔로몬 왕은 그 백단목으로 성전과 궁전의 층계를 만들고, 또 성가대를 위해 수금과 비파를 만들었는데, 이런 악기들은 이스라엘에서는 볼 수 없던 것들이었다.

솔로몬은 스바 여왕에게 그녀가 가져온 선물 못지않게 푸짐한 선물을 주고, 또 그녀가 요구하는 것은 무엇이든지 다 들어주었다. 그러자 스바 여왕과 그 수행원들은 기쁜 마음으로 자기 나라로 돌아갔다.

솔로몬과 스바 여왕(378쪽 그림)_스바 여왕이 솔로몬을 찾아와 만나는 장면을 묘사한 부조 작품이다.
솔로몬에게 질문하는 스바 여왕_ 솔로몬의 지혜에 탄복한 스바 여왕은 솔로몬과 하나님을 찬양하며 온갖 재물을 선물로 주었다. **니콜라우스 누퍼의 작품.**

▌솔로몬의 마음이 하나님을 떠나다

여호와께서 일찍이 이 여러 백성에 대하여 이스라엘 자손에게 말씀하시기를 너희
는 그들과 서로 통혼하지 말며 그들도 너희와 서로 통혼하게 하지 말라 그들이 반
드시 너희의 마음을 돌려 그들의 신들을 따르게 하리라 하셨으나 솔로몬이 그들
을 사랑하였더라
－열왕기상 11장 2절

솔로몬의 정책과 경제적 조치는 이스라엘에 새로운 변화를 불러일으
켰다. 이스라엘의 여러 도시가 발전하자 이에 따른 인구가 증가하였고,
막대한 소비가 일어났으며, 많은 식량과 자원의 공급이 필요하게 되었
다. 이에 백성들의 노동력에 의존하던 대규모 건축 사업은, 강제 부역을
위한 행정 조치가 필요했다. 백성들 대부분은 적어도 1년 중 30일을 의무
적으로 도시의 건축물들을 짓는 노역에 동원되었다.

그러나 나라의 경제 한계를 넘어서는 과도한 대규모 건설 사업, 특히
예루살렘 성전과 왕궁을 짓기 위해 들어온 외국산 목재와 금속 등의 수
입은 그에 대한 지급 능력을 상실하게 되었다. 급기야 솔로몬 왕은 북
쪽 갈릴리 영토의 일부를 떼어내어 팔아야 하는 상황에 처하게 되었다.

부와 영광을 거머쥔 솔로몬(381쪽 그림)_ '지혜의 왕'이라 불리며 강력해진 솔로몬을 표현한 스테인드글
라스 작품이다.

부인과 후궁들에게 둘러싸인 솔로몬_솔로몬은 부인 7백 명과 후궁 3백 명을 둔 탐욕의 왕이었다. 자메 티소트의 작품.

    또한, 솔로몬의 사치와 향락은 도가 지나쳤다. 그는 이방족 여인들을 좋아하였다. 솔로몬은 이집트의 파라오의 딸 말고도, 모압과 암몬과 에돔과 시돈과 헷에서 수많은 이방족 여인을 후궁으로 맞아들였다.

    하나님은 일찍이 이스라엘 민족에게 다른 이방인과 혼인하지 말라고 경고한 일이 있었다. 그런데도 여색에 눈이 먼 솔로몬은 이방족 여인들을 좋아하였으므로, 마음을 돌리지 못하였다. 그의 부인은 무려 7백 명이나 되었고, 3백 명의 후궁도 거느렸다. 심지어 왕궁에는 그녀들이 사는 공간까지 따로 있었다.

    솔로몬은 이제 거의 왕궁을 떠나지 않았다. 그는 자신을 보호할 왕궁 호위병을 늘렸고, 이스라엘의 지도자 중 최초로 기병대를 만들어 왕궁을 지키게 하였다.

    솔로몬은 나이가 들어 늙어가자 나라를 운영하는 사소한 국정 운영에는 완전히 물러나 있었다. 하지만 그는 자신을 단순한 양치기들로 이루어

솔로몬의 우상 숭배_솔로몬은 백성들의 원성에는 아랑곳하지 않고, 이방족 왕비들의 우상을 숭배했다. 세바스티아노 리치의 작품.

진 여러 지파의 왕이라고 여기지 않았다. 솔로몬은 강력한 동방 국가의 절대 군주였고, 그렇게 그는 행동했다.

솔로몬은 좀 더 강력한 이웃 국가들과는 외교적인 이유로 여러 공주들과 혼인했다. 이집트, 모압, 히타이트, 에돔, 암몬, 페니키아 출신이었던 공주들은 당연히 자기 나라의 종교를 믿었다. 그리하여 왕궁 안에는 이시스나 바알, 그 외 아프리카와 아시아의 여러 이교도 신들의 제단이 만들어지게 되었다. 때때로 솔로몬은 총애하는 왕비를 위해 그녀가 어릴 적에 나일 강 골짜기나 아람 언덕에서 제사 지내던 곳과 같은 작은 신전을 만드는 일까지도 허락했다.

이러한 일들은 솔로몬 왕이 신앙에 대해 개방적인 견해를 갖고 있었다는 것을 보여준다. 그러나 하나님만을 엄격히 따르던 대부분의 이스라엘 백성들은 환영하지 않았다. 백성들은 이러한 신전을 짓기 위한 노동에 동원되면서 말할 수 없는 고통을 겪었다. 하지만 솔로몬 왕은 이스라엘 백성들의 노고를 외면했다.

다윗은 한때 사울로부터 도망을 쳐서 남유다의 왕이 되었을 때, 매우 현명한 유화 정책을 썼다. 그는 북부 유대인들의 편견을 가라앉히려고 애쓴 나머지 자신의 지파가 적개심을 갖게 만들기까지도 했다. 그러나 다윗이 다스리던 이스라엘의 왕국은 화해라는 확고한 기반 위에 세워졌 었다. 그렇기에 다윗이 너무 늙어 출정할 수 없을 때 일어났던 아들 압살 롬의 반란도 쉽게 진압할 수 있었던 것이다.

솔로몬도 통치 기간 전반부에는 다윗과 같았다. 그러나 솔로몬은 진실 성이나 관대함에 있어서 다윗에 미치지 못했다. 그는 국가의 안전에 위 협을 주는 자들을 무자비하게 처형했다. 물론 대외 정책에서는 다윗보 다 더 성공적으로 성과를 올렸다. 솔로몬은 여러 전쟁에서 승리를 거두 었고, 적들로부터 국경선을 보호했으며 백성들에게 평화와 번영을 약속 했다. 그렇게 해서 솔로몬은 이스라엘의 남부 지방처럼 북부 지방에서 도 인기를 얻게 되었다.

그러나 그는 강화된 권력으로 여러 가지 실수를 저질렀다. 이스라엘 백성들은 왕궁과 사원을 자기들이 사는 북부 지역에 짓기를 바랐지만, 그래도 기꺼이 솔로몬의 결정에 순응했다. 그들은 하나님께 제사를 지낼 때마다 수백 마일을 걸어왔다. 그때 솔로몬은 왕궁과 성전의 공사를 시 작했다. 물론 다른 군주들도 거대한 건축이라는 영광스러운 야심으로 백 성들을 도탄에 빠트리기도 하였다. 그러나 이스라엘 백성들처럼 평화를 사랑하는 군주의 강제 징수로 금과 은 같은 재물을 거의 모두 빼앗긴 적 은 없었다. 처음에는 이스라엘 백성들도 반대하지 않았다.

예루살렘 왕궁 건축(385쪽 그림)_예루살렘에서 멀리 떨어진 북부 지역에 사는 이스라엘 백성들도 예루살 렘의 솔로몬 왕궁과 이방족의 신전 건축에 동원되거나 많은 세금을 물어야 했다.

솔로몬 왕궁_솔로몬은 자신이 거처하는 왕궁을 이스라엘 역대 최고로 화려하게 건축하였다. **디디에 바라의 작품.**

그들은 하나님의 영광을 위해서 일한다는 생각으로 기꺼이 희생하려고 했다. 그러나 예루살렘이 현란하고 난잡한 도시로 바뀌고, 왕 스스로 몰록과 그모스와 그 외 여러 이방족의 신전을 만들자 이스라엘의 많은 백성이 불평하기 시작했다.

솔로몬이 오빌에서는 금을, 다시스에서는 은을 더 가져오기 위해 백성들을 노예처럼 부리게 되자, 결국 그들은 반란으로 솔로몬에게 맞서게 되었다. 하지만 그들이 무기를 들기 전에 이미 이스라엘의 슬픔에 대해 예견한 선지자가 있었다.

솔로몬의 죽음

여로보암에게 이르되 너는 열 조각을 가지라 이스라엘의 하나님 여호와의 말씀이 내가 이 나라를 솔로몬의 손에서 찢어 빼앗아 열 지파를 네게 주고 오직 내 종 다윗을 위하고 이스라엘 모든 지파 중에서 택한 성읍 예루살렘을 위하여 한 지파를 솔로몬에게 주리니 이는 그들이 나를 버리고 시돈 사람의 여신 아스다롯과 모압의 신 그모스와 암몬 자손의 신 밀곰을 경배하며 그의 아버지 다윗이 행함 같지 아니하여 내 길로 행하지 아니하며 나 보기에 정직한 일과 내 법도와 내 율례를 행하지 아니함이니라 그러나 내가 택한 내 종 다윗이 내 명령과 내 법도를 지켰으므로 내가 그를 위하여 솔로몬의 생전에는 온 나라를 그의 손에서 빼앗지 아니하고 주관하게 하려니와 내가 그의 아들의 손에서 나라를 빼앗아 그 열 지파를 네게 줄 것이요 그의 아들에게는 내가 한 지파를 주어서 내가 거기에 내 이름을 두고자 하여 택한 성읍 예루살렘에서 내 종 다윗이 항상 내 앞에 등불을 가지고 있게 하리라 내가 너를 취하리니 너는 네 마음에 원하는 대로 다스려 이스라엘 위에 왕이 되되 네가 만일 내가 명령한 모든 일에 순종하고 내 길로 행하며 내 눈에 합당한 일을 하며 내 종 다윗이 행함 같이 내 율례와 명령을 지키면 내가 너와 함께 있어 내가 다윗을 위하여 세운 것 같이 너를 위하여 견고한 집을 세우고 이스라엘을 네게 주리라 내가 이로 말미암아 다윗의 자손을 괴롭게 할 것이나 영원히 하지는 아니하리라 하셨느니라 한지라

－열왕기상 11장 31~39절

솔로몬 왕의 부하 중 에브라임 지파인 느밧에게 여로보암이라는 아들이 있었다. 여로보암은 성전 공사장에서 십장으로 일하고 있었다. 어느 날 여로보암이 일을 하러 가던 중 실로에서 예루살렘으로 이주한 선지자를 만나게 되었다. 그런데 그 선지자는 특이하게도 좋은 옷을 입고 있

었다. 왜냐하면, 당시 선지자들은 검소한 생활을 했는데, 주로 낙타털로 만든 낡은 옷만 입었기 때문이다.

아히야라는 그 선지자는 여로보암을 보자마자 자신의 좋은 옷을 벗어서 열두 조각으로 잘라 그중 열 조각을 주었다. 이는 하나님이 여로보암을 이스라엘 열 개 지파의 지도자로 만든다는 표시였다.

따로 비밀 첩자를 두고 있던 솔로몬 왕은 이 이야기를 듣고는 즉시 여로보암을 죽이라고 명령했다. 그러나 이 소식은 삽시간에 퍼져나갔고, 여로보암은 이집트로 피신했다. 이때 이집트의 스물두 번째 왕조의 파라오였던 시삭은 그에게 은신처를 마련해 주었다.

기민한 정치가였던 시삭은 이집트의 동쪽에 있던 이스라엘의 발전을 눈여겨보고 있었다. 그는 솔로몬 왕이 죽고 나면 이스라엘 왕의 후보로 여로보암을 이용하려고 했다.

그러나 솔로몬 왕의 말년에 대해서는 알려진 바가 거의 없다. 〈솔로몬 행전〉에 솔로몬 왕의 행적이 자세히 기록되었다고 전해지지만, 이 책은 현재 남아 있지 않다.

솔로몬 왕은 편안하게 죽어서 다윗의 가족묘에 안치되었다. 그는 이스라엘을 더욱 강력한 국가로 만들어 놓을 수 있었지만, 사치를 좋아하고 하나님에 대한 믿음을 버린 탓에 그 일을 완수하지 못했다. 그리고 솔로몬 왕이 죽자마자 이스라엘에 폭풍이 몰아닥쳤다.

여로보암(389쪽 그림)_ 선지자 아히야에게 옷 열 조각을 받는 여로보암의 모습으로, 이것은 이스라엘의 열 지파를 주신다는 하나님의 뜻이었다.

이스라엘 왕국의 분열

어린 사람들의 자문을 따라 그들에게 말하여 이르되 내 아버지는 너희의 멍에를 무겁게 하였으나 나는 너희의 멍에를 더욱 무겁게 할지라 내 아버지는 채찍으로 너희를 징계하였으나 나는 전갈 채찍으로 너희를 징치하리라 하니라
–열왕기상 12장 14절

솔로몬의 후임으로 그의 아들 르호보암이 이스라엘 왕국의 왕위를 물려받았다. 르호보암은 솔로몬과 암몬 여인 나아마 사이에 태어난 아들로, 우둔하고 무지한 데다 편협하기까지 하였다. 이때 이집트의 파라오 시삭은 솔로몬이 죽고 르호보암이 이스라엘의 왕위에 올랐다는 소식을 듣고는 자신에게 망명해 있던 여로보암에게 자금을 주어 예루살렘으로 돌아가 왕위 경쟁 후보로 나서게 했다.

이스라엘은 거의 두 세대 동안 세습적 군주제였다. 그러나 과거 사사 시대부터 있었던 선거의 전통은 여전히 남아 있었다. 그리하여 지도자가 죽었을 때마다 여러 지파는 새로운 왕을 뽑기 위해 모였다.

르호보암(391쪽 그림)_솔로몬에 이어 왕위에 오른 르호보암은 어린 시절부터 예루살렘의 왕궁에서만 자랐기 때문에 세상 물정을 몰랐다. 그는 열두 지파의 수장들을 징계로 다스려 왕권을 견제하고자 했다.

이번에도 모든 지파의 장로들이 모여 토론하였고, 그들은 르호보암을 왕으로 인정했다. 그러나 그전에 르호보암에게 건의하여 지나치게 엄격한 조세 제도를 막아보자고 주장했다. 이스라엘 백성들은 잦은 부역과 높은 세금을 낮춰 달라고 요구를 하였다.

이에 왕궁에서만 교육을 받고 자라 일반 백성들과는 거의 접촉이 없어 세상 물정을 잘 모르던 르호보암은 솔로몬 시절의 충신들을 불러 그들의 의견을 물어보았다. 늙은 신하들은 백성들이 참을 수 없는 고통 속에서 신음하고 있으니, 왕은 지파 수장들의 회의 결과를 들어주어야 한다고 말했다.

그러나 르호보암은 우선 장로들의 말을 들어 주는 듯했으나, 아버지 솔로몬에 대한 열등감 때문인지, 신하들의 충고가 의심스러웠는지, 자신과 함께 자랐던 술친구들이던 궁정(宮庭)의 젊은이들에게 세금에 대한 대중의 요구를 어떻게 생각하느냐고 물었다. 그들은 백성들을 마음껏 경멸하면서 르호보암에게 대응할 용기를 북돋아 주었다.

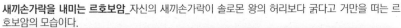
새끼손가락을 내미는 르호보암_자신의 새끼손가락이 솔로몬 왕의 허리보다 굵다고 거만을 떠는 르호보암의 모습이다.

여로보암의 이스라엘 왕국 건설_르호보암의 독단과 무능함에 열두 지파 중 열 개의 지파는 여로보암을 새로운 왕으로 추대하였다. 결국 이스라엘은 여로보암의 이스라엘 왕국과 르호보암의 유다 왕국으로 분열되었다.

마침내 르호보암이 약속한 3일이 지나 지파들의 장로들이 찾아오자 그들을 향해 르호보암이 말했다.

"내 새끼손가락은 아버지의 허리보다 굵고, 아버지는 채찍으로 너희를 대했으나, 나는 전갈채찍으로 징치(懲治, 징계로 다스림)하겠다."

이것으로 이스라엘 왕국은 분열되었다. 열 지파는 독립을 선포하고, 이집트에서 온 여로보암을 수장 회의에 불러와서, 그를 온 이스라엘을 다스리는 왕으로 추대하였다. 결국 르호보암에게는 유다 지파와 베냐민 지파만이 남게 되었다. 그래서 르호보암의 왕국을 '유다 왕국'이라 불렀다. 르호보암은 여로보암을 토벌하기 위해 18만 대군을 선발하여 북진하였다. 그러나 그때 하나님께서 선지자 스마야에게 말하였다.

"너는 유다 왕 솔로몬의 아들 르호보암과 유다와 베냐민의 모든 가문과 그 밖에 나머지 모든 백성에게 이 말을 전하여라. 나 주가 말한다. 일이 이렇게 된 것은 내가 시킨 것이다. 너희는 북진하지 말아라. 너희의 동족인 이스라엘 백성과 싸우지 말고, 저마다 자기 집으로 돌아가거라."

르호보암의 유다 왕국의 장로들은 선지자 스마야를 통한 하나님의 말씀을 듣고는 북벌을 물려 귀향하였다. 이로 인해 이스라엘은 둘로 나뉘어져 다시는 결합하지 못했다. 이스라엘은 강력한 중앙집권체제 왕국의 기회를 영원히 잃었지만, 당시 다른 나라들은 이스라엘의 제국적인 야심이 실패함으로써 대체로 이득을 보았다. 만약 유다와 북이스라엘이 통합되었다면, 서아시아에서 가장 강력한 국가로 성장했을 것이다.

선지자 스마야_유다 왕 르호보암 통치 때 활동한 선지자이다. 이스라엘 남북 왕국의 동족상잔을 막고, 이집트의 시삭이 침공했을 때 이스라엘 민족의 회개를 촉구했으며, 르호보암의 행적을 기록했다.

여로보암의 죄악

이에 계획하고 두 금송아지를 만들고 무리에게 말하기를 너희가 다시는 예루살렘에 올라갈 것이 없도다 이스라엘아 이는 너희를 애굽 땅에서 인도하여 올린 너희의 신들이라 하고
-열왕기상 12장 28절

여로보암이 에브라임의 산지에 있는 세겜 성을 도성으로 삼고, 얼마 동안 그곳에서 살다가 곧 브누엘 성을 세우고 도성을 옮겼다. 그런데 여로보암은 잘못하면 이스라엘 왕국이 다시 '다윗 가문'으로 돌아갈지도 모른다는 불안감에 휩싸였다.

당시 하나님의 성전은 유다 왕국의 수도인 예루살렘에 있었고, 이는 정치적으로나 종교적으로나 여로보암의 북이스라엘에 불리했다. 백성들이 예루살렘에 있는 하나님의 성전으로 제사를 드리려고 올라갔다가, 그들의 마음이 옛 주인인 유다 왕 르호보암에게로 돌아가게 되는 날이면, 그들이 자기를 죽이고 유다 왕 르호보암에게 되돌아갈지도 모른다고 걱정하였다.

여로보암은 궁리 끝에 금송아지 상 두 개를 만들어 이스라엘 백성들에게 숭배하게 했다. 또한, 제사장과 종교 절기를 자신의 마음대로 정했다. 그러나 하나님을 믿는 신앙 대신 금송아지 숭배를 받아들인 것은 선지자들의 반발을 샀다.

여로보암의 이러한 종교 정책은 하나님의 성전을 보유한 유다의 종교적 우위에서 벗어나는 것은 물론, 종교 권력을 왕권 휘하에 두어 왕권을 강화하는 효과는 있었지만, 기존의 하나님 신앙을 정면으로 부정하는 결과를 초래했다.

이후 북이스라엘의 고질적인 사회적 분열은 지속적으로 야기되었다. 여로보암의 나머지 행적, 곧 그가 전쟁을 어떻게 하고, 또 나라를 어떻게 다스렸는가 하는 것은 〈이스라엘 왕 역대지략〉에 기록되어 있다. 여로보암은 스물두 해 동안 북이스라엘을 다스린 뒤에 눈을 감았고, 그의 아들 나답이 새로운 북이스라엘의 왕이 되었다.

금송아지를 숭배하는 여로보암_북이스라엘의 왕이 된 여로보암은 유다 왕국보다 넓은 영토와 많은 인구를 가지고 있었다. 하지만 여로보암은 이집트에 망명했을 때 섬긴 금송아지를 숭배하였고, 백성들에게도 금송아지를 숭배하도록 강요하였다. **프라고나르의 작품.**

이집트 시삭의 침입_이집트의 파라오 시삭은 유다 왕국을 침입하여 예루살렘 성전을 점령하고 많은 보물들을 노략질하였다.

한편 솔로몬의 아들 르호보암의 유다 왕국도 하나님께서 보시기에 타락된 일을 하였다. 그들이 지은 죄는 조상들이 저지른 죄보다 더 심하여 하나님을 진노케 하였다. 그들도 높은 언덕과 푸른 나무 아래마다 산당과 돌 우상과 아세라 목상을 만들어 세웠다. 그 땅에는 신전 남창들도 있었다. 이처럼 이스라엘 자손은 하나님께서 그들 앞에 내쫓은 나라들이 지킨 혐오스러운 관습을 그대로 본받았다.

이에 분노한 하나님은 유다 왕국에 커다란 시련을 주었다. 북이스라엘과 유다 왕국이 서로 싸우고 있을 때 동쪽에서 적의 침략이 있었다. 이집트의 파라오 시삭이 이스라엘을 계속 주시하다가 침략한 것이다. 이스라엘의 여러 지파가 내전에 몰두하자 시삭은 이때가 최고의 기회라고 판단했다. 그는 유다 왕국을 침공하여 예루살렘을 빼앗았으며, 병사들에게 성전을 부수라고 명령했다. 그 후 북진하여 이스라엘의 133개 도시와 마을을 파괴하고, 이스라엘에서 약탈한 물건들을 가득 싣고 이집트로 돌아갔다.

북쪽의 이스라엘은 이런 피해로부터 쉽게 회복했지만, 남쪽의 유다는 복구가 불가능할 정도로 피해를 입었다. 나라의 재산도 거의 모두 강탈당했다. 유다 왕국은 이집트의 침략으로 무너지고 불타버린 성전을 재건하려고 했지만, 재정이 모자라 이전처럼 화려하게 짓지 못했다.

결국, 금과 은 대신 철과 청동이 사용되었기 때문에 과거의 찬란함은 모두 사라져버리고 말았다. 이후에도 르호보암은 북이스라엘과 분쟁을 이어가는 등 외교적으로 무능함을 드러냈다. 하지만 르호보암의 정력은 왕성하여 18명의 아내와 60명의 첩을 통해 28명의 아들과 60명의 딸을 낳았다. 많은 자식 중 아비얌에게 재위를 넘겨주었으며, 결과적으로 이는 르호보암이 한 일 중에 가장 잘한 일이었다.

예루살렘 성전_이집트의 침략으로 모든 재물을 강탈당한 예루살렘 성전은 두 번 다시 화려한 옛 영광을 찾을 수 없었다.

북쪽 이스라엘과 남쪽 유다의 분쟁

나와 당신 사이에 약조가 있고 내 아버지와 당신의 아버지 사이에도 있었느니라 내가 당신에게 은금 예물을 보냈으니 와서 이스라엘의 왕 바아사와 세운 약조를 깨뜨려서 그가 나를 떠나게 하라 하매
-열왕기상 15장 19절

북이스라엘 왕국의 여로보암에 이어 왕위에 오른 나답은, 그의 선조들처럼 블레셋과 전쟁을 벌였다. 그러나 나답은 하나님을 실망시켰다. 나답은 그의 부친 여로보암이 걷던 악한 길을 그대로 걸었으며, 이스라엘에 죄를 짓게 하는 잘못을 그대로 따랐다.

그는 블레셋의 군사 도시 깁브돈을 포위해 공격하던 중 잇사갈 지파 아사에게 피살되고 말았다. 뜻밖의 나답의 피살로 북이스라엘 왕국은 왕의 자리가 공석이 되었다. 이에 바아사는 스스로 왕이라 선포하였다. 그는 나답의 친척들을 모두 죽인 후 디르사로 갔다. 또 깁브돈을 계속 포위했으며, 유다 왕국에 선전포고도 했다.

그때 유다 왕국에서는 르호보암이 죽고, 그의 아들 아비얌이 왕위에 올라 있었다. 아비얌은 3년 동안 왕위에 있었으며, 그가 죽은 후에는 42명의 자식 중 아사가 왕이 되었다. 아사는 선왕들보다 나았다. 그는 유다 왕국 내에 있던 이교도의 제단을 모두 부수고, 제사장들의 위상을 높였다.

이스라엘 왕국의 분열_다윗과 솔로몬 때에 전성기를 누린 이스라엘 왕국은, 솔로몬 사후 그의 아들 르호보암 때에 분열이 일어났다. 사마리아를 수도로 한 '북이스라엘'과 예루살렘을 수도로 한 '남유다'로 갈라졌다.

그러나 아사가 통치하던 41년은 순탄치 않았다. 우선 이집트의 여러 부족이 침입해 온 것을 막아야 했으며, 이들을 물리친 후에는 북이스라엘과의 전쟁이 시작되었기 때문이다.

북이스라엘의 바아사는 유다 왕국을 봉쇄했고, 남북을 가로지르는 도로가 내려다보이는 라마를 요새로 만들었다. 이로 인해 유다 왕국은 다마스쿠스나 페니키아와의 모든 연락이 두절 되었다.

아사는 북이스라엘 왕국으로부터 봉쇄를 당해 경제가 악화되고 백성들이 불안해하자, 자신의 나라가 망할 것이라고 두려워하면서 구원을 요청하기로 했다. 그리하여 레바논으로부터 유프라테스 강까지의 평원 지대를 통치하던 아람, 즉 시리아의 왕 벤하닷에게 외교 사절단을 보냈다.

유다의 사절단은 아람의 왕에게 북이스라엘의 배후를 공격하면 뇌물을 주겠다고 말했다. 벤하닷도 이 계획에 찬성했다. 비록 얼마 전에 바아사와 협정을 맺었지만, 당시 그런 협정에는 구속력이 거의 없었다.

벤하닷은 군대를 소집한 후 수도 다마스쿠스를 떠나 남쪽으로 행군했다. 그는 단의 북쪽 요새를 점령했고, 갈릴리 해에 이르는 북이스라엘의 전 영토를 손에 넣었다. 급기야 바아사는 벤하닷에게 평화를 요청해야만 했다.

이로써 아사의 유다 왕국은 시리아의 왕 벤하닷의 북이스라엘 정벌로 살길을 찾았으며, 다마스쿠스에 이르는 길은 또다시 열리게 되었다. 그러나 아사는 분명 자신의 왕국을 북이스라엘 왕국의 봉쇄에서 풀려나게 하는 데는 성공하였지만, 곧 그와 그 후손들은 이스라엘의 내전에 이방 민족을 끌어들인 것을 후회하게 되었다.

그때부터 시리아의 왕들은 재물이 필요할 때마다 북이스라엘이나 유다 왕국을 도와준다는 명목으로 쳐들어왔고, 개인이나 집단이 이스라엘 백성들을 약탈하고는 구조 원정대의 비용을 받아 갔기 때문이다.

아시리아군의 북이스라엘 왕국 침입_북이스라엘 왕국은 스스로 지키지도 못할 무리한 확장 정책으로 강력한 군대를 거느린 아시리아를 자극하게 된다. 결국 북이스라엘 왕국은 유다 왕국보다 100년 앞서 아시리아에 멸망을 당했다.

선지자 예후의 예언

내가 너를 티끌에서 들어 내 백성 이스라엘 위에 주권자가 되게 하였거늘 네가 여로보암의 길로 행하며 내 백성 이스라엘에게 범죄하게 하여 그들의 죄로 나를 노엽게 하였은즉 내가 너 바아사와 네 집을 쓸어버려 네 집이 느밧의 아들 여로보암의 집 같이 되게 하리니 바아사에게 속한 자가 성읍에서 죽은즉 개가 먹고 그에게 속한 자가 들에서 죽은즉 공중의 새가 먹으리라 하셨더라
-열왕기상 16장 2~4절

북이스라엘 왕국의 바아사는 29년의 통치 기간 내내 하나님을 멀리하고, 여로보암이 걸었던 길을 그대로 걸었다. 과거 이스라엘 왕국의 초창기 건국 시기에 나라 안에는 이국(異國) 부족들이 상당히 많이 살고 있었다. 그들 중에는 태양신 바알을 섬기는 자들도 있었고, 아시아와 아프리카에서 강력하고 위엄 있는 모든 것을 상징하는 황금송아지를 우상으로 섬기는 자들도 있었다.

이스라엘 왕국은 이런 통탄할 사태를 어떻게 끝내야 할지 알 수 없었다. 세월이 많이 흘렀어도 이스라엘 사람들은 여호수아가 정복한 가나안 땅에서 여전히 소수 민족에 불과했다. 만약 이스라엘 왕국이 원주민들의 개인적인 종교에 관여하려 한다면, 그들의 반란을 각오해야만 했다.

북이스라엘의 바아사도 이와 비슷한 문제에 봉착해 있었다. 당시에도

황금송아지 우상을 섬기는 이교도_이스라엘 왕국에는 많은 이민족이 섞여 있어서 여러 종교의 우상들이 넘쳐났다. 그중에서 황금송아지와 바알 신상이 대표적이다. **클로드 로랭의 작품.**

관용을 도의적인 우유부단함이라고 여기던 광신도들이 있었다. 그들은 언제나 왕에게 이교도의 신과 제사장, 그리고 하나님을 유일신으로 인정하지 않는 자들을 모두 없애라고 촉구하였다.

통치자인 왕이 그들의 말을 좇아서 정치적인 자살 행위를 저지르는 대신 현실적인 이유를 들어서 그들의 요구를 거절하면, 이 광신도들은 통치자가 왕위에 앉을 자격이 없다고 공개적으로 비난했다.

그러나 바아사는 선왕을 죽이고 왕이 되었기 때문에 어떠한 위험한 일도 하려고 하지 않았다. 그는 자신을 지지하겠다는 약속만 받으면, 황금송아지를 섬기는 자들에게도 관대하였다. 비록 선지자 예후가 하나님의 경고를 전할 때는 정중하게 경청했지만, 이교도 신들에 반대하는 조치를 취하지는 않았다. 바아사의 통치 기간에는 그 어느 때보다도 이스라엘에 바알 신전이 많았다. 분노한 선지자 예후는 바아사의 무관심에 대한 대가로 온갖 끔찍한 일이 일어날 것이라고 예언했다.

선지자 예후의 예언은 놀랄 정도로 빨리 실현되었다. 바아사가 죽은 후 얼마 지나지 않아 그의 아들 엘라가 피살되었다. 아버지와 마찬가지로 이교도에게 무관심했던 엘라는 디르사에서 자신이 베푼 연회에서 병거를 통솔하는 군대 장관인 시므리와 말다툼을 했다.

결국 시므리는 반란을 일으켜 엘라를 칼로 찔러 죽였다. 그 후 시므리는 자신이 북이스라엘의 왕이라 선언하고 왕궁을 점령했다. 시므리가 엘라의 가족과 친척에게 저지른 폭력 행위는 유혈에 익숙했던 이스라엘 백성에게도 너무 지나친 것이었다.

시므리의 반란_ 시므리는 엘라 왕을 모반하여 그를 죽이고 자신이 왕이 되었다.

사마라아의 전경_사마리아는 기원전 890년경부터 북이스라엘 왕국의 수도로 건설되었던 도시다. 오므리 왕은 이 땅을 2달란트를 주고 사서 요새 도시를 건설한 후, 수도를 디르사에서 이곳으로 옮겼다.

북이스라엘의 장로들은 깁브돈 포위를 마친 군대 총사령관 오므리에게 전갈을 보내 수도로 돌아와 질서를 잡아 달라고 요청했다. 그러자 시므리는 오므리의 군대가 디르사로 오고 있다는 소식에 절망하여 궁전과 도시에 불을 질렀으며, 왕위에 오른 지 일주일도 되지 않아서 불길에 타죽었다.

시므리가 통치한 엿새 동안 엘라의 형제들을 모두 죽였기 때문에 적법한 후계자가 남아 있지 않았다. 그래서 논리적으로 합당한 후보인 오므리가 왕이 되었다.

새로 북이스라엘의 왕이 된 오므리는 폐허가 된 디르사를 떠나기로 하고 수도가 될 만한 지역을 찾기 시작했다. 그는 세멜이라는 농부가 가지고 있던 서쪽 지역 언덕에 관심을 갖게 되었다. 오므리 왕은 그곳을 2달란트에 구입하여 세멜, 즉 사마리아라는 도시를 만들기 시작했다.

이스라엘의 왕위를 그렇게 빨리 계승했던 여러 통치자 중에서 지금까지는 오므리가 가장 중요한 인물이다. 비록 그는 실패하긴 했지만 적어도 전쟁에는 탁월한 능력을 갖고 있었기 때문이다.

아합과 이세벨

> 유다의 아사 왕 제삼십팔년에 오므리의 아들 아합이 이스라엘의 왕이 되니라 오 므리의 아들 아합이 사마리아에서 이십이 년 동안 이스라엘을 다스리니라 오므리 의 아들 아합이 그의 이전의 모든 사람보다 여호와 보시기에 악을 더욱 행하여 느 밧의 아들 여로보암의 죄를 따라 행하는 것을 오히려 가볍게 여기며 시돈 사람의 왕 엣바알의 딸 이세벨을 아내로 삼고 가서 바알을 섬겨 예배하고 사마리아에 건 축한 바알의 신전 안에 바알을 위하여 제단을 쌓으며 또 아세라 상을 만들었으니 그는 그 이전의 이스라엘의 모든 왕보다 심히 이스라엘 하나님 여호와를 노하시 게 하였더라
>
> -열왕기상 16장 29~33절

북이스라엘 왕국의 오므리는 12년 동안 아람 왕 벤하닷과 전쟁을 치렀 다. 그는 상당히 불리한 처지에 빠졌으나 영토를 지켰고, 심지어 약간의 영토를 확장하기까지 했다. 오므리가 죽었을 때 그의 아들 아합은 상당 히 발전한 왕국을 물려받았다.

아합은 북이스라엘 왕국의 왕위에 오르자 페니키아와 전략적 결혼을 하였다. 아합은 페니키아 왕녀인 이세벨을 아내로 맞아들여 페니키아와 평화를 누릴 계획이었지만, 뜻하지 않는 문제가 생겨났다. 아합은 나약 했지만, 그의 아내 이세벨은 강했다. 곧 아내 이세벨이 북이스라엘의 실 질적인 통치자가 되었고, 모든 백성들이 이 사실을 알게 되었다.

왕비 이세벨은 페니키아 시돈의 왕 엣바알의 딸이었다. 페니키아인들

왕비 이세벨_북이스라엘 왕국의 7대 왕 아합의 왕비인 이세벨은 바알 숭배자였으며, 이스라엘 백성들에게 온갖 포악한 짓을 저질렀다.**헨리 존의 작품.**

은 태양을 숭배했으며, 페니키아 공주인 이세벨은 독실하게 바알 신을 숭배하며 추앙하였다. 일반적으로 왕비가 되면 남편 나라의 종교를 믿었으나, 이세벨은 그렇게 하지 않고 바알 신을 믿었다.

이세벨은 아합과 결혼할 때 자신의 제사장들을 대동하고 사마리아로 왔다. 그리고 그녀는 북이스라엘 왕국의 수도인 사마리아 한가운데에 자신이 믿는 바알 신의 신전을 짓기 시작했다.

이에 백성들은 충격을 받았고, 선지자들은 하늘을 향해 소리쳤다. 하지만 이세벨은 그들의 원성에는 신경도 쓰지 않았다. 게다가 이세벨은 하나님을 믿고 충성하는 자들을 학살하고, 종교적인 공포 정치를 자행했다. 그녀가 공포 정치를 실시하자 선지자 엘리야가 혼자서 맞섰으며, 이세벨은 자신을 괴롭히는 엘리야를 기필코 죽이려 했다.

바알 신을 섬기는 이세벨_바알 신에게 아기를 제물로 바치는 이세벨의 모습을 묘사한 부조 작품이다. 북이스라엘의 왕비가 된 이세벨은 이스라엘의 하나님을 믿지 않았다. 그녀는 자기 나라에서 믿었던 바알 신을 공개적으로 섬겼다.

선지자 엘리야의 등장

너는 여기서 떠나 동쪽으로 가서 요단 앞 그릿 시냇가에 숨고 그 시냇물을 마시라
내가 까마귀들에게 명령하여 거기서 너를 먹이게 하리라
—열왕기상 17장 3~4절

北이스라엘 왕국은 막강한 권력을 휘두르는 이세벨 왕비로 인해 하나님의 모든 것이 파괴되었고, 나라는 점점 황폐해져 갔다. 바알 신을 추앙하는 이세벨은 태양신을 숭배하는 사람들을 모두 처형하거나 추방하는 등 다른 신을 섬기는 자들에게 종교재판을 벌였다. 모든 백성을 무차별적으로 강제로 개종시키려는 일은 거침없어 보였다. 이때 선지자 엘리야가 앞으로 나아가 이스라엘 백성들을 철저한 타락으로부터 구원하려 했다.

선지자 엘리야의 어린 시절에 대해서는 알려진 바가 거의 없다. 많은 선지자의 고향인 갈릴리 출신이라고도 하지만 확실하지는 않다. 엘리야는 젊은 시절 대부분을 요단강 동편의 길르앗 황야에서 보냈으며, 물질적으로 어려운 환경을 모두 이겨냈다. 그는 근본적으로 구세대였기 때문에 논리나 논쟁, 그리고 아무런 의심 없이 그저 하나님이 자신의 주인이라고 믿었다.

엘리야는 화려하고 풍족한 도시보다는, 다소 불편하더라도 단순한 사막을 더 좋아했다. 실제로 그는 도시를 몹시 싫어했으며, 도시가 사치와

신앙적인 무관심의 온상이라고 생각하였다. 실제로 도시 사람들은 엄격하지 못했고, 심지어는 페니키아, 이집트, 니네바 등에서 온 우상 신들까지 받아들었다. 그래서 엘리야는 도시는 이단이 싹트는 곳이므로, 그곳에 거주하는 사람들과 함께 이세벨은 이 땅에서 사라져야 한다고 믿었다. 이에 아합과 이세벨은 선지자 엘리야를 굉장한 위험인물로 여겼다.

엘리야는 자신의 주장은 정당하며, 대의명분(大義名分)이 있다고 확신했다. 그는 사자처럼 용감했으며, 세속적인 야심이라고는 하나도 없었다. 게다가 개인의 재산을 모으는 것을 경멸했기 때문에 낙타털로 만든 거친 옷이 그의 유일한 재산이었다. 엘리야는 사람들이 나눠주는 것을 먹고 살았다. 그리고 너무나 궁핍했을 때 까마귀가 주는 것을 먹었다.

선지자 엘리야(411쪽 그림)_엘리야라는 이름은 히브리어로 '나의 하느님은 여호와이시다'라는 뜻이다. 그는 기원전 9세기 중반에 등장한 고대 이스라엘 민족의 예언자였다.
황야의 엘리야_선지자 엘리야가 길르앗 황야에서 지내는 모습이다. **다니엘라 다 볼테라의 작품.**

엘리야와 까마귀_엘리야가 까마귀로부터 음식을 받아먹고 있는 장면이다. **라자로 발디의 작품.**

엘리야는 쉴 줄 모르고 일을 하였고, 자신이 가진 극적인 능력을 잘 이용할 줄도 알았다. 그는 홀연히 도시에 나타나 하나님의 경고를 알린 다음 백성들이 놀라움에서 깨어나기도 전에 다시 사라졌다. 그리고 며칠 후엔 다른 곳에 나타나 백성들에게 다시 하나님의 경고를 하고는 다시 신비스럽게 모습을 감췄다.

또한, 엘리야는 자연의 법칙을 거스를 능력이 있었기 때문에 손 하나만으로도 강의 흐름을 막거나, 옥수수 한 포대를 열둘로 늘릴 수도 있었다. 그는 병든 사람을 낫게 한 적이 많았으며, 죽은 사람도 쉽게 일으켜 세웠다. 하늘에서 번개처럼 나타난 엘리야는 방심하고 있던 북이스라엘 왕국의 아합을 공격했다. 아합은 왕비인 이세벨의 치맛바람에 눌려 그녀의 친정 나라인 페니키아에서 섬기던 바알 신의 제단을 짓고, 공식적으로 바알 신을 승인했다. 그리하여 아합은 자신이 지은 죄에 대한 벌을 들어야 할 차례가 되었다.

아합 앞에 나선 엘리야는 무서운 예언을 하였다.

"땅에는 가뭄이 있을 것입니다. 그리고 기근과 전염병도 올 것입니다. 이는 하나님께서 우상 숭배를 한 죄를 허락하지 않기 때문입니다."

그리고 엘리야는 홀연히 사라져버렸다. 아합의 병사들이 그를 찾아 나섰지만 허사였다. 그는 재빨리 이스라엘의 고원 지대를 지나 자신이 좋아하는 사막 지대로 되돌아왔다. 사막의 깊은 골짜기에 있는 그릿 시냇가의 단촐한 오두막이 그의 집이었다. 까마귀들이 아침에도 빵과 고기를 그에게 가져다주었고, 저녁에도 빵과 고기를 가져다주었다. 그리고 물은 시냇물을 마셨다. 그런데 그 땅에 비가 내리지 않았으므로 얼마 있지 않아 마실 물이 없어지자 새로운 거처를 찾아 나섰다.

▌바알 신과 대결하는 엘리야

그가 대답하되 내가 이스라엘을 괴롭게 한 것이 아니라 당신과 당신의 아버지의 집이 괴롭게 하였으니 이는 여호와의 명령을 버렸고 당신이 바알들을 따랐음이라. 그런즉 사람을 보내 온 이스라엘과 이세벨의 상에서 먹는 바알의 선지자 사백 오십 명과 아세라의 선지자 사백 명을 갈멜 산으로 모아 내게로 나아오게 하소서.
-열왕기상 18장 18~19절

엘리야는 동쪽에서 서쪽으로 나라를 횡단하던 중에 지중해 연안의 사르밧에 도착했다. 그곳은 페니키아의 두로 시가 지배하는 곳에 속해 있었지만, 기적을 일으키는 엘리야의 명성은 이미 이교도들에게도 잘 알려져 있었다. 엘리야는 자기가 있던 집주인의 죽은 아들을 살려내는 기적을 일으켰다. 또한, 흉작이 들어 여러 해 동안 사람들이 굶주릴 때, 하나님에 대한 신앙심 깊은 여인에게 기름과 밀가루를 주었다는 이야기는 아직도 전해지고 있다.

엘리야는 백성들의 비참한 상황을 보여 주면 아합이 이성을 되찾으리라 생각했지만, 그건 오산이었다. 오히려 그 반대였다. 국가적인 재앙에 격노한 이세벨 왕비는 하나님의 추종자들을 전보다 더 심하게 박해하고 탄압했다. 그로 인해 신앙심이 깊은 늙은 제사장 몇 명만이 살아남았고, 그들은 아합의 궁내대신 오바디야의 도움으로 겨우 피신해 있었다.

하나님을 믿는 사람들을 박해하는 아합_엘리야의 경고에도 불구하고 아합은 하나님을 믿고 따르는 사람들을 바알 신의 제물로 삼아 화형에 처했다.

엘리야는 하나님의 뜻을 따라 그들마저 처형되기 전에 그들을 구하기로 했다. 하나님은 엘리야에게 북이스라엘 왕국으로 돌아가 아합에게 한번 더 말하라고 명령했다. 북이스라엘 왕국으로 돌아온 엘리야는 왕궁밖에서 기다리고 있다가 왕의 말 목초지를 돌보던 오바디야를 만났다.

엘리야는 오바디야에게 하나님의 말씀을 아합에게 전하고자 하니 왕을 만날 수 있도록 준비하라고 명했다. 다시 한번 아합과 선지자 엘리야가 만났다. 아합은 엘리야가 지닌 하나님의 능력을 두려워했기 때문에

아합과 이세벨 앞에 나타난 엘리야_엘리야는 아합 왕과 왕비 이세벨 앞에 나타나 바알을 숭배하는 죄에 대한 벌로 나라에 가뭄과 기근이 들 것이라 경고하고 자취를 감춘다. **프레드릭 레이튼의 작품.**

아합 왕 앞에 선 엘리야_엘리야가 나타나 우상 숭배를 하는 아합 왕을 꾸짖고 있는 장면이다.

그의 말을 주의 깊게 들었고, 그가 시키는 대로 했다.

엘리야는 바알의 제사장들을 모두 불러 이즈르엘의 대평야를 아우르는 갈멜산 정상으로 한 명도 빠지지 말고 오라고 말했다. 먼 곳에서부터 온 바알의 제사장들이 갈멜산에 속속 도착했다. 엘리야의 기이한 능력을 보고 싶어 하던 사람들도 많이 몰려들었다.

바알의 제사장들이 모두 모이자 엘리야는 그들에게 말했다.

"하나님과 바알 중 누가 더 강력한 신인지를 의심하는 자가 있을 것이다. 그러한 의심은 바로 이 순간에, 그리고 영원히 결정 날 것이다."

엘리야는 송아지 두 마리를 준비해달라고 해서 한 마리를 그들에게 건네주며 바알 신에게 제사를 지낼 준비를 하도록 하고, 또 한 마리는 자신이 취했다. 송아지가 제단의 장작 위에 놓였다.

"우리 중 누구도 제단의 장작에 불을 붙이지 말라. 대신에 각자의 신에게 기도하여 무슨 일이 일어나는지 보도록 하자."

온종일 이교도들은 바알 신에게 몸을 던져가며 도와 달라고 기도를 했다. 그러나 그들의 제단은 차가울 뿐이었다. 이에 바알의 제사장들은 소리를 지르며 이상한 주문을 외웠지만, 아무 일도 일어나지 않았다. 엘리야가 그들을 조롱했다.

"당신네들의 바알이라는 그 훌륭한 신. 그 고귀한 신께서 자기 백성을 구하러 오지도 않는구나. 아마 여행을 갔거나 잠이 든 모양이니 더 크게 외쳐보아라. 그러면 너희들의 소리를 들을 수 있을지도 모른다."

선지자 엘리야(419쪽 그림)_이스라엘 왕국의 예언자로, 구약 성경 시대에 모세와 사무엘과 함께 위대한 예언자로 평가받는다.
바알 신에게 기도하는 제사장들_바알 신을 믿는 제사장들이 자신들의 제단에 불을 내려달라고 기도하는 장면을 새긴 부조 작품이다.

UNIVERSUS
CARMELITARUM ORDO
AUCTORI SUO S. EIL
EXTRUCTA EREXIT

엘리야는 그들이 기도하도록 밤이 되기까지 기다려주었다. 그러고 나서 엘리야는 사람들에게 가까이 다가와 자신을 살펴보라고 말했다. 그는 이스라엘 민족의 열두 지파를 상징하는 열두 개의 돌을 집어 들어 제단을 다시 쌓고, 그 둘레에 도랑을 파서 모든 사람과 사물로부터 구분되게 했다. 마지막으로 그는 사람들에게 자신의 제단의 나무와 돌 위에 물을 부으라고 말했다.

물을 세 번 부어 제단이 모두 흠뻑 젖었을 때, 엘리야는 아브라함과 이삭과 이스라엘의 하나님을 불렀다. 그러자 갑자기 하늘에서 불이 내려왔다. 물에 젖은 나뭇가지들이 불에 타는 가운데 제물도 타올랐다. 이로써 모두가 하나님의 힘을 보았다. 엘리야는 승리의 순간에 바알의 제사장들을 향해 손가락질하며 "이 사기꾼들을 처단하라"고 소리쳤다.

자신의 제물에 물을 붓게 하는 엘리야_엘리야는 바알 신의 제사장들과의 시합에서 자신의 제물에 물을 끼얹으라고 하여 불이 붙는 것을 상상도 하지 못하게 했다.

엘리야의 제물에 붙는 하나님의 불_엘리야가 하나님께 기도하자 하늘에서 엘리야의 제물에 불이 떨어져 붙는 장면이다.

그러자 이스라엘 백성들은 이국의 침입자들을 공격했고, 기손 시내로 끌고 가서 450명이나 되는 거짓 선지자들을 모두 처형했다.

엘리야는 아합에게 다시 한 번 말했다.

"이제 하나님이 만족했다. 저녁이 되기 전에 가뭄은 해갈될 것이다." 그 약속이 여전히 귓가에 울리고 있을 때, 아합 왕은 자신의 거처로 발걸음을 돌렸다. 그가 반마일도 채 가기도 전에 비가 내리기 시작했다. 3년 6개월 만에 처음으로 이스라엘 땅에 빗방울이 떨어진 것이다.

아합은 왕비 이세벨에게 그날 오후의 일을 말하였다. 그러자 이세벨은 화가 나서 거의 제정신이 아니었다. 그녀는 바알 신의 제사장들을 죽인 대가로 엘리야를 잡아서 재판을 받게 하여 죽이라고 아합을 부추겼다.

그러나 엘리야는 이미 사라진 후였다. 이번에는 이세벨이 그냥 넘어가지 않을 거라고 생각한 그는 각별히 주의하면서 몸을 숨겼다.

엘리야와 엘리사

여호와께서 그에게 이르시되 너는 네 길을 돌이켜 광야를 통하여 다메섹에 가서
이르거든 하사엘에게 기름을 부어 아람의 왕이 되게 하고 너는 또 님시의 아들 예
후에게 기름을 부어 이스라엘의 왕이 되게 하고 또 아벨므홀라 사밧의 아들 엘리
사에게 기름을 부어 너를 대신하여 선지자가 되게 하라 하사엘의 칼을 피하는 자
를 예후가 죽일 것이요 예후의 칼을 피하는 자를 엘리사가 죽이리라 그러나 내가
이스라엘 가운데에 칠천 명을 남기리니 다 바알에게 무릎을 꿇지 아니하고 다 바
알에게 입맞추지 아니한 자니라

－열왕기상 19장 15~18절

엘리야는 남쪽 유다 왕국의 국경선에 있는 브엘세바에 도착했지만, 그
곳도 안전하지 않다고 여기고 다시 사막으로 나왔다. 그곳에서 엘리야는
배고픔과 목마름으로 거의 죽을 지경에 이르렀다. 엘리야는 로뎀 나무
아래에 누워 잠이 들었는데, 그때 한 천사가 엘리야를 깨웠다. 엘리야가
깨어보니 그의 머리맡에는 뜨겁게 달군 돌에 구워낸 빵과 물 한 병이 놓
여 있었다. 엘리야는 먹고 마신 뒤에 다시 잠이 들었다.

하나님의 천사가 다시 와서 엘리야를 깨우며 말했다.

"일어나서 먹어라. 갈 길이 아직도 많이 남았다."

천사에게 빵과 물을 받는 엘리야(423쪽 그림)_엘리야는 이세벨의 추적을 피해 사막에 와서 몸을 숨길 때
천사로부터 빵과 물을 얻어 40일간을 지낸다. **루벤스의 작품.**

잠자는 엘리야 앞에 나타난 천사_배고픈 엘리야를 위해 음식을 주기 위해 나타난 천사를 묘사한 부조상이다.

엘리야는 일어나서 천사가 준 음식을 먹고, 40일 동안 다른 것을 먹지 않고서도 움직일 수 있었다.

마침내 엘리야는 시나이반도에 있는 산 중의 하나인 호렙산(시나이산)에 도착했다. 그곳은 성스러운 장소였다. 1천 년 전 천둥이 울리는 가운데 모세가 하나님의 율법인 십계명을 받았던 곳이기 때문이다. 그러나 모세가 하나님의 계시를 받았을 때는 지금과 상당히 달랐다. 우선 너무나 강한 돌풍이 불어 엘리야가 절벽으로 떨어질 뻔했다.

엘리야는 곧 귀를 기울였지만, 아무 소리도 들리지 않았다. 그때 강력한 지진이 일어나 우렁찬 소리가 들려왔고, 불길이 솟구쳤다. 엘리야가 한 번 더 귀를 기울였으나 여전히 아무것도 들을 수 없었다.

그런데 갑자기 지진과 돌풍이 멈췄다. 가느다란 침묵의 소리만이 흐르고 있었다. 그때 엘리야는 하나님의 목소리를 들었다. 하나님은 엘리야에게 왔던 곳으로 다시 돌아가서 그의 뒤를 이을 후계자를 찾으라고 명하였다. 엘리야가 살아 있을 날은 얼마 안 남았지만, 이스라엘 땅에는 아직도 해야 할 일이 많이 남아있었기 때문이다.

엘리야는 하나님의 말씀에 순종하여 사막을 떠나 자신이 그렇게도 싫어하던 도시로 갔다. 그가 과거 이스라엘의 사사들이 아말렉과 미디안의 군대를 물리쳤던 이즈르엘 평원에 도착하였을 때, 한 소년이 비옥한 땅에서 밭을 갈고 있었다. 하나님은 이 소년이 엘리야의 제자가 될 것이라는 징후를 엘리야에게 보냈다.

호렙산 동굴의 엘리야_모세가 십계명을 받았던 호렙산에서 엘리야가 하나님의 계시를 받는 장면이다.

엘리야와 엘리사_하나님의 뜻대로 후계자 엘리사를 만난 엘리야가 자신의 옷을 입혀주는 장면이다.

　엘리야는 가던 길을 멈추고 그에게 자신의 겉옷을 던져주었다. 이 의식의 의미를 이해한 소년은 쟁기를 놔두고 집으로 돌아가서 부모에게 작별을 고하고는 엘리야를 따라나섰다. 소년의 이름은 엘리사였다. 이후에 그는 지혜롭게 순종하는 것을 배워서 엘리야의 뒤를 이어 위대한 선지자가 되었다. 엘리야와 엘리사는 이스라엘 왕국에 도착하자 끔찍한 상황을 목격하였다. 이세벨의 영향으로 바알의 다른 제사장들이 페니키아에서 옮겨와 북이스라엘 왕국에는 이교도의 우상이 가득 넘쳐나 있었다.

▌나봇의 포도원

너는 일어나 내려가서 사마리아에 있는 이스라엘의 아합 왕을 만나라 그가 나봇의 포도원을 차지하러 그리로 내려갔나니 너는 그에게 말하여 이르기를 여호와의 말씀이 네가 죽이고 또 빼앗았느냐고 하셨다 하고 또 그에게 이르기를 여호와의 말씀이 개들이 나봇의 피를 핥은 곳에서 개들이 네 피 곧 네 몸의 피도 핥으리라 하였다 하라

-열왕기상 21장 18~19절

그동안 불안에 빠진 아합 왕은 사마리아를 떠나 이스르엘에 새 궁전을 짓고 그곳에 와 있었다. 새 궁전 가까이에는 이스르엘 사람 나봇의 소유인 포도원이 하나 있었다. 아합 왕은 포도원의 자리가 마음에 들었다.

"그대의 포도원이 나의 궁 가까이에 있으니 나에게 넘기도록 하시오. 나는 그것을 정원으로 만들려고 하오. 내가 그것 대신에 더 좋은 포도원을 하나 주겠소. 그대가 원하면 그 값을 돈으로 계산하여 줄 수도 있소."

그러나 나봇은 조상의 손때가 묻은 포도원을 팔 수 없다고 거절하였다. 아합은 포도원의 땅을 얻지 못하자 화를 내며 궁으로 돌아와 침대에 누워 얼굴을 돌리고 음식도 먹지 않았다. 그러자 그의 아내 이세벨이 이 문제를 쉽게 해결할 수 있는 방법을 제안했다. 그녀의 제안은 왕의 권력으로 나봇을 죽이고 포도원을 빼앗는 일이었다.

하지만 아합은 선지자 엘리야가 두려워 그렇게 하지 않았다. 아합은

아픈 척하고 침상에 누워버렸다. 이세벨은 아합이 침상에서 나오지 않는 동안을 이용하여 나봇에게 반역죄를 뒤집어씌웠다. 그리하여 재판도 없이 나봇과 그의 가족들은 모두 돌에 맞아 죽었다.

이 일이 일어나자마자 엘리야가 궁전 정원 앞에 나타났다. 그는 평소처럼 전혀 예상치 못했던 방식으로 등장했다. 엘리야에게 하나님의 계시를 들은 아합은 말할 수 없는 공포를 느꼈다. 한 해가 가기 전에 나봇의 피를 핥았던 개들이 왕의 피를 핥을 것이며, 이스르엘 거리에 던져진 이세벨의 시신을 찢어 먹을 것이라고 말했기 때문이다.

엘리야의 무서운 예언에 아합은 두려워 떨며 운명을 피할 방법을 찾으려고 했다. 그의 적들은 북쪽에 있었다. 분명 아합은 아람의 또 다른 공격에 대비했지만, 다행히도 그 당시 아람은 아시리아의 압박을 받고 있었다. 남쪽과 동쪽에서 동시에 공격을 받는다면 아람은 그만 야심을 꺾을 수도 있다고 생각했다. 그래서 아합은 먼저 공격하기로 결심했다. 그는 유다 왕국의 여호사밧에게 전령을 보내 다마스쿠스를 공격하는 전쟁에 동참할 것을 제안하였다.

나봇의 포도원을 탐내는 아합(428쪽 그림)_포도원을 탐낸 아합은 나봇에게 포도원을 팔라고 한다. 그러나 나봇은 아합에게 조상 대대로 물려받은 포도원을 팔수 없다고 거절하는 장면이다. **토머스 매튜스 루크의 작품.**

위대한 선지자, 엘리야의 조각상

▌여호사밧과 아합의 죽음

아합이 내 앞에서 겸비함을 네가 보느냐 그가 내 앞에서 겸비하므로 내가 재앙을
저의 시대에는 내리지 아니하고 그 아들의 시대에야 그의 집에 재앙을 내리리라
하셨더라
-열왕기상 21장 29절

당시 남쪽의 유다 왕국은 매우 현명한 여호사밧이 통치하고 있었다. 여호사밧은 왕이 될 때에 서른다섯 살이었다. 그는 예루살렘에서 스물다섯 해 동안 다스렸으며, 하나님을 잘 섬기고, 좋은 일을 했다. 그의 어머니 아수바는 실히의 딸이다. 하나님을 향한 믿음이 신실했던 여호사밧은 아버지 아사의 시대까지 남아 있던 아세라 목상들과 우상들을 모두 없애라고 명령했다. 또한, 유다 왕국의 모든 성읍에 군대를 배치하여 국방을 튼튼하게 했다.

여호사밧이 재위 3년째가 되는 해에 벤 하일, 오바드야, 즈카르야, 느탄엘, 미카야 등의 대신들을 여러 유다 성읍에 보내 백성들을 가르치게 했다. 또 그들과 함께 스마야, 느탄야, 즈바드야, 아사엘, 스미라못, 요나탄, 아도니야, 토비야, 톱 등의 레위 지파의 사람들과 엘리사마 사제와 여호람 사제를 보냈다.

그들은 하나님의 율법을 가지고 가서 유다의 백성들을 가르쳤다. 이렇듯 하나님을 섬기는 유다 왕국이 점점 강성해지자 주변의 모든 나라들이

유다 왕국의 예루살렘 성전_북이스라엘 왕국과 분리되었지만, 유다 왕국은 예루살렘에 하나님 성전이 있었기에 정통적인 권위를 간직하였다.

두려움에 사로잡혀 여호사밧의 유다 왕국을 넘보지 못했다.

게다가 주변 나라들이 유다 왕국에 조공까지 보내기 시작했다. 블레셋 사람들은 은을, 아라비아 사람들은 숫양 7천 7백 마리와 숫염소 7천 7백 마리를 조공으로 바쳤다.

여호사밧의 세력은 더욱 강해졌다. 유다군의 군사 수는 유다 집안의 천인대장 아드나 휘하의 군대 30만 명, 그 밑의 천인대장 여호하난과 그의 부하 휘하의 군대 28만 명, 그 밑에 하나님을 위해 자원한 지크리의 아들 아마스야 휘하의 군대 20만 명, 베냐민 집안의 용사 엘야다 휘하의 군대이자 활과 작은 방패로 무장한 군사 20만 명, 여호사밧과 그의 휘하 군대 18만 명 등, 총 군사 수가 무려 116만 명에 달했다.

▌엘리야의 승천과 엘리사의 활동

이르되 네가 어려운 일을 구하는도다 그러나 나를 네게서 데려가시는 것을 네가
보면 그 일이 네게 이루어지려니와 그렇지 아니하면 이루어지지 아니하리라 하고
-열왕기하 2장 10절

___

아합의 시신은 북이스라엘 왕국으로 옮겨졌고, 그의 장례식이 시작되기 직전에 왕궁의 병거에 묻은 아합의 피를 없애려고 할 때였다. 어디선가 나타난 개들이 그 피를 혀로 핥았다. 이렇게 엘리야의 예언이 실현되었다.

아합의 왕위는 장남 아하지야가 이었지만, 그도 얼마 가지 않아 죽었다. 그리고 그의 동생 여호람이 왕위에 올랐다. 이때 북이스라엘 왕국에 공물을 바치던 모압 왕 메사가 반란을 일으켰다.

여호람은 유다 왕국의 여호사밧에게 함께 모압 땅을 정복하여 나누어 갖자고 제안했고, 여호사밧 역시 그 계획에 찬성했다. 두 왕은 군대를 이끌고 모압 땅으로 진격했지만, 모압의 방어벽이 너무 강하여 회군하였다.

이 당시는 이스라엘 민족의 역사에서 매우 결정적인 순간이었다. 이세벨은 북쪽 이스라엘에서 폭군처럼 나라를 통치했고, 유다 왕국에서는 이세벨의 딸 아달리아가 외국인 고문관들의 뜻에 따라 남편의 나라인 유다 왕국을 조종하고 있었다. 그녀 역시 어머니 이세벨을 닮아 바알 신상을 세우고 숭배하였다. 이렇게 되자 유다 왕국 어디에서나 하나님의 지배가

바알 신전의 아탈리아와 여로보암_여호사밧 왕과는 다르게 그의 뒤를 이어 왕이 된 여로보암은 아내

끝나고 바알이 승리한 것처럼 보였다.

이교도의 바알 숭배를 배척하려면 즉각적이고 강력한 행동이 필요한 때였지만, 선지자 엘리야는 더는 이 땅에 있지 않았다. 어느 날, 엘리야는 엘리사와 길을 걷다가 하늘에서 내려온 불 마차를 타고 하나님의 곁으로 올라갔기 때문이다.

엘리야가 하늘의 불 병거를 타고 승천할 때에 엘리사와 다음과 같은 일이 있었다. 하나님이 엘리야를 회오리바람에 실어 하늘로 데리고 올라가실 때가 되니, 엘리야가 엘리사를 데리고 길갈로 떠났다. 길을 가다가 엘리야가 엘리사에게 말하였다.

"나는 주님의 분부대로 벧엘에 가야 한다. 그러나 너는 여기에 남아 있거라."

하지만 엘리사는 엘리야를 따라나섰다.

"주님께서 살아 계심과 스승께서 살아 계심을 두고 맹세합니다. 나는 결코 스승님을 떠나지 않겠습니다."

그리하여 그들은 함께 벧엘까지 내려갔다. 벧엘에 사는 예언자 수련생들이 엘리사에게 와서 물었다.

"선생님의 스승님을 주님께서 오늘 하늘로 데려가려고 하신다는데, 선생님께서는 알고 계십니까?"

그러자 엘리사가 말하였다.

"나도 알고 있으니, 조용히 하시오."

엘리야가 엘리사에게 말하였다.

"나는 주님의 분부대로 여리고로 가야 한다. 그러나 너는 여기에 남아 있거라."

그러나 이번에도 엘리사는 엘리야를 따라나섰다.

요단강을 가르는 엘리야_엘리야와 엘리사가 함께 요단강을 건너려 할 때에 엘리야가 옷을 벗어 강물에 내리치자 모세의 기적처럼 강물을 가르는 장면이다. **제니퍼 르클레어의 작품.**

"주님께서 살아 계심과 스승님께서 살아 계심을 두고 맹세합니다. 나는 결코 스승님을 떠나지 않겠습니다."

그리하여 그들은 함께 여리고로 갔다. 여리고에 사는 예언자 수련생들도 엘리사에게 와서 똑같이 물었다.

"선생님의 스승님을 주님께서 오늘 하늘로 데려가려고 하신다는데, 선생님께서는 알고 계십니까?"

또다시 엘리사가 말하였다.

"나도 알고 있으니, 조용히 하시오."

엘리야가 엘리사에게 말하였다.

"나는 주님의 분부대로 요단강으로 가야 한다. 그러나 너는 여기에 남아 있거라."

그러나 이번에도 엘리사는 엘리야를 떠나지 않았다.

"주님께서 살아 계심과 스승께서 살아 계심을 두고 맹세합니다. 나는 결코 스승님을 떠나지 않겠습니다."

그리하여 두 사람은 또다시 함께 길을 떠났다. 예언자 수련생들 가운데서 50명이 요단강까지 그들을 따라갔다. 엘리야와 엘리사가 요단강가에 서자 따르던 제자들이 멀찍이 멈추어 섰다.

그때 엘리야가 자기의 겉옷을 벗어 말아서 그것으로 강물을 치니 물이 좌우로 갈라졌다. 엘리야와 엘리사는 물이 마른 강바닥을 밟으며 요단강을 건넜다.

요단강 맞은 쪽에 이르러 엘리야가 엘리사에게 말하였다.

"주님께서 나를 데려가시기 전에 내가 네게 어떻게 해주기를 바라느냐?"

엘리사가 엘리야에게 대답했다.

"스승님이 가지고 계신 능력을 제가 갑절로 받기를 바랍니다."

그러자 엘리야가 말하였다.

"너는 참으로 어려운 것을 요구하는구나. 주님께서 나를 너에게서 데려가시는 것을 네가 보면, 네 소원이 이루어지겠지만, 그렇지 않으면 그것이 이루어지지 않을 것이다."

그들이 이야기하면서 걷고 있을 때 갑자기 불 병거가 나타나 두 사람을 갈라놓더니 엘리야만 회오리바람에 싣고 하늘로 올라갔다.

엘리사가 이 광경을 보면서 외쳤다.

"나의 아버지! 나의 아버지! 이스라엘의 병거이시며 마병이시여!"

불 병거를 타고 하늘로 승천하는 엘리야(439쪽 그림)_선지자 엘리야가 엘리사에게 자신의 겉옷을 주고는 불 병거를 타고 하나님의 나라로 승천하는 장면이다.

이렇게 해서 엘리사는 엘리야를 다시는 볼 수 없었다. 이후 엘리사는 엘리야의 능력을 물려받아 자연을 다스릴 수 있었으며, 그 역시 존경과 경의의 대상이 되었다. 이후 엘리사가 이세벨을 제거하기로 결심했을 때, 이러한 그의 능력들이 크게 도움이 되었다.

엘리사는 원리 원칙을 따르며 평화를 지키는 사람은 아니었지만, 그렇다고 무력을 사용하는 사람도 아니었다. 그래서 실제 임무는 선지자 예후가 맡았다. 예후는 구약 성경에서 가장 눈길을 끄는 인물이다. 그는 무모할 정도로 용감한 것으로 유명했다. 예후는 오래된 기존 왕조를 전복시키는 위험한 임무에 딱 맞는 지도자였다. 또한, 그에게는 행운도 따랐다.

마침 유다 왕과 북이스라엘 왕이 함께 모이는 일이 있었다. 그들은 사돈이었기에 겉으로는 서로 호의적이었다. 그러나 북이스라엘 왕 여호람이 먼저 위험하다는 것을 알아차렸다. 그는 예후가 공격할 것이라는 소식을 듣고 무장 병거를 타고 도망치려 했지만, 이미 때는 늦었다. 여호람은 심장에 화살을 맞고 죽었다.

예후를 피해 달아나는 여호람_예후의 공격을 짐작한 여호람이 여로보암과의 회동을 미루고 달아나는 장면이다.

이세벨 왕비의 죽음_이스라엘의 7대 왕 아합의 왕비로 바알 숭배자였으며, 이스라엘에 많은 악한 짓을 저질러 결국 자신의 시종들에 의해 창밖으로 떨어져 죽었다.

　예후는 말머리를 돌려 이세벨을 향해 달려갔다. 늙은 왕비는 자신의 운명이 다된 것을 알고 위엄 있게 맞섰다. 그녀는 왕비의 복장을 차려입고 예후를 기다렸다. 예후는 궁에 도착하자마자 이세벨의 시종들에게 이세벨을 창밖으로 내던지라고 명령했다. 이윽고 이세벨은 창밖으로 내던져져 길가에 떨어져 죽었고, 어디선가 개들이 나타나 그녀의 시신을 갈기갈기 찢고 말았다.

이세벨의 죽음_사악한 왕비 이세벨은 아합 왕을 좌지우지하고, 나라의 정치에도 간섭한 교활하고 영민한 독부(毒婦)였다. 그녀는 하나님을 믿는 제사장들을 학살하고, 바알 신전을 지어 우상을 섬겼다. 이에 선지자 엘리야는 아합과 이세벨의 말로가 피로 얼룩져 개들로부터 핥게 되리라 예언하였다. 엘리야의 예언대로 이세벨의 마지막은 더러운 개와 더불어 마무리됐다. 아무도 없는 쓸쓸한 길가에 볼썽사납게 찢어진 그녀의 육체만이 이곳저곳에 널브러져 있었다. **장 레옹 제롬의 작품.**

　예후는 아합 왕의 후손들을 모조리 찾아내어 죽였다. 그리고 바알 제사장들에게는 싸우지 않겠다는 것을 널리 알린 다음, 그들의 종교에 다소 온건한 태도를 취했다. 그리고 그들에게 바알 신전에서 만나 앞으로의 일에 대해 논의하자고 제안했다.

　그들은 예후가 진실을 말 할 것이라 믿고 모였다. 하지만 건물 안으로 들어서자마자 문이 닫혔고, 밤이 되었을 때 바알 숭배자들은 한 명도 빠짐없이 모두 살해되었다. 예후는 북이스라엘 왕국의 왕이 되었고, 엘리사는 크게 기뻐했다. 이로써 하나님의 승리는 완전하게 이루어졌다.

▌예후의 폐쇄 정책

여호와께서 예후에게 이르시되 네가 나보기에 정직한 일을 행하되 잘 행하여 내
마음에 있는 대로 아합 집에 다 행하였은즉 네 자손이 이스라엘 왕위를 이어 사대
를 지내리라 하시니라
-열왕기하 10장 30절

예후는 북이스라엘 왕국에 있는 모든 바알 숭배자들을 처형하는 과정
에서 지혜를 발휘했다. 먼저 그는 여호나답과 함께 바알을 섬기는 제사
장은 물론 바알 숭배자들을 단 한 사람도 빠짐없이 모두 불러모았다. 그
리고 그들 모두를 바알 신당에 들어가게 하고는 바알에게 제사를 지내
도록 하였다.

예후는 신당 바깥에 80명의 병사들을 배치해 그들을 감시하게 했다.
드디어 바알 신당에서 제사가 시작되었고, 바알 제사장들과 바알을 숭
배하는 사람들이 번제를 바치는 순서가 끝나자 곧바로 병사들에게 그들
을 죽이라고 명령했다.

그러자 예후의 병사들이 들어와 바알 숭배자와 제사장들을 모두 칼로
쳐 죽이고, 바알 신당에 세웠던 돌기둥, 즉 바알을 상징하는 것과 아세라
여신을 상징하는 나무 기둥을 끌어내어 부수어 버렸다. 그뿐 아니라 바
알 신당을 헐어서 화장실로 만들어서 사용하였다.

이렇게 바알 숭배자들을 하나도 남김없이 소탕한 예후는 북이스라

선지자들의 행렬_바알 신앙을 척결한 예후 왕조는 순수 유대인 혈통 우대와 이방족을 배격하는 정책을 취했다.

엘 왕국의 새로운 왕으로 등극하였다. 그러나 피를 부른 예후의 승리는 북이스라엘 왕국의 이익에는 도움이 되지 못했다. 예후는 용감하고 겁이 없는 왕이었지만, 나라를 다스릴 지혜와 정치적인 감각은 부족했다.

게다가 예후는 유대인 순혈주의를 중시하여 이스라엘 왕국에 사는 사람 중에서 순수 유대인 혈통이 아닌 사람들을 배격했다. 그리고 북이스라엘 왕국과 유다 왕국에 '가상의 벽'을 세우고, 유대 왕국의 국경선 밖에서 태어난 자들은 모두 멀리했다. 예후는 이방족의 영향이 있는 권력과 뒤엉킨 동맹 관계를 못마땅하게 여겼으며, 하나님을 인정하지 않는 조약은 모두 혐오스러운 것이라고 선언했다.

예후의 정책으로 북이스라엘 왕국과 유다 왕국에서 이방족의 영향이 사라졌다. 그래서 두 나라가 이제 참다운 성지가 될 것처럼 보였다. 물론 이는 고귀한 바람이었으나 곧 실패할 운명이었다. 이 세상에서 살인으로 얻을 수 있는 것은 아무것도 없기 때문이었다.

선지자 아모스와 호세아 같은 경건한 사람들은 이미 오래전에 이를 인정하였고, 그렇게 많은 피를 흘리는 것에 대해 개탄했다. 그러나 그들이 이런 사실을 알았을 때는 이미 너무 늦었다.

아람 왕, 하사엘

하나님의 사람이 그가 부끄러워하기까지 그의 얼굴을 쏘아보다가 우니 하사엘이 이르되 내 주여 어찌하여 우시나이까 하는지라 대답하되 네가 이스라엘 자손에게 행할 모든 악을 내가 앎이라 네가 그들의 성에 불을 지르며 장정을 칼로 죽이며 어린 아이를 메치며 아이 밴 부녀를 가르리라 하니 하사엘이 이르되 당신의 개 같은 종이 무엇이기에 이런 큰일을 행하오리이까 하더라 엘리사가 대답하되 여호와께서 네가 아람 왕이 될 것을 내게 알게 하셨느니라 하더라

–열왕기하 8장 11~13절

아람 왕국에서도 혁명이 일어났다. 아람의 장군이었던 하사엘이 벤하닷 2세를 죽이고 왕위에 올랐다. 하사엘은 엘리사의 예언대로 이스라엘 왕국을 크게 괴롭힌 인물이다.

아람의 왕 벤하닷 2세는 이스라엘 왕국의 영토인 다마스쿠스를 점령하여 그곳에서 머물던 중 병이 들었다. 마침 그곳에 선지자 엘리사가 머물고 있다는 소식을 듣고는 하사엘을 보내 자신의 병이 나을 수 있냐고 물었다.

엘리사는 하사엘에게 벤하닷 왕은 반드시 나을 것이나 또한 반드시 죽는다고 말했다. 이때 엘리사는 하사엘을 보고 얼굴을 굳히며 탄식하다가 마침내 울음을 터뜨렸다. 하사엘은 엘리사의 울음에 당황하여 물었다.

"선생님, 어찌하여 우십니까?"

엘리사는 울음을 그치며 하사엘에게 말했다.

"나는 그대가 이스라엘 사람들에게 장차 어떤 악한 일을 할지 그것을 알고 이렇게 우는 것이오. 그대는 이스라엘 요새에 불을 지르고, 젊은이들은 칼로 쳐 죽이고, 어린아이들은 메어쳐 죽이며, 임신한 여인의 배를 가를 것이오."

하사엘이 놀라 엘리사에게 말했다.

"소인은 개보다도 나을 것이 없는 몸입니다. 그런데 어찌 그렇게 엄청난 일을 저지른다고 하십니까?"

이에 엘리사가 대답하였다.

"하나님께서 보여주신 환상 가운데서, 그대가 아람의 왕임을 보았소."

이 말을 들은 하사엘은 그 즉시 벤하닷 2세에게 돌아가 왕이 나을 수 있다는 믿음을 심어준 뒤, 이튿날 이불을 물에 적신 후 왕의 얼굴에 덮어서 왕을 질식사시켜 암살하고, 스스로 아람 왕에 등극하였다.

왕위를 찬탈한 하사엘은 아람의 세력을 크게 키우면서 이스라엘 왕국의 침공에 더욱 박차를 가했다. 하사엘은 길르앗 라못에서 아합의 아들 요람에게 상처를 입혔고, 요단 계곡 동쪽까지 점령했다. 이후 이스라엘 왕국은 하사엘의 잦은 침입으로 커다란 고통을 당한다.

절체절명의 위기의 시기를 보낼 때 아시리아의 아수로나시팔의 아들 살만에셀 2세가 아람 영토를 공격해 왔다. 이에 하사엘은 대항하려고 헤르몬산 근처에 병력을 총집결하여 대항했지만, 패배하였고 다마스쿠스는 함락되고 말았다. 이 사실이 지중해 연안까지 전해졌을 때 이스라엘 왕국의 통치자들은 아시리아의 정복자가 내건 조건을 서둘러 받아들여 속국이 되어 공물을 바쳤다.

살만에셀 2세가 니네베로 되돌아가자 패배하여 은신해 있던 하사엘은 자신의 패배를 벌충하기 위해서 이스라엘 왕국의 북부를 공격하여 이스라엘 백성들이 사는 지역 몇 곳을 빼앗아 위안으로 삼았다. 그는 엘리사의 예언대로 이스라엘 왕국의 남자들은 죽이고, 여자들을 훔쳐 갔으며, 아이들은 바위에 던져 이스라엘 민족의 전 지파를 근절하려고 하였다.

또한, 그는 흩어져 있던 아람의 이민자들을 데리고 다시 그곳에 나타났다. 그러자 아시리아의 속국 신세가 된 예후는 살만에셀에게 구원을 요청했다. 그러나 아시리아가 원군을 보내기도 전에 하사엘의 아람 군이 이스라엘 왕국을 또다시 공격해 왔다. 그들은 유다 왕국도 크게 파괴한 후 모압, 에돔, 블레셋과 함께 마음껏 두 왕국을 약탈했다.

그리하여 침략자들의 칼에서 살아남거나 굶어 죽지 않은 이스라엘 민족은 노예가 되었고, 이스라엘 민족에게는 사마리아만 남게 되었다. 이 재난의 시간에 엘리사가 이스라엘 통치자를 구하러 왔고, 왕과 선지자는 아시리아의 원군이 올 때까지 함께 사마리아 성을 지키며 싸웠다. 그 당시의 현실은 아시리아 군대가 나라의 구세주와 같았다.

하사엘 석상_하사엘은 구약 시대 아람의 왕으로 〈열왕기하〉와 〈역대기하〉에 자주 등장하며, 북이스라엘 왕국과 유다 왕국을 오랫동안 괴롭혔다. 아래 그림은 하사엘의 아람 군이 북이스라엘 왕국의 다마스쿠스 성을 공격하는 장면이다.

두 이스라엘 왕국의 운명

엘리사가 죽을 병이 들매 이스라엘의 왕 요아스가 그에게로 내려와 자기의 얼굴에 눈물을 흘리며 이르되 내 아버지여 내 아버지여 이스라엘의 병거와 마병이여 하매
-열왕기하 13장 14절

아시리아는 아람 왕을 물리치고 다마스쿠스를 탈환함으로써 북이스라엘 왕국의 위기를 덜어주었다. 그러나 그들은 일을 모두 마치자 북이스라엘 왕국에 많은 공물을 요구했다. 매년 공물을 바칠 것을 요구했는데, 이는 자기들이 계속 호의를 베풀겠다는 것에 대한 보상에 불과했다. 이로써 이스라엘 사람들은 그다음 세기 내내 스스로 불러들인 속국의 멍에를 없애려고 노력했다.

북이스라엘 왕국의 예후 왕조를 연 예후는 28년간의 긴 통치를 마감하고 죽어 사마리아에 묻혔다. 예후의 뒤를 이어 그의 아들인 여호아하스가 왕위에 올랐다. 그는 17년간의 재위 기간 동안 아람 왕 하사엘과 벤하닷의 침략에 시달렸다. 하지만 그는 운이 좋았다. 그는 하사엘에게 빼앗긴 다마스쿠스를 탈환했으며, 군대를 니네베까지 동쪽으로 진군시킬 수 있었다. 그의 아들 요아스 역시 운이 좋은 왕이었다. 그는 엘리사의 인도를 받았고, 죽는 날까지 엘리사를 진심으로 지지했다.

예후의 손자 요아스가 북이스라엘 왕국의 왕으로 즉위한 지 얼마 지나

지 않아 엘리사가 위독한 병이 들어 자리에 누웠다. 그러자 요아스가 직접 엘리사를 찾아가 눈물을 흘리면서 안쓰러워했다. 이에 병석에 누워있던 엘리사는 왕에게 활과 화살을 취해 동편 창문 너머로 활을 쏘라고 지시했고, 요아스가 화살을 쏘자 엘리사가 말했다.

"그것은 왕이 아람의 아벡에서 크게 무찌를 거라는 뜻이다."

엘리사의 지시로 활을 쏘는 요아스_병석에 누워있던 엘리사가 요아스에게 활과 화살을 취해 창문 너머로 쏘라고 지시하는 장면이다. **윌리엄 다이스의 작품.**

말을 마친 엘리사는 또다시 입을 열어 요아스에게 화살을 잡고 땅을 치라고 지시하였다. 이에 요아스는 화살을 잡고 가볍게 세 번만 툭툭 치고 말았다. 이 광경을 본 엘리사가 크게 화를 내면서 말했다.

"적어도 대여섯 번은 쳤어야지! 그랬으면 아람을 멸망시킬 수도 있었는데! 세 번만 쳤으니 앞으로 아람을 세 번만 쳐서 이길 것이다."

한편 아람의 왕 하사엘이 죽고 그의 아들 벤하닷 3세가 왕위에 오를 무렵, 아시리아의 살만에셀이 죽고 잠시 쇠퇴기에 접어들었으나 기원전 805년 아다드니라리 3세가 권좌에 오르면서 아람의 수도 다마스커스에 대대적인 공세를 퍼부었다. 그 공세는 매우 오랫동안 지속되었지만, 힘을 너무 소모한 탓에 아시리아는 아람 정복을 완수하지 못했다.

그러나 이 공세로 인해 아람 왕 벤하닷 3세는 거의 재기 불능의 타격을 입고 휘청거리고 있었는데 이 틈을 타 북이스라엘 왕국의 요아스 왕이 세 차례 거병하여 과거 하사엘이 빼앗은 땅을 수복하는 데 성공했다. 그 와중에 비탄에 잠긴 북이스라엘 왕국의 왕 요아스가 지켜보는 앞에서 선지자 엘리사가 세상을 떠났다.

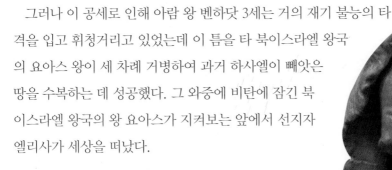

엘리사 목조상_엘리사는 엘리야의 뒤를 이어 활동했던 선지자로서, 북이스라엘의 제9대 왕 여호람에서부터 예후, 여호아하스를 거쳐 제12대 요아스 왕까지 무려 50여 년간 영적 지도자의 사명을 감당했다.

요아스는 종교적인 의무도 잘 지켰다. 그러나 그가 하나님을 경외했지만, 예루살렘 성전이 약탈당하는 것을 막지는 못했다. 요아스의 아들 여로보암 2세가 마지막으로 북이스라엘 왕국의 승리와 영광을 가져왔다. 이때는 솔로몬 왕의 옛 영광을 다시 찾아올 것처럼 보였으며, 백성들은 예전의 영광된 위치를 되찾을 것이라고 기대했다.

그러나 곧 그들은 크게 실망하였다. 그들에게 찬란한 하늘의 영광은 또다시 찾아오지 않았다. 그것은 나라의 태양이 지기 전 마지막으로 빛을 발하는 붉은 빛에 불과했다. 시장 한구석에서 재난이 닥칠 거라는 경고의 말도 무시하였다. 일부 백성들은 그 경고의 말에 무언가 진실이 있을 것이라 걱정했지만, 이미 너무 늦어버렸다.

이 시기 아시리아에서 특출한 능력을 갖춘 자가 왕위에 올랐다. 그는 아시리아를 제국으로 키울 야망을 품고 있었다. 그의 꿈은 예상했던 것보다 빨리 이스라엘 민족이 그의 야망을 이룰 기회를 만들어 주었다.

여로보암 2세_ 이스라엘 왕국의 13대 왕인 여로보암 2세는 잃어버린 영토를 되찾는 등 나라를 빛내는 것처럼 보였으나, 우상 숭배로 여로보암 1세의 전철을 밟았다.

아시리아 군대의 행렬이 새겨진 부조_성경에 언급된 디글랏 빌레셀은 아시리아를 강력한 제국으로 만든 뛰어난 인물이다.

그의 등장에 위협을 느낀 아람 왕국의 르신은 아시리아의 서진 정책을 저지하기 위해 북이스라엘 왕국과 군사 동맹을 맺고, 유다 왕국의 요담에게도 동맹에 참여할 것을 강요했다. 그러나 유다 왕국은 아람과의 동맹을 거절하였다. 이에 아람의 르신은 군대를 동원하여 유다 왕국을 공격했다. 전쟁에 휘말린 유다 왕 아하스는 아시리아의 디글랏 빌레셋에게 원군을 요청하기에 이른다.

기회를 포착한 아시리아의 디글랏 빌레셋은 아람을 공격하여 르신을 살해하고, 다마스쿠스를 점령하고는 아시리아의 영토로 편입시켰다. 이로써 아람 왕국은 200여 년 만에 르신에 이르러 멸망하게 되었다.

한편 유다 왕국의 선지자 이사야는 유다 왕국의 아하스가 아시리아와 동맹을 맺자 이교도와의 동맹에 대해 경고했다. 유다 왕국은 오직 하나님만 믿고, 그 어느 것도 믿어서는 안 되기 때문이었다. 하지만 아하스는 선지자 이사야의 말을 믿지 않는다고 대답했고, 하늘에 징후를 보여달라는 요청조차도 하지 않았다.

그러나 이사야는 곧 태어날 아이들이 성인이 되기도 전에 유다 왕국과 북이스라엘 왕국 모두 멸망할 것이라고 예언했다. 그런데도 아하스왕은 믿지 않았다.

아하스는 예루살렘성전의 금과 은을 모두 모아서 디글랏 빌레셋에게 선물로 주었다. 그리고 동맹자에게 경의를 표하기 위해 솔로몬 시대부터 지성소 앞에 있었던 청동 제단까지 들고 가 디글랏 빌레셋에게 바쳤다.

선물을 받은 디글랏 빌레셋은 몹시 기뻐했다. 이 선물로 감동을 받은 그가 이전보다 더 이스라엘 민족에게 친근하게 대했는지는 알 수 없다. 왜냐하면 디글랏 빌레셋의 계획은 죽음으로 끝났기 때문이다. 하지만 디글랏 빌레셋은 유다 왕국이 살아남게는 해주었다. 그리고 그의 후계자 살만에셀은 선왕과 똑같은 외교 정책을 폈다. 그는 유다 왕국에는 온건했지만, 북이스라엘 왕국에는 무자비했다.

성경을 기록하는 이사야_기원전 8세기에 태어난 선지자 이사야는 북이스라엘 왕국의 멸망을 경고하였고, 신약의 초석을 놓은 구약의 완성자이다.

북쪽 이스라엘 왕국의 멸망

옛적에 여호와께서 야곱의 자손에게 언약을 세우시고 그들에게 명령하여 이르시
되 너희는 다른 신을 경외하지 말며 그를 경배하지 말며 그를 섬기지 말며 그에게
제사하지 말고 오직 큰 능력과 편 팔로 너희를 애굽에서 인도하여 내신 여호와만
경외하여 그를 예배하며 그에게 제사를 드릴 것이며 또 여호와가 너희를 위하여 기
록한 율례와 법도와 율법과 계명을 지켜 영원히 행하고 다른 신들을 경외하지 말
며 또 내가 너희와 세운 언약을 잊지 말며 다른 신들을 경외하지 말고 오직 너희 하
나님 여호와만을 경외하라 그가 너희를 모든 원수의 손에서 건져내리라 하셨으나
-열왕기하 17장 35~39절

　북이스라엘 왕국의 마지막 왕인 호세아는 아시리아가 공격할 것이라
는 말을 듣고, 이집트와 서둘러 동맹을 맺으려고 했다. 그러나 나일 강
에서 동맹군이 오기도 전에 아시리아의 살만에셀이 국경을 넘어 북이스
라엘 군대를 격파했고, 전쟁 포로로 호세아 왕을 니네베로 끌고 갔다.

　그러고 난 뒤에도 아시리아의 군대는 사마리아를 포위했다. 사마리아
사람들은 필사적으로 마지막 교두보를 3년이 넘도록 방어했으나, 아시
리아의 사르곤에 의해 함락되었고, 이렇게 북이스라엘 왕국은 수치스러
운 멸망을 맞게 되었다.

　이후로 끔찍한 고통의 시대가 시작되었다. 이렇게 된 것은 이스라엘

민족이 자신들을 이집트 땅에서 이끌어 내어 이집트 파라오의 손아귀로부터 구원하여 주신 하나님을 거역하여 죄를 짓고, 다른 신들을 섬겼기 때문이다. 또 하나님께서 이스라엘 민족의 면전에서 내쫓으신 이방 나라들의 관습과 이스라엘의 역대 왕들이 잘못한 것을 그들이 그대로 따랐기 때문이었다.

수십만의 북이스라엘 왕국의 사람들은 아시리아로 끌려가 할라와 고산 강가에 있는 하볼과 메대의 여러 성읍에 이주되었다. 또한, 북이스라엘의 수도 사마리아에는 아시리아의 다섯 지역에서 온 이방인의 이민자들이 정착해 남아 있는 유다 지파의 사람들과 함께 지내게 되었다.

그렇게 하여 아시리아의 이민자들은 사마리아인이라는 새로운 종족을 만들어내었다. 그들은 처음에는 아시리아의 백성들이었지만, 나중에는 바빌로니아와 마케도니아, 로마의 지배를 받게 되었다. 결국 그들은 다시는 독립 국가를 결성하지 못했다.

북이스라엘 왕국의 멸망_북이스라엘 왕국의 마지막 왕인 호세아는 아시리아의 공격을 막으려고 했지만, 실패하여 감옥에 갇혔다. 또한, 사마리아는 함락되어 이스라엘 백성들은 포로로 아시리아에 끌려갔다.

▋남쪽 유다 왕국의 멸망

여호와께서 이르시되 내가 이스라엘을 물리친 것 같이 유다도 내 앞에서 물리치
며 내가 택한 이 성 예루살렘과 내 이름을 거기에 두리라 한 이 성전을 버리리라
하셨더라
-열왕기하 23장 27절

유다 왕국은 북이스라엘 왕국보다 150년을 더 버텼다. 그러나 주변 나
라들 모두에게 굴종(屈從)에 가까운 태도로 일관하며 명목상의 독립만 유
지하였을 뿐이었다. 산헤립이 아시리아 왕위에 올라 이집트로 불운한 원
정을 떠날 때 유다 왕국의 히스기야 왕은 금 30달란트로 국가의 면제권
을 샀다. 그러나 그 돈을 구하기 위해서 예루살렘의 성전 벽에 남아 있던
나머지 금 조각들을 모두 긁어내야만 했다.

이런 상황에도 예루살렘 사람들은 자기 나라의 처지가 얼마나 굴욕적
인지를 깨닫지 못했다. 게다가 유다 왕국의 백성들은 아시리아 병사들이
거리를 무례하게 활보하고 다녀도 여전히 즐겁게 먹고 마셔댔다.

그러나 그들의 무관심은 갑자기 공포로 뒤바뀌었다. 아시리아의 산헤
립이 그동안의 유화정책을 철회하여 유다 왕국의 수도를 파괴하려고 한
다는 소문이 나돌았다. 소식을 듣고 혼비백산한 백성들은, 결국 선지자
이사야에게 의지했다. 왕은 그들을 실망시켰지만, 이사야는 열심히 백성

산헤립의 패배_산헤립은 이집트 원정길에 나섰으나 나일강의 늪지대에 갇혀서 꼼짝하지 못하고 전염병 등으로 군사들을 잃고는 아시리아로 돌아갔다. **루벤스의 작품.**

들의 용기를 북돋아 주었다. 그리고 만약 그들이 예루살렘을 끝까지 지키겠다고 결심한다면 하나님이 도와줄 것이라고 약속했다.

이사야는 진실을 예언한 것처럼 보였다. 아시리아 군대는 나일강 삼각주의 습지에 갇혀서 진군은 커녕 꼼짝도 하지못했다. 또한, 병사들의 대다수가 열병으로 죽었으며, 남은 이들도 기이한 질병뿐만 아니라 화살줄까지 갉아 먹는 쥐들의 공격을 두려워하여 무기를 버리고 후퇴하였다.

이사야는 기뻐했지만 환호하기에는 아직 일렀다. 아시리아가 끔찍한 복수를 준비하고 있었기 때문이다. 이런 시기에 시드기야가 유다 왕국의 왕이 되었다. 그는 자기 몸이 편한 것만이 최고의 관심사였으며, 나라의 안전과 독립에는 무관심했다.

한편 아시리아 제국에 커다란 변화가 일어났다. 강력한 제국은 칼테아(신 바빌로니아)인이나 또 다른 셈족에게 번갈아 정복되어 또 다른 제국이 들어섰다. 그들은 새 국가를 세우고 옛 도시 바빌론을 수도로 삼았다.

유다 왕국의 시드기야는 급변하는 외국 정세에 별로 개의치 않았고, 아무런 신경도 쓰지 않았다. 그저 자신만이 평화롭게 지낼 수 있다면, 그는 아시리아나 이집트와 마찬가지로 칼테아에게도 기꺼이 조공을 바치려고 했다. 하지만 이렇게 비겁한 사람들은 일생에 단 한 번이라도 신중해야 할 때도 성급하게 행동하는 경향이 있다.

칼테아의 왕 느부갓네살이 이집트와 대치하여 유다 왕국에 소홀해지자 시드기야는 지금이야말로 바로 자신이 유다 왕국에서 영원한 명성을 얻을 수 있다는 사람들의 달콤한 말에 귀를 기울였다.

예루살렘을 걱정하는 선지자 예레미야_예레미야가 시드기야의 실정에 다가올 예루살렘의 앞날을 걱정하고 있는 모습을 묘사한 그림이다. **렘브란트의 작품.**

선지자 예레미야가 시드기야의 우둔한 행동에 결단코 반대했지만, 아무 소용이 없었다. 이에 예레미야는 시드기야에게 나가서 전쟁의 시도는 재앙으로 끝날 것이라고 경고했다. 그러나 시드기야는 자신의 계획에만 열중하여 이 말을 들으려고 하지 않았다.

예레미야가 자신은 이미 네 명의 왕을 섬겼으며 더는 원하는 것도 없다고 시드기야에게 상기시키며 경고를 하여도 아무 소용이 없었다. 결국 시드기야는 분노하며 예레미야를 멀리 보내버렸다. 그러고는 갑자기 칼테아에 바치는 공물을 거부하고, 독립을 선언했다.

그러자 느부갓네살의 군대가 예루살렘을 공격해와 완전히 포위하였다. 예루살렘은 장기간의 포위에 대한 준비가 되어 있지 않았다. 물과 음식이 부족했고, 가난한 사람들은 전염병에 걸렸다. 오직 예레미야만이 의연한 자세로 항복이라는 말을 들으려고도 하지 않았다.

하지만 병약해진 사람들은 예레미야에게서 등을 돌렸고, 심지어 예레미야가 칼테아에게 돈을 받았다고 비난했다. 그는 결백을 주장했지만, 결국 감옥에 갇히게 되었다. 한 친절한 흑인이 예레미야를 동정하여 어두운 감옥에서 그를 구해 주고, 포위가 끝날 때까지 위병소에 숨겨주었다.

유다 왕국의 마지막 왕인 시드기야는 공식적으로 항복하기 전에 백성들을 버렸다. 그는 한밤중에 신하 몇 명과 함께 궁전을 빠져나가 칼테아의 보초선 너머로 도망쳤다. 아침이 되자 그는 요단강으로 향했다. 이 소식을 들은 느부갓네살은 즉시 시드기야를 잡아 올 기병대를 내보냈다.

예레미야 조각상

여리고 근처에서 시드기야는 기병대에게 체포되었다. 그는 느부갓네살 왕의 진영으로 잡혀 왔으며, 그에 대한 처벌은 매우 끔찍했다. 맨 먼저 그는 아들들이 처형되는 것을 보아야만 했다. 그 후 그는 눈을 가린 채 바빌론으로 보내졌고, 그곳에서 시드기야는 느부갓네살의 개선 행렬에 끼어 행진했다. 얼마 지나지 않아 그는 바빌론 감옥에서 세상을 떠났다. 당시 문명화되어 있었던 칼테아 사람들은 예레미아를 살려주고, 영예롭게 대했다.

그들은 이기심이 없고 지혜로운 그를 존경했으며, 집에 머물러 있어도 아무 문제가 없을 것이라고 말했다. 그러나 유다 왕국의 백성들은 북이스라엘 왕국 사람들과 같은 운명을 겪거나, 메소포타미아에 포로로 끌려갈까 걱정했다. 그들은 이집트로 도망칠 준비를 했다. 예레미아가 그냥 머물러 있으라고 충고를 했지만, 공포에 떨던 예루살렘 사람들은 그의 말을 듣지 않았다.

그들은 짐을 꾸려 동쪽으로 떠났다. 예레미야는 그들을 보호하고, 위하려고 했기 때문에 그들을 따라갔다. 하지만 그는 힘든 여행을 하기에는 너무 나이가 많아서 어느 이집트 마을에서 죽음을 맞이했다. 그는 길가에 매장되었다. 그때가 예수 그리스도가 태어나기 586년 전이었다.

예루살렘의 함락_예루살렘은 파괴되어 폐허가 되었고, 이스라엘 백성들은 바빌로니아로 모두 강제 이주되었다. 그 후 칼테아의 총독이 예루살렘을 다스렸다.

제8장

이스라엘의 망명 시대

북이스라엘은 B.C. 722년 앗수르에 의해 멸망하고, 남유다는 B.C. 586년 바벨론에 의해 멸망한다. 나라를 잃은 이스라엘 자손들은 이방족의 나라에 포로로 끌려가 온갖 고생을 하게 된다. 이스라엘 망명 시대의 계시는 명백하다. 거대한 제국을 다스리는 왕들이 아닌 하나님께서 진정한 통치자라는 것이다. 〈예레미야〉, 〈이사야〉, 〈에스겔〉, 〈다니엘〉에서는 하나님께서 어떻게 심판하시는지, 또 하나님의 주권이 어떻게 세워지는지를 밝히고 있다.

┃이스라엘 민족의 이산

여호와의 말씀이니라 보라 날이 이르리니 내가 이스라엘 집과 유다 집에 새 언약
을 맺으리라
-예레미야 31장 31절

이스라엘 민족을 지배하게 된 세력은 문명화를 이룬 민족이었다. 모세
보다 1천 년 전에 이미 문자를 사용했던 위대한 입법자 함무라비 왕 이후
로 바빌로니아 민족은 서아시아에서 가장 문명화되어 있었다.

바빌로니아의 왕은 미스바에 식민지 관청을 두고 친(親)바빌로니아 세
력 가운데 명문가 출신의 그달리야를 총독으로 파견하여 이스라엘 민족
을 다스리게 했다. 바빌로니아의 식민지 정책은 비교적 온건해서 아시
리아처럼 강압적이지 않았다. 바빌로니아는 세월이 지나면서 잡아간 왕
족들에게 호의를 베풀었으며, 일반 백성들은 티그리스와 유프라테스 강
가 농업 지대에 정착하여 거주하면서 어느 정도 자유로운 생활을 했다.

포로로 잡혀간 유대인들의 경우, 멸망 이전에 지키던 전통과 신앙에
대한 재정립이 요구되었다. 특히, 성전 파괴 이후 몰아닥친 엄청난 재앙
은 이스라엘 백성들로 하여금 신앙에 관한 근본적인 질문을 하도록 만
들었다.

한 번도 제기된 적이 없는 이러한 질문들에 대한 대답은 우선적으로

바빌론 유수_이스라엘의 유다 왕국 사람들이 신바빌로니아의 바빌론으로 포로가 되어 이주한 사건이다. 〈예레미야〉 52장 30절에 의하면 포로의 수는 전후 3회에 걸쳐 4,600명이라고 기록되었으나, 이것은 남자만의 수일 것이며, 부녀자를 포함하면 4만 5,000명 이상으로 추정된다.

당시 활동했던 이사야, 예레미야, 에스겔 같은 예언자들을 통해 이루어 졌다. 성전 예배가 불가능해지면서, 성전 없이도 가능한 새로운 예배 형식과 공동체를 창조해 내지 않으면 안 되었으며, 점차 성전보다 율법을 중시하는 경향으로 바뀌어 갔다. 여기서 제사장의 지위에 버금가는 율법학자의 역할과 지위가 부각되기 시작하였다.

  포로로 끌려간 이들이 급격한 변화에 적응하기 위해 몸부림치고 있는 동안 고국에 남아있던 유대인은 '가난한 땅의 백성(암 하레츠)'이라 불릴 정도로 열악한 경제적 조건 속에서 살아가야 했다. 이들은 주로 낮은 신분에다 과다한 세금 부과, 소작으로 인한 영세성 등으로 말미암아 빈궁할수밖에 없었다. 그럼에도 불구하고 이들은 자신들의 정체성을 유지하고 전통과 관습을 보전하는 주체로서 그 역할을 충실히 담당했다.

　이처럼 이스라엘 왕국의 멸망과 백성들의 이산은 이스라엘 민족을 두 집단, 즉 바빌로니아 이산 집단과 팔레스타인 거주 공동체로 갈라놓았는데, 50여 년이라는 세월이 흐르는 동안 두 집단 간의 차이와 갈등은 점점 커져갔다. 이산 집단의 경우, 이질적인 비(非)유대 문화와 접촉하게 되면서 새로운 시대의 변화에 걸맞은 신앙적, 사회적 변화를 추구하며 새로운 공동체를 형성해 나갔고, 반면에 거주 공동체는 나름대로 이전의 전통을 이어가면서 급격한 사회 변동으로 생긴 정치적, 사회적 공백을 메우며 점차 안정된 정치적, 경제적 기반을 확보해 나갔다.

바빌로니아 왕국의 화려한 이슈타르 문_고대 바빌로니아 사람들은 유대인들을 잘 알지 못했으며, 그들을 단지 처량한 난민 정도로 인식하고 있었다.

예언자 예레미야

> 그러나 그 날 후에 내가 이스라엘 집과 맺을 언약은 이러하니 곧 내가 나의 법을 그들의 속에 두며 그들의 마음에 기록하여 나는 그들의 하나님이 되고 그들은 내 백성이 될 것이라 여호와의 말씀이니라
> —예레미야 31장 33절

'주님께서 세우신다'는 뜻을 가진 예레미야는 유다 왕국의 멸망 직전에 활동했다. 그는 유다 왕국과 예루살렘에 나타날 심판(멸망)만을 전했기 때문에 많은 핍박을 당하였다. 구약시대 때 가장 고통스럽게 서약했던 선지자라고 해도 과언이 아니다. 유다 왕국의 멸망 이후에는 이집트로 건너가 지속적으로 이스라엘 백성과 이집트에 대한 심판을 예언하다 결국 돌에 맞아 순교한 '눈물의 선지자'로 전해진다.

〈예레미야〉의 내용은 예레미야의 소명으로 시작하여 유다 백성의 범죄로 인한 하나님의 징벌, 바빌론을 통해 나타날 멸망과 유다와 이스라엘에 대한 회복, 왕들의 불순종과 그로 인한 예루살렘의 함락, 아홉 이방 족속에 대한 하나님의 심판, 유다 왕국의 종말로 끝을 맺는다.

내용만 봐도 암울한 내용이니, 예레미야가 당대에 활동할 적에는 핍박을 줄기차게 받아왔다. 제사장과 예언자들에 의해 소송을 당하거나, 바빌론에 복종하는 것이 하나님의 뜻임을 선포하다 매국노로 찍히거나, 거짓 예언자들과 대결하고 개인적인 고통도 심하게 받았으며, 거짓 예언자

로 낙인찍혀서 이집트로 끌려가는 등 온갖 수난을 받았다.

그래서 그를 '눈물의 예언자', '수난의 예언자'라 부른다. 무엇보다도 그는 자신이 핍박을 받았을 뿐만 아니라 자기 민족과 이스라엘, 예루살렘이 당하는 하나님의 징벌에 대한 쓰라린 괴로움으로 인해 비통할 수밖에 없었다. 그런 가운데 그가 쓴 시와 노래가 있으니 바로 〈예레미야 애가〉이다.

그의 사역 동안 유일하다시피 '볕이 든 기간'은 요시야 왕 때이다. 요시야 왕은 평생 하나님에게만 충성하고 개혁을 일으켜 우상신 숭배를 뿌리 뽑다시피 했던 왕이었다. 요시야는 모세의 율법을 발견한 이후로 하나님이 결단한 멸망을 돌이켜보려 무척 애를 썼다. 그중에서 예레미야의 도움을 많이 받는데, 예레미야에게 있어서는 그야말로 가뭄에 비가 쏟아지는 듯한 감격이었을 것이다.

그러나 요시야는 이집트의 느고 2세가 아시리아를 지원하기 위해 바벨론 원정을 나갈 때 "하나님이 나한테 하라 하신 일이니 괜히 신경 쓰지 마라"라는 느고의 전언을 무시하고, 그를 막으려 변장하고 느고와 맞서 싸우다가 화살을 맞는 중상을 입어 결국 죽는다. 게다가 요시야의 후계로 즉위한 여호아하스와 그 뒤의 여호야김은 아버지 요시야와는 완전히 동떨어진 타락하고 무능한 왕이었다. 더구나 여호아하스는 즉위한 지 얼마 되지도 못하고 느고에게 폐위를 당했으니, 여호야김은 공개적으로 자기를 비난하고 개혁을 촉구하는 예레미야를 눈엣가시로 여겼다.

예레미야 애가(465쪽 그림)_아름답고 영화로웠던 하나님의 도성 예루살렘이 참담하게 파괴되고, 멸망당한 현실을 처절하게 슬퍼하며 애절한 눈물로 노래한 다섯 장의 짧은 시 형식으로 이루어진 조가(弔歌)이다. 동시에 하나님이 살아계시다면 과연 하나님의 지상 임재 처소인 성전이 이방인의 말발굽에 짓밟힐 수 있는가에 대한 신앙적 회의와 의문에 대한 변증이라 할 수 있다. 하지만 궁극적으로 성취될 하나님의 새 언약을 제시함으로써 폐허 속에서도 회복과 구원의 찬란한 빛을 던져주고 있다.

심지어 백성들조차 예레미야를 믿지 않았는데, 바벨론 유수 후 느부갓네살이 약속한 7년 후에 고향으로 돌아갈 기대에 부풀어있는 상황에서 "70년 후에야 돌아갈 수 있다"고 예언하는 예레미야의 말은 당시 이미 타락할 대로 타락한 이스라엘 백성들에게 있어서는 설사 하나님의 말이라 해도 받아들이고 싶지 않은 것이었다. 이후 백성들은 예레미야에게 폭력을 사용하고는 "이집트로 도망가 봤자 아무 소용없다"라는 예레미야를 이집트로 가는 피난길에 강제로 끌고 갔다.

그렇다고 해서 예레미야가 결코 감상이나 단순한 민족주의 때문에 통곡한 사람은 아니었다. 다만 그의 눈물은 순명(順命)해야만 했던 하나님의 언약 때문이었다. 〈예레미야〉에서도 그는 외로웠고, 쓰라린 고통에 괴로워한 모습으로 일관된다. 그런데도 최후의 순간까지 참된 예언만을 전한 예레미야는 기독교 사역자의 원형을 보여준다. 예레미야야말로 말씀과 언약 때문에 자기 몸까지 제물로 바치는 참 설교자의 이미지를 보여준 사람이라 할 수 있겠다.

예레미야_'눈물의 선지자'로 불리는 예레미야는 타락과 부패로 점철되어 돌이킬 수 없는 파멸의 깊은 수렁으로 빠져드는 유다 왕국의 망국적 상황에서 끝까지 눈물로 회개를 촉구하는 〈예레미야〉를 남긴다. **미켈란젤로의 작품.**

▌예언자 이사야

그가 찔림은 우리의 허물 때문이요 그가 상함은 우리의 죄악 때문이라 그가 징계를 받으므로 우리는 평화를 누리고 그가 채찍에 맞으므로 우리는 나음을 받았도다 우리는 다 양 같아서 그릇 행하여 각기 제 길로 갔거늘 여호와께서는 우리 모두의 죄악을 그에게 담당시키셨도다

−이사야 53장 5~6절

아모스의 아들 이사야는 아시리아의 침략으로 이스라엘 왕국이 망해가고, 유다 왕국 내에서는 종교적 관용주의가 팽배하면서 흉흉해진 시기를 살았다. 이 당시 종교적 관용주의가 흉흉하게 된 것은 이스라엘 민족이 위기에 빠지면서 하나님의 근본주의가 강해지고, 다른 신을 인정하는 것은 외세에 굴복하는 것과 다름없는 상태였기 때문이다.

예언자 이사야는 유다 왕국의 히스기야의 뒤를 이은 므낫세가 친(親)아시리아 정책과 이방신에 대한 관용 정책을 펼치자 이에 맞서 대항하다가 톱으로 허리를 잘려 죽는 처형을 당했다.

이사야가 지은 〈이사야〉는 암울하고 절망적이며, 정의와 평화가 사멸돼가는 상황을 바라보며 강력하게 규탄하고, 심판을 경고하면서 동시에 미래에 열리게 될 새로운 세상, 곧 '공평과 정의의 기초 위에 세워진 생명과 평화의 하나님 나라'에 대한 비전과 희망을 말하고 있다.

〈이사야〉는 처음 39장까지의 내용과 40장 이후의 내용이 확연하게 갈

린다. 39장까지는 이스라엘에 닥칠 위험에 대해 엄숙히 경고하는 내용인 데 비해 40장부터는 바빌론 포로 생활에서 돌아온 이스라엘에 대한 구원 과 위로를 말하고 있다. 시대적으로 보면 39장까지의 내용과 40장 이후 의 내용은 200년의 차이가 난다.

서로 다른 두 이야기가 아무런 설명 없이 한 권에 담겨 있는 것은 전혀 놀랄 일이 아니다. 구약 성경의 편찬자들은 앞서 말한 바와 같이 그런 문 제에 까다롭지 않았다. 그리하여 당시의 편찬자들은 좋은 것을 발견하면 편집 작업을 거치지 않고 무엇이든 두루마리 문서에 붙였다. 이렇게 되 어 책의 두 번째 부분을 작성한 사람의 신원은 첫 부분을 쓴 선지자에게 가려졌지만, 그리 큰 문제는 아니었다.

이사야는 하나님의 능력을 새롭고 독특하게 조명했다. 그에게 있어서 하나님은 작은 셈족이 이룬 나라의 부족 신이 아니었다. 하나님은 '모든 이의 통치자'이며, 이스라엘 민족이 자신들을 구원해 줄 것이라 은근히 바랐던 바빌로니아의 강력한 군주나 페르시아의 강대한 왕 이상의 존재 였고 유일신이었다. 현세의 왕들은 모든 사람에게 법이 되는 유일신을 자기도 모르는 사이에 섬기고 있었다.

하나님은 자신을 모르는 자들을 증오할 만큼 잔인하지 않았다. 오히려 어둠 속에서 그의 이름조차 들어보지 못한 이들에게까지 사랑과 동정을 나누어주었다. 그는 완벽함이라는 금지된 구름 뒤에 숨어 있지 않기 때 문에 볼 수 있는 자는 누구나 보고, 그의 말을 들을 수 있는 자는 들을 수 있었다. 그는 모두를 사랑하는 아버지이며, 제멋대로 가려는 양 떼를 평

이사야(471쪽 그림)_이사야는 구약의 위대한 선지자다. 〈이사야〉는 대예언서 가운데 첫 번째이며 분량도 가장 길다. 이사야는 서른 번이나 하나님을 '거룩한 이'라고 부른다. 한편 〈이사야〉 7장 14절에 나오는 '처녀가 잉태하여 아들을 낳을 것'이라는 구절을 동정녀 마리아가 예수를 낳으리라는 예언으로 해석 한다. **미켈란젤로의 작품.**

화와 정의의 안전한 곳으로 이끄는 양치기였다.

이러한 이야기는 당시 사람들의 수준에 비해 상당히 앞서가는 것이었다. 살아 있는 생명 모두를 사랑하는 하나님에 대한 이야기는 매일 먹을 양식만큼 증오에 의지하여 살고, 하나님이 바빌로니아의 침략자들을 모두 응징할 날을 끊임없이 기도하던 이스라엘 민족에게는 그리 매력적이지 못했다.

그들은 하나님이 아브라함과 야곱의 후손만을 자신의 뜻을 펼칠 도구로 삼을 것이며, 다른 모든 나라들이 새 예루살렘의 주인 앞에 엎드릴 날이 올 것이라 믿으면서 과거의 엄격한 원칙만을 따르던 사람들에게 귀를 기울였다.

이사야의 조각상_이사야는 사악한 왕 므낫세의 치세에 몸이 둘로 잘려 순교했다. 〈이사야의 승천〉이라는 기독교 문헌에는, 그의 순교와 그가 일곱 천국을 여행하면서 그리스도의 환영을 본 이야기가 나온다.

▌예언자 에스겔

여호와의 말씀이 또 내게 임하여 이르시되 인자야 너는 막대기 하나를 가져다가
그 위에 유다와 그 짝 이스라엘 자손이라 쓰고 또 다른 막대기 하나를 가지고 그 위
에 에브라임의 막대기 곧 요셉과 그 짝 이스라엘 온 족속이라 쓰고 그 막대기들을
서로 합하여 하나가 되게 하라 네 손에서 둘이 하나가 되리라 네 민족이 네게 말하
여 이르기를 이것이 무슨 뜻인지 우리에게 말하지 아니하겠느냐 하거든 너는 곧
이르기를 주 여호와께서 이같이 말씀하시기를 내가 에브라임의 손에 있는 바 요
셉과 그 짝 이스라엘 지파들의 막대기를 가져다가 유다의 막대기에 붙여서 한 막
대기가 되게 한즉 내 손에서 하나가 되리라 하셨다 하고 너는 그 글 쓴 막대기들을
무리의 눈 앞에서 손에 잡고 그들에게 이르기를 주 여호와께서 이같이 말씀하시기
를 내가 이스라엘 자손을 잡혀 간 여러 나라에서 인도하며 그 사방에서 모아서 그
고국 땅으로 돌아가게 하고 그 땅 이스라엘 모든 산에서 그들이 한 나라를 이루어
서 한 임금이 모두 다스리게 하리니 그들이 다시는 두 민족이 되지 아니하며 두 나
라로 나누이지 아니할지라

–에스겔 37장 15~22절

이스라엘 민족은 바빌론에서 생활하는 동안 바빌론 사람들이 문자를
탐독하는 모습에 감명을 받아 이스라엘 백성들 모두가 글을 읽을 수 있
게 되었다. 그리고 선지자들은 글로써 바빌로니아와 에게해의 섬들에 사
는 이스라엘 백성에게까지 하나님의 말씀을 전할 수 있는 좋은 기회를
가지게 되었다.

구약 성경과 탈무드의 위대한 종교 율법이나 시민법의 체계도 이때
갖추어졌다. 이렇게 됨으로써 선지자의 역할도 바뀌게 되었다. 과거에

는 선지자가 하나님의 말을 전하는 행동가였으나, 이제는 책에 둘러싸여 묵상하는 학자가 되었다.

하나님도 이제 더는 바람이 부는 사막과 평원의 하나님이 아니었다. 하나님은 율법과 규범이 되었으며, 천둥이 울리는 사막 한가운데서 유대인들에게 말하지 않았다. 그때부터 하나님의 목소리는 조용한 도서관에서나 들리게 되었다. 그리고 선지자는 랍비, 즉 제사장이 되어 신성한 의미를 설명하고 해석하였으며, 점차 엄청나게 늘어나는 서지학적 주석과 비평에 파묻히게 되었다.

하지만 모든 변화가 그렇듯이 새로운 발전은 갑작스러운 것은 아니었다. 이러한 망명 동안 과거의 영적인 지도자에 견줄만한 선지자도 몇몇 있었다. 그중 한 사람은 에스겔이었다.

에스겔 조각상_유대 왕국 말기의 4대 선지자 가운데 한 사람. 바빌론에서 포로 생활을 하면서 견고한 정력과 성격으로 예언하고, 특히 이스라엘 종교의 규례와 의식의 준수를 강조하여 '유대주의의 아버지' · '재건의 예언자'로 불린다.

예언자 에스겔의 일상 _에스겔은 똥 위에서 요리된 음식을 먹거나, 아내의 죽음을 겉으로 슬퍼하지 않고, 많은 시간 동안 말없이 지내는 등 무수하고 기괴한 행동을 했다.

에스겔은 예언자 중에서도 특히 강렬한 환시(幻視)를 체험한 인물이며, 바빌로니아로 끌려간 이스라엘 민족 중에서 사제 출신으로, 신앙 지도자로서 정신적 지주였다.

에스겔에 의하면 바빌로니아의 강가에 있다가 하나님의 영광스러운 환상을 보고 예언자가 되었다. 독특하게 예언자로서 말보다 행동으로 예언을 하는 모습을 보여주는데, 아내가 죽어도 곡을 하지 않고 하나님의 명령에 따라서 몸의 털을 절반씩 밀어버리는 모습을 예로 들 수 있다. 유대인들에게 머리털이나 수염은 남성의 권위를 상징하는 것이라 그것을 밀어버리는 것은 권위를 상실하고 수치를 당한다는 의미인데, 에스겔이 몸의 털 절반을 밀어버린 것은 유다 왕국이 멸망하고 바빌로니아에 수치를 당한다는 것을 몸소 보여준 행동이라고 볼 수 있다.

에스겔이 쓴 〈에스겔〉은 문체도 딱딱하고, 고대 지도자들이 가지고 있던 인간적인 매력도 부족하다. 또한, 그는 겸손하지도 않았다. 그는 종종 인공적인 황홀경에 빠져들어 신비로운 목소리를 들었지만, 그런 만큼 상당히 현실적이기도 했다. 그는 예루살렘이 하나님이 선택한 민족의 수노이기 때문에 긴재히리라고 믿었던 광신도들을 예레미야와 마찬가지로 끊임없이 설득했다.

게다가 그는 행동 없는 믿음으로 나라를 구할 수 없다고 경고했다. 예루살렘이 함락되고 신앙이 부족한 이스라엘 민족이 자신들의 미래에 대해 크게 실망하자, 에스겔은 더 나은 미래를 신봉하며 그들을 구하러 앞으로 나섰다.

그는 예루살렘이 복구되고, 하나님의 성전에 제물의 피가 다시 흐르는 기쁜 날이 올 것이라 예언했다. 그러나 새로운 부활의 순간은 자신이 세세하게 명시한 것처럼 이스라엘 민족이 구체적인 개혁을 실행해야만 가능하다고 주장했다.

에스겔은 자신의 인생관에 따라 이상 국가를 설명했다. 그는 모세의 율법을 강화할 때라고 말했다. 또한, 그는 다윗과 솔로몬의 왕국을 재건하자고 주장했다. 그러나 새로운 국가에서는 왕궁 대신 예루살렘 성전이 국가의 중심지가 되어야 했다.

성전은 하나님의 집이지만, 왕궁은 왕의 집에 불과하므로, 백성들은 그 차이를 분명히 알고 있어야만 했다. 게다가 평범한 일반 백성들도 하나님의 성스러움을 깊이 존중하고, 그가 일상적인 인간관계로부터 다소 떨어져 있는 존재임을 이해해야만 했다.

따라서 에스겔이 말하는 이상 국가의 성전은, 두 개의 거대한 벽으로 둘러싸인 커다란 마당 한가운데 자리 잡고 있기 때문에, 이를 갈망하는 대중들과 항상 일정한 거리를 유지해야만 했다.

에스겔의 꿈(476쪽 그림)_구약 성경 〈에스겔〉은 금속처럼 반짝이는 '네 생물'이 등장하는 꿈에서 시작한다. 그 생물들은 각각 네 얼굴과 네 날개를 가졌고, 그들의 위에는 하나님의 옥좌가 빛나고 있었다. 〈에스겔〉은 〈이사야〉, 〈예레미야〉와 함께 구약 성경의 대예언서로 분류된다. 또한, 미술계에서 에스겔은 주로 흰 수염을 기르고 사나운 표정을 짓고 있는 모습으로 나타난다. 라파엘로가 그린 〈에스겔의 꿈〉은 그의 꿈 내용을 비슷하게 묘사했다. 회색 수염을 기르고 상반신을 드러낸 신이 세 천사를 거느린 채 독수리, 날개 달린 황소와 사자를 탄 모습으로 묘사되어 있다. **라파엘로의 작품.**

다니엘의 꿈 해몽

왕이 사람에게서 쫓겨나서 들짐승과 함께 살며 소처럼 풀을 먹으며 하늘 이슬에
젖을 것이요 이와 같이 일곱 때를 지낼 것이라 그 때에 지극히 높으신 이가 사람의
나라를 다스리시며 자기의 뜻대로 그것을 누구에게든지 주시는 줄을 아시리이다
-다니엘 4장 25절

예수 그리스도가 태어나기 7세기 전, 셈족인 칼데아는 고향인 아라
비아 사막을 떠나 북쪽으로 진격했다. 그들은 아시리아를 몇 번 공격하
다가 메소포타미아 평원 동쪽의 산악 지대 사람들과 공동 작전을 펴기
로 했다. 그들은 함께 아시리아 군대를 물리치고 니네베 시를 파괴했다.

이때 칼데아의 대장 나보폴라사르는 제국의 폐허 위에 새 왕국을 세웠
는데, 현대 역사가들은 이를 '신바빌로니아' 또는 칼데아라 부른다. 그리
고 바빌론을 제국의 수도로 삼았다.

그의 아들 느부갓네살은 물려받은 재산을 굳건히 지켰고, 바빌론은 3
천 년 전 고대 문명사회의 중심지가 되었다. 느부갓네살은 주변 국가들
과 계속 전쟁을 하는 도중에 이스라엘 민족의 나머지, 즉 유다 왕국을 점
령했다. 그는 유다 왕국의 이스라엘 민족을 지중해 연안에서 유프라테스
강 유역으로 이주시켰다.

독재 군주답게 느부갓네살은 점성술에 관심이 많았으며, 해몽을 잘하

다니엘과 세 친구의 석상_유대인이 바빌론에 강제로 이주당할 때, 소년 다니엘은 그의 친구 세 명과 함께 바빌론에 끌려갔다. 왕궁에서 지내게 된 다니엘은 유대인의 관습을 버리지 않고 끝까지 지킨다. 또한, 그의 친구들과 함께 놀라운 일들을 벌여 느부갓네살 왕으로부터 신임을 얻는다.

는 사람을 특별하게 대했다. 그런 사람 가운데 바로 다니엘이 있었다. 다니엘은 그의 친구 세 명과 함께 바빌론으로 끌려온 유다 왕국의 왕자였다. 그는 바빌론의 칼데아 궁정에서 교육받았다.

다니엘과 세 친구는 하나님을 충실히 따르며 성스러운 율법을 세세하게 모두 지켰다. 그들은 일반적인 궁정 음식이 나오면 거부하고, 이스라엘의 율법에 따라 마련된 고기와 채소를 먹었다.

다행히도 칼데아 사람들은 낙천적이고 까다롭지 않아서 다니엘과 세 친구는 자신들의 뜻을 이룰 수 있었다. 그들은 부지런하고 진지해서 바빌로니아 학교에서 모든 것을 배웠고, 새 나라의 유용한 백성이 될 것을 약속했다.

어느 날, 느부갓네살이 위독한 중에 꿈을 꾸었다. 이에 느부갓네살은 현인들을 불러 죽어가는 자신을 위해 꿈을 해몽하라고 명령했다.

그러자 현인들이 느부갓네살에게 말했다.

"폐하, 꿈을 말씀해 주십시오. 그러면 최선을 다해 해몽해 드리겠습니다."

"밤에 자다가 꿈을 꾼 건 분명하지만, 무슨 꿈을 꾸었는지 잊었네. 내가 무슨 꿈을 꾸었는지, 그리고 무슨 의미인지 말하는 게 자네들의 일 아닌가?"

현인들은 관용을 구하면서 왕에게 이성적으로 대답했다.

"자신도 무엇인지 모르는 것을 다른 사람이 어떻게 알 수 있다는 말씀이십니까?"

그러나 느부갓네갈에게는 관용이 없었다. 그는 현인들을 모두 교수형에 처하라고 명령했다. 또한, 느부갓네살은 그들이 자신의 임무를 게을리했다는 이유로, 그들뿐만 아니라 궁정의 다른 주술사와 마법사들도 모두 없애라고 명령을 내렸다.

이때 한 관리가 다니엘과 세 친구들의 처소를 들러 자네들이 동료 주술사들과 운명을 같이 하게 될 것이라고 전했다. 다니엘은 바빌로니아 궁정의 무관들과는 사이가 좋았기 때문에 경비대장 아리옥에게 시간을 좀 달라고 부탁했다.

그동안 다니엘은 자신이 할 수 있는 일을 알아내려고 노력했다. 밤이 되어 다니엘이 자려고 누웠을 때 갑자기 하나님이 나타나 느부갓네살이 잊어버린 꿈을 모두 보여 주었다. 다음 날 아침 경비대장이 다니엘을 느부갓네살에게 데리고 갔다. 아직도 근심 중이던 느부갓네살은 다니엘에게 해몽할 기회를 주었다.

다니엘은 우선 왕이 잊어버린 꿈을 말했는데, 그 꿈은 4백 년 후에 일어날 정치적인 사건과 관련된 기이한 것이었다. 그런 다음 다니엘은 꿈

느부갓네살의 꿈을 풀이하는 다니엘_다니엘의 해몽에 감동한 느부갓네살 왕은 다니엘을 바빌론의 총독으로 임명하였다.

을 해몽했다. 느부갓네살은 크게 기뻐하며, 총명한 다니엘에게 바빌론의 총독 자리를 주었다. 그리고 다니엘의 세 친구인 사드락과 메삭, 아벳느고를 부유한 지방의 통치자로 임명했다.

그런데 느부갓네살은 망령이 들어 이스라엘 민족뿐만 아니라 칼데아 사람들에게도 낯선 우상 숭배를 탐닉했다. 그는 커다란 우상을 세우라고 명령했다. 이것은 높이가 90피트에 이르렀고, 온통 금으로 덮여 있어서 두라 평지에 세워지자 멀리에서도 보였다. 나팔 소리가 울리면 모든 백성은 이 우상에게 엎드려 경배해야만 했다.

시드락과 메삭, 아벳느고는 차마 그렇게는 할 수 없었다. 그들은 십계명의 두 번째 계명을 기억하여 왕의 칙령에 복종하지 않았다. 사람들 모두 우상에게 고개를 숙이고 절했지만, 그들은 그렇게 하지 않았다.

그들은 어떤 벌을 받게 될지 잘 알고 있었다. 곧이어 느부갓네살에게 잡혀갔고, 왕은 불타는 용광로에 집어 던지라고 명령했다. 운명을 피하

자신이 동물이라 상상한 느부갓네살_느부갓네살은 자신을 동물로 생각하여 동물처럼 행동하고 기어
다녔다. **윌리엄 블레이크의 작품.**

지 못하도록 용광로는 평소보다 일곱 배나 더 뜨겁게 달구어졌다. 사드
락과 메삭, 아벳느고는 손발이 묶인 채 불길 속으로 떨어졌다.

하지만 다음 날 아침, 용광로의 문이 열리자 세 청년은 시원하게 수영
하고 나오는 것처럼 밖으로 걸어 나왔다. 그리하여 느부갓네살은 하나님
이 최고의 신이라는 것을 확신하였고, 자신의 우상을 버리고 이스라엘
민족을 좋아하게 되었다.

그러나 불행히도 느부갓네살은 얼마 지나지 않아 이상한 신경성 질병
에 걸려 자신이 동물이라고 상상하게 되었다. 그래서 그는 네발로 기어
다니면서 소처럼 울었고, 들판으로 나아가 풀을 뜯어 먹다가 비참하게
최후를 마치고 말았다.

벨사살의 연회

왕비가 왕과 그 귀족들의 말로 말미암아 잔치하는 궁에 들어왔더니 이에 말하여 이르되 왕이여 만수무강 하옵소서 왕의 생각을 번민하게 하지 말며 얼굴빛을 변할 것도 아니니이다 왕의 나라에 거룩한 신들의 영이 있는 사람이 있으니 곧 왕의 부친 때에 있던 자로서 명철과 총명과 지혜가 신들의 지혜와 같은 자니이다 왕의 부친 느부갓네살 왕이 그를 세워 박수와 술객과 갈대아 술사와 점쟁이의 어른을 삼으셨으니 왕이 벨드사살이라 이름하는 이 다니엘은 마음이 민첩하고 지식과 총명이 있어 능히 꿈을 해석하며 은밀한 말을 밝히며 의문을 풀 수 있었나이다 이제 다니엘을 부르소서 그리하시면 그가 그 해석을 알려 드리리이다 하니라

-다니엘 5장 10~12

느부갓네살 왕은 기원전 561년에 세상을 떠났고, 6년 후 나보폴라사르 왕조가 끝나고 나보니더스 장군이 왕위에 올랐다. 나보니더스에게는 벨사살이라는 아들이 있어서 그와 왕좌를 같이했다. 벨사살이 베푼 연회에 초대된 1천 명 이상의 귀족들이 먹고 마셨으며, 연회장에는 술 취한 사람들로 가득했다.

그때 갑자기 벨사살의 맞은편에 있던 벽에 손이 하나 나타났다. 그 손은 벽에 글자를 썼고, 벨사살은 주술사들을 불러 그 글자들을 해독해보라고 시켰지만 아무도 해독하지 못했다.

벨사살은 크게 낙심하여 얼굴빛이 변하였고, 손님들도 당황하였다. 그러던 중 누군가가 다니엘을 떠올렸다. 곧이어 다니엘이 연회석으로 불

벨사살 왕의 연회_벨사살이 연회 도중에 벽에 기묘한 현상으로 써지는 글자들을 보고 놀라는 장면을 묘사하였다. **렘브란트의 작품.**

려 왔다. 다니엘은 이미 여러 가지 비밀스러운 필법에 정통해 있었다. 다니엘은 벽에 쓰여진 글자들을 위에서 아래로, 다음에는 위로, 그리고 다시 아래로 읽었다.

"하나님께서 당신의 무게를 쟀습니다. 벨사살 왕이시여, 하나님은 당신이 부족하다는 것을 알았습니다."

예언에 대한 보답과 하나님에게 자비를 구하고자 하는 마음에서 벨사살은 다니엘을 부왕으로 삼았다. 그러나 이 영예도 오래가지는 못했다. 페르시아 사람들이 바빌론 문턱까지 밀고 들어왔고, 제국의 앞날이 열 손가락으로 헤아릴 수 있을 정도로 얼마 남지 않았기 때문이다.

▍이스라엘 민족의 귀환

내 하나님 여호와께 기도하며 자복하여 이르기를 크시고 두려워할 주 하나님 주를 사랑하고 주의 계명을 지키는 자를 위하여 언약을 지키시고, 그에게 인자를 베푸시는 이시여 우리는 이미 범죄하여 패역하며 행악하며 반역하여 주의 법도와 규례를 떠났사오며 우리가 또 주의 종 선지자들이 주의 이름으로 우리의 왕들과 우리의 고관과 조상들과 온 국민에게 말씀한 것을 듣지 아니하였나이다 주여 공의는 주께로 돌아가고 수치는 우리 얼굴로 돌아옴이 오늘과 같아서 유다 사람들과 예루살렘 거민들과 이스라엘이 가까운 곳에 있는 자들이나 먼 곳에 있는 자들이 다 주께서 쫓아내신 각국에서 수치를 당하였사오니 이는 그들이 주께 죄를 범하였음이니이다 주여 수치가 우리에게 돌아오고 우리의 왕들과 우리의 고관과 조상들에게 돌아온 것은 우리가 주께 범죄하였음이니이다 마는 주 우리 하나님께는 긍휼과 용서하심이 있사오니 이는 우리가 주께 패역하였음이오며 우리 하나님 여호와의 목소리를 듣지 아니하며 여호와께서 그의 종 선지자들에게 부탁하여 우리 앞에 세우신 율법을 행하지 아니하였음이니이다

온 이스라엘이 주의 율법을 범하고 치우쳐 가서 주의 목소리를 듣지 아니하였으므로 이 저주가 우리에게 내렸으되 곧 하나님의 종 모세의 율법에 기록된 맹세대로 되었사오니 이는 우리가 주께 범죄하였음이니이다 주께서 큰 재앙을 우리에게 내리사 우리와 및 우리를 재판하던 재판관을 쳐서 하신 말씀을 이루셨사오니 온 천하에 예루살렘에서 일어난 일 같은 것이 없나이다 모세의 율법에 기록된 대로 이 모든 재앙이 이미 우리에게 내렸사오나 우리는 우리의 죄악을 떠나고 주의 진리를 깨달아 우리 하나님 여호와의 얼굴을 기쁘게 하지 아니하였나이다 그러므로 여호와께서 이 재앙을 간직하여 두셨다가 우리에게 내리게 하셨사오니 우리의 하나님 여호와께서 행하시는 모든 일이 공의로우시나 우리가 그 목소리를 듣지 아니하였음이니이다 강한 손으로 주의 백성을 애굽 땅에서 인도하여 내시고 오늘과 같이 명성을 얻으신 우리 주 하나님이여 우리는 범죄하였고 악을 행하였나이다 주여 구하옵나니 주는 주의 공의를 따라 주의 분노를 주의 성 예루살렘, 주의 거룩한 산에서 떠나게 하옵소서 이는 우리의 죄와 우리 조상들의 죄악으로 말미암아 예루살렘과 주의 백성이 사면에 있는 자들에게 수치를 당함이니이다

그러하온즉 우리 하나님이여 지금 주의 종의 기도와 간구를 들으시고 주를 위하여

주의 얼굴 빛을 주의 황폐한 성소에 비추시옵소서 나의 하나님이여 귀를 기울여 들으시며 눈을 떠서 우리의 황폐한 상황과 주의 이름으로 일컫는 성을 보옵소서 우리가 주 앞에 간구하옵는 것은 우리의 공의를 의지하여 하는 것이 아니요 주의 큰 긍휼을 의지하여 함이니이다 주여 들으소서 주여 용서하소서 주여 귀를 기울이시고 행하소서 지체하지 마옵소서 나의 하나님이여 주 자신을 위하여 하시옵소서 이는 주의 성과 주의 백성이 주의 이름으로 일컫는 바 됨이니이다

-다니엘 9장 4~19절

페르시아의 키루스는 수문을 통해 바빌론으로 쳐들어왔다. 그는 나보니더스 왕은 살려주었지만, 얼마 후 벨사살이 반란을 도모하자 처형했다. 그리고 겨우 반세기 전에 바빌로니아인들이 유다 왕국을 제국의 속국으로 삼았듯이, 바빌론 지역을 페르시아에 편입시켰다.

〈다니엘〉에 기록된 다리우스는 이름밖에 알려지지 않았지만, 키루스는 고대의 유명한 영웅이며 주목할 만한 인물이었다. 키루스 왕은 대단히 뛰어난 사람이었고, 책략이나 외교술로 불가능한 경우에만 전쟁을 벌여 정복해 나갔다. 그는 강력한 바빌론의 군사들과 동맹국들을 모두 격리한 후에야 바빌론의 정복에 나서는 행군을 시작했다. 이것은 시간이 오래 걸리는 작전이었다. 그는 거의 20년 동안 이 작전을 수행했고, 바빌론의 포로가 된 이스라엘 민족들은 이 작전을 흥미진진하게 지켜보았다.

처음부터 그들은 키루스가 하나님의 명령으로 바빌로니아의 멍에로부터 자신들을 구원해 줄 메시아라고 생각하여 그의 모험을 숨가쁘게 지켜보았다. 이스라엘은 페르시아가 승리했다는 소식이 들릴 때마다 모두 찬양과 희망의 노래를 불렀다.

이스라엘은 하나님이 바빌론을 응징하리라 생각했다. 드디어 불가능할 것만 같았던 일이 현실이 되었고, 바빌론이 함락되자 이스라엘은 열

페르시아 병사들의 벽면 부조_키루스 왕이 이끄는 페르시아군은 바빌로니아를 멸망시키고 억압받던 이스라엘 민족의 구원의 빛이 된다.

광적으로 기뻐하며 축하했다. 그들은 밖으로 뛰쳐나가 새 주인의 발에 입을 맞추고 고향으로 보내 달라고 요청했다.

키루스 왕은 이를 반대하지 않았다. 바빌로니아 제국의 포로들인 이스라엘 민족들은 모두 고향으로 돌아갈 수 있게 되었다. 키루스는 그 이상도 주었다. 그는 사람들의 개인적인 의견에 대해서는 로마인처럼 무관심했다. 이스라엘이나 페니키아, 실리시아인이 페르시아의 신보다 그들의 신을 더 좋아한다 해도 상관하지 않았다.

그들이 원하는 신전을 지어도 괜찮았고, 신전 안을 우상들로 채우거나 그냥 놔둬도 신경 쓰지 않았다. 그는 백성들이 세금을 꼬박꼬박 내고, 총독들에게 충성하기만 한다면 종교나 정치 생활을 마음대로 누릴 수 있게 하였다. 더욱이 이스라엘 민족이 모두 가나안으로 돌아가겠다는 제안에는 이 현명한 통치자에게는 현실적으로 이로운 측면이 있었다. 키루스는 페르시아를 해상국가로 만들고 싶어 했기 때문이었다.

바빌론에서 돌아온 이스라엘 백성들은 거의 굶어 죽을 지경에 있던 원주민들 사이에 섞여 이스라엘에 정착하였다. 그 후 그들은 '사마리아'라는 새로운 종족을 만들었으며, 그 후손은 오늘날에도 팔레스타인 북쪽 지역에 살고 있다.

그러나 그들은 옛날처럼 결코 번성하지 못했다. 그들은 헤브라이와 바빌로니아, 아시리아, 히타이트, 페니키아 족과의 혼혈이었다. 그러다 보니 그들은 옛 유다 왕국의 순수한 혈통을 지닌 유대인들에게 가장 큰 멸시를 받았다.

키루스 왕은 팔레스타인을 정복하여 질서를 회복시키면서 맨 먼저 이스라엘 왕국의 유대인 후손을 찾으려고 애썼지만, 아무 흔적도 찾을 수 없었다. 그들은 바빌로니아 제국에 완전히 동화되었고, 기원전 538년이나 지금이나 그들의 운명은 여전히 수수께끼로 남아 있다. 반면에 유다 왕국의 유대인들은 민족적인 동질성을 고수했기 때문에 다루기 쉬웠다.

키루스 2세(489쪽 그림)_키루스 2세는 메디아조의 마지막 왕의 외손자로, 메디아조의 많은 장군들과 함께 새로운 페르시아 왕조를 건설한다. 그는 바빌로니아를 점령한 후에 칙령을 내려 이스라엘 민족을 풀어 준다..이들이 자신들의 고향으로 돌아갈 수 있도록 허가해 주었을 뿐만 아니라 예루살렘 성이 재건될 수 있도록 재정적 지원도 아끼지 않았다. 성경에도 이 일이 기록되어 있으며 페르시아 왕인 키루스 2세를 칭송하는 많은 구절을 볼 수 있다. **렘브란트의 작품.**

유대인들의 에루살렘 입성_유대인들이 예루살렘으로 돌아왔지만, 그들이 예루살렘을 비운 사이에 사마리아 사람들이 모여 살고 있었다.

　기원전 537년 키루스 왕의 칙령으로 그들은 예루살렘으로 돌아갔으며, 그와 동시에 성전을 재건해도 좋다는 허락도 받았다. 키루스 왕은 40년 전 느부갓네살이 바빌론에 압류했던 금과 은을 모두 그들에게 돌려주었다. 그리고 예루살렘이 무너졌지만, 잊을 수 없는 솔로몬의 옛 영광에 어울릴 만한 새로운 수도로 만들라고 격려도 했다.

　반세기가 지나 선지자의 말이 실현되었다. 이스라엘 백성들은 포로 생활을 마쳤으며, 자유롭게 감옥을 떠날 수 있었다. 그러나 문이 열렸을 때 그 기회를 이용하여 고향으로 돌아간 유대인들은 많지 않았다. 대다수가 바빌론에 그대로 남아 있거나 엑바다나, 니부르, 수사 같은 새로운 페르시아 제국의 중심지로 이주했다.

▌사자 굴에 던져진 다니엘

다니엘이 든 굴에 가까이 이르러서 슬피 소리 질러 다니엘에게 묻되 살아 계시는 하나님의 종 다니엘아 네가 항상 섬기는 네 하나님이 사자들에게서 능히 너를 구원하셨느냐 하니라
-다니엘 6장 20절

종교적인 의무를 중시했던 경건한 소수의 이스라엘 백성만이 고향을 향한 장기간의 사막 여행길에 올랐다. 이제 그들은 예루살렘의 폐허 위에 새 국가를 만들고, 이방족의 영향에서 벗어나 오로지 하나님만을 경배하고자 했다. 선지자 다니엘이 팔레스타인으로 돌아온 유대인들의 지도자가 되었다면 아주 좋았을 것이다. 그러나 다니엘은 너무 늙어서 고향으로 떠날 수가 없었다. 페르시아 사람들은 그에게 친절했고, 그의 지위도 유지해 주었다.

다니엘은 한동안 왕에게 복종하지 않았다는 혐의를 받기도 했다. 그것은 왕이 한 달 동안 어떠한 신이나 사람에게 절대로 기도나 기원을 하지 말라는 칙령을 내렸는데도, 그는 여전히 하나님께 기도했기 때문이었다. 그 결과 그는 사형을 언도받아 사자 굴에 던져졌다. 하지만 사자들은 고귀한 다니엘을 잡아먹으려고 하지 않았다. 다음 날 아침에 다니엘은 긁힌 자국 하나 없이 걸어 나왔고, 그 후 그는 평화로이 살 수 있었다.

그가 너무 늙어 여행할 수 없게 되자, 페르시아 인들은 재정립된 유다

사자 굴 속의 다니엘_다니엘은 키루스 왕의 명령을 어겨 사자 굴 속에 갇히지만, 사자들은 다니엘의 손끝 하나도 건드리지 않았다. **루벤스의 작품.**

지역을 다스릴 후보자를 물색했다. 그들은 유다 왕국의 왕들과 먼 친척 관계인 스룹바벨을 지도자로 선택했고, 그는 예루살렘으로 건너가 대제 사장 여호수아와 함께 재건 작업에 착수했다.

　그러나 그건 쉬운 일이 아니었다. 도시 전체를 재건축해야 했는데, 그 지역 대부분은 이미 사마리아의 무단 거주자에 의해 농장과 초원으로 변해 있었다. 물론 그들은 재산 몰수를 거부했으며, 새로 전입한 유대인들이 힘들고 불편하게 살도록 만들었다. 그들은 사원을 짓는 일을 할 수 없다고도 했다.

　양심을 품은 사마리아인들은 성전 공사가 끝나자마자 유다를 독립 왕국으로 만들려는 반란이 있으리라는 비밀스러운 정보를 키루스 왕에게

성전 건축 의식을 치르는 이스라엘 백성_바빌론에서 돌아온 이스라엘 백성들이 하나님의 성전을 재건축하는 장면으로, 사마리아의 총독 닷나이가 문제 제기를 한다.

밀고했다. 그러나 키루스는 매우 바빠서 이스라엘 백성의 항거 같은 사소한 일에는 신경 쓸 여력이 없었다. 그래서 키루스 왕은 경고의 조치로써 고발 내용이 조사될 때까지 신전 건축을 중단하라는 명령을 내렸다. 얼마 후 키루스 왕은 죽었고, 이 문제는 잊혀졌다. 그리하여 몇 년이 지나자 반쯤 지어진 예루살렘 성전의 벽에는 잡초만 무성했다.

그때 선지자 학개가 나타나 스룹바벨의 태만과 소심함을 비난하였고, 왕의 허락과는 상관없이 공사를 진행하라고 촉구했다. 격려가 필요했던 스룹바벨은 그렇게 하겠다고 약속하였으며, 이스라엘 백성들에게 공사를 진행할 것을 명령했다. 그러다가 사마리아 총독 닷나이와 마찰이 생겼다. 닷나이는 점점 더 요새화되고 있는 것처럼 보이는 하나님의 성전을 무슨 권리로 짓느냐고 물었다. 이에 스룹바벨은 몇 년 전 키루스 왕에게 허락을 받았다고 대답했다. 총독인 닷나이는 즉시 이를 본국에 알렸다.

그때 키루스 왕을 계승한 감비스가 죽었기 때문에 그 뒤를 잇게 된 다리우스가 키루스의 칙령 문서를 찾으라고 명했다. 사건이 점점 복잡해지고 있을 때 다행히 키루스의 원래 칙령이 발견되었다. 이에 닷나이는 반대를 철회했으며, 다리우스의 허락을 얻어 4년 후에는 성전이 완성되었다.

유대인들이 조금씩 고향으로 돌아왔지만, 여전히 대부분의 유대인들은 이집트와 바빌로니아, 페르시아의 상업 중심지에 살고 있었다. 그들은 사정이 허락될 때마다 성스러운 도시의 성벽 안에서 종교의식을 치렀다.

사마리아 총독 닷나이의 보고를 받는 다리우스_다리우스는 닷나이의 보고를 받고 키루스 왕의 문서를 찾으라고 하였고, 키루스의 칙령이 발견되자 유대인이 성전을 짓는 것을 허락하게 된다.

제9장

에스더

〈에스더〉는 에스더라는 이름을 가진 이스라엘 여성과 그 사촌 모르드개가 바사 왕 아하수에로의 수상 하만이 바사 제국에 살고 있던 모든 이스라엘 민족을 살육하고자 세웠던 사악한 책략을 어떻게 좌절시켰는지를 들려주는 이야기이다. 〈에스더〉가 전해주는 메시지는 명백하다. 어떠한 절대 군주라도 하나님의 백성인 이스라엘을 멸절시킬 수 없다. 하나님께서는 모든 대적으로부터 하나님의 백성을 보호하시기 때문이다.

이스라엘 민족을 구한 에스더

에스더가 하닥에게 이르되 너는 모르드개에게 전하기를 왕의 신하들과 왕의 각 지방 백성이 다 알거니와 남녀를 막론하고 부름을 받지 아니하고 안뜰에 들어가서 왕에게 나가면 오직 죽이는 법이요 왕이 그 자에게 금 규를 내밀어야 살 것이라 이제 내가 부름을 입어 왕에게 나가지 못한 지가 이미 삼십 일이라 하라 하니라 그가 에스더의 말을 모르드개에게 전하매 모르드개가 그를 시켜 에스더에게 회답하되 너는 왕궁에 있으니 모든 유다인 중에 홀로 목숨을 건지리라 생각하지 말라 이 때에 네가 만일 잠잠하여 말이 없으면 유다인은 다른 데로 말미암아 놓임과 구원을 얻으려니와 너와 네 아버지 집은 멸망하리라 네가 왕후의 자리를 얻은 것이 이 때를 위함이 아닌지 누가 알겠느냐 하니 에스더가 모르드개에게 회답하여 이르되 당신은 가서 수산에 있는 유다인을 다 모으고 나를 위하여 금식하되 밤낮 삼 일을 먹지도 말고 마시지도 마소서 나도 나의 시녀와 더불어 이렇게 금식한 후에 규례를 어기고 왕에게 나아가리니 죽으면 죽으리이다 하니라

─에스더 4장 10~16절

하나님의 전적인 은혜로 이스라엘 백성들이 고향 땅으로 되돌아갔다. 모두 3차에 걸친 대이동이었다. 하지만 여전히 수많은 이스라엘 백성들이 페르시아에 살고 있었다. 다리오에 이어 바사의 왕이 된 아하수에로는 자신의 힘을 널리 알리기 위해 성대한 잔치를 열었다.

그때 왕비 와스디도 잔치를 열고 있었다. 이 사실을 안 아하수에로는 크게 분노했다. 자신의 체면을 와스디가 생각하지 않았다고 생각한 것이다. 이에 아하수에로는 즉시 박사들을 불러서 물었다. 그리고 와스디를 궁 밖으로 내쫓고 새 왕비 후보를 물색한 끝에 에스더를 간택하게 되었다.

에스더와 모르드개_모르드개는 왕비 에스더의 사촌으로 유일한 친척이었다. **에르트 드 겔더의 작품.**

　　그녀는 이스라엘 출신의 소녀였는데, 사회적 지위가 있고 왕궁에서 평판이 좋았던 사촌 모르드개의 집에서 살고 있었다.

　　어느 날 모르드개는 왕비를 만나려고 대기실에 있다가 우연히 두 사람이 왕을 죽일 음모를 이야기하는 것을 엿듣게 되었다. 그는 왕비 에스더에게 이를 알려주었고, 다시 에스더는 아하수에로 왕에게 고했다. 그리하여 두 사람은 체포되어 사형되었지만, 모르드개는 왕의 목숨을 구해주고도 아무 보상을 받지 못했다.

그러나 그는 개의치 않았다. 유복하여 돈이 필요하지 않은 데다 왕비의 후견인으로서 많은 명예를 얻고 있었고, 현재의 위치가 만족스러웠기 때문이었다.

당시 하만이 아하수에로 왕의 신임을 두텁게 얻어 바사의 총리로 있었다. 이스라엘의 오랜 적인 아말렉 출신이었던 하만은 이스라엘 사람인 모르드개를 경멸했다. 하만은 모르드개가 먼저 자신에

왕비로 간택되는 에스더_이스라엘 여인인 에스더는 아하수에로 왕의 간택을 받아 페르시아 제국의 왕비가 된다. **에드윈 롱의 작품.**

게 인사해야 한다고 주장했으나 모르드개는 이를 거부했다.

결국 이 문제는 아하수에로 왕에게까지 올라갔지만, 왕은 귀찮아할 따름이었다. 그때부터 이 두 사람은 서로 증오하기 시작했다. 이스라엘 민족에게 하만은 큰 적이었다. 그는 아하수에로 왕을 통해서 이스라엘 출신 모두를 의심하게 만들었다. 그는 유대인들의 부유한 가옥과 뚜렷한 성공을 지적했다. 실제로는 이스라엘 백성들 대부분이 빈민굴에 살고 있던 것을 알지 못했던 왕은 그의 이야기를 모두 믿었다.

그러자 하만은 이를 믿고 있던 아하수에로 왕에게 나라 안의 모든 이스라엘 민족을 죽이라는 칙령에 서명하도록 만들었다. 그리고 하만 자신이 이 끔찍한 법의 집행을 맡았다. 비열한 사람답게 그는 조금씩 신중하게 그 일을 진행하였다.

하만은 하나님을 믿는 사람들을 죽이는 데 가장 좋은 시기를 선택하기 위해 제비뽑기를 했다. 이렇게 2월이 선택되었으며 하만은 높은 언덕 위에 교수대를 세워 모르드개가 모든 이스라엘 민족들 위에 올라갈 수 있도록 만들었다.

하만의 음모를 밝히는 에스더_에스더가 하만을 가리키며 그의 음모를 고발하는 장면이다. **어니스트 노르망디의 작품.**

그러나 이 음모는 너무나 복잡해서 오랫동안 비밀로 남아 있을 수 없었고, 그 실체가 드러났다. 모르드개의 급박한 요청을 받은 에스더가 왕인 남편 앞에 알리지도 않고 그 앞에 나타나 자기 백성들을 살려 달라고 부탁했다.

아하수에로 왕은 처음에는 몹시 화를 냈지만, 곧 모르드개가 자신의 목숨을 살려주었던 것을 기억했다. 그리고 여러 증거를 통해 하만이 자신의 복수심으로 그런 행동을 했다는 것을 알게 되었다. 하만의 음모 계획이 자세하게 드러나자 유대인들은 큰 위험에서 벗어나게 되었다. 그리고 모르드개는 처형 직전에 살아나게 되었다. 또한, 하만은 자신이 모르드개의 목을 매달려고 했던 그 언덕 꼭대기에서 형벌을 받았다.

하만의 실패와 이스라엘 민족의 구원 이야기는 이후 '부림절'까지 이어졌다. 이스라엘 민족은 하나님께 감사를 올렸고, 이 중요한 사건을 영원히 기억하기로 결심했다. 부림절에 이스라엘 사람들은 잔치를 열어 즐기면서 동시에 가난한 자를 구제해야 했다.

1.성경의 기본적인 구조

〈성경〉은 1600년 간에 걸쳐 40명의 저자에 의해 완성된 하나님의 말씀이다. 〈성경〉은 통일성을 갖고 있으며, 이는 인간의 이성과 경험을 넘어서는 하나님의 계획을 알려 주고 있다.

이런 〈성경〉이 쓰인 목적은 크게 두 가지이다.

첫째, 하나님께서 당신의 뜻을 인간에게 제시해 주신 '하나님의 말씀'이다.

둘째, 기독교인의 신앙과 생활의 규범으로, 새 생명과 구원의 길을 제시한다,

그러므로 성경의 어느 한 구절도 중요하지 않은 것이 없으며, 전 세계 거의 모든 언어로 번역되어 널리 읽히고 있는 '인류의 고전'이다. 즉 〈성경〉을 읽어 보지 않고서는 인생과 역사, 과거와 현재, 그리고 미래를 이야기할 수 없다.

현재 우리가 읽는 〈성경〉은 15세기 독일 활판인쇄술의 창시자인 요하네스 구텐베르크(Johannes Gutenberg)가 출판했다. 라틴어 역(譯)으로, '36행 성경'과 '42행 성경'이 있다. 1760년 마지랭 추기경의 문고에서 발견되었기 때문에 〈마지랭 성경〉이라고도 부른다. 〈구텐베르크 성경〉은 2001년 세계 유산으로 지정되었다.

구텐베르크 성경(Gutenberg Bibel)_ 1460년경에 출판된 성경으로, 이전 필경사들이 성경을 베껴 쓰던 것과 다르게 성경 인쇄로 성경 보급에 크게 이바지했다. 또한, 구텐베르크의 인쇄술은 전 유럽에 보급되어 종교개혁과 산업혁명은 물론 모든 사람이 공유할 수 있는 지식 전달의 수단이 되었다.

◆ 〈성경〉은 총 66권으로, 구약 39권과 신약 27권으로 구성되었다.

구약 39권	
율법서(모세오경 5권)	창세기, 출애굽기, 레위기, 민수기, 신명기
역사서(12권)	여호수아, 사사기, 룻기, 사무엘상/하, 열왕기상/하, 역대상/하, 에스라, 느헤미야, 에스더
시가서(5권)	욥기, 시편, 잠언, 전도서, 아가
예언서(17권)	이사야, 예레미야, 예레미야애가, 에스겔, 다니엘, 호세아, 요엘, 아모스, 오바댜, 요나, 미가, 나훔, 하박국, 스바냐, 학개, 스가랴, 말라기

신약 27권		
복음서(4권)		마태복음, 마가복음, 누가복음, 요한복음
역사서		사도행전
서신서(21권)	**바울서신**(13권)	로마서, 고린도전/후서, 갈라디아서, 에베소서, 빌립보서, 골로새서, 데살로니가전/후서, 디모데전/후서, 디도서, 빌레몬서
	일반서신(8권)	히브리서, 야고보서, 베드로전/후서, 요한1/2/3서, 유다서
예언서		요한계시록

2. 성경의 시대적인 분류

〈성경〉은 기독교의 핵심으로, 신학(新學)과 신앙(信仰)은 모두 성경을 기본으로 한다. 그러나 〈성경〉을 읽을 때 연대기(年代記, 연대순으로 주요한 역사적 사실들을 적은 글)가 섞여 있어서 쉽게 이해가 되지 않는 부분도 있다. 〈성경〉을 시대적으로 읽으면 성경 이야기의 흐름을 알 수 있어서 더욱 재미있게 〈성경〉을 읽을 수 있다.

다음은 구약 성경과 신약 성경을 시대적으로 구분한 표이다.

시대		기간(연대)	관련 성경	주요 인물
창조시대(창세~아브라함)			창세기 1~11장	아담, 노아
족장시대		약 350년	창세기 12~50장, 욥기	아브라함, 이삭, 야곱
출애굽시대		약 40년	출애굽기, 레위기, 민수기, 신명기	모세
가나안 정복시대		약 16년	여호수아	여호수아
사사시대		약 350년(~BC 930)	사사기, 룻기, 사무엘상 1~7장	기드온, 삼손, 룻
분열왕국시대	북이스라엘	약 200년(~BC 722)	열왕기상 12~22장, 열왕기하 1~17장, 호세아, 아모스, 요나	엘리야, 엘리사, 히스기야, 이사야
	남유다	약 350년(~BC 586)	역대하 10~35장, 열왕기하 18~25장, 아모스, 미가, 이사야, 나훔, 스바냐	
포로시대		70년(~BC 536)	에스겔, 다니엘	예레미야, 에스겔, 다니엘
포로 귀환/회복시대		약100년(~BC 432)	스가랴, 학개, 에스더, 에스라, 느헤미야, 말라기	에스라, 느헤미야

침묵시대(신/구약 중간기)		약 400년(~BC2) ★		
예수님 시대	예수님 사생애	30년(~28 가을)	마태복음, 마가복음, 누가복음, 요한복음	예수님과 제자들
	예수님 공생애	3.5년(32 봄)		
성령시대(예수님 이후)			사도행전, 서신서 21권, 요한계시록	바울과 제자들

★현재 국제적으로 사용하는 기원전(B.C./Before Christ, 그리스도 이전)을 처음 정한 것은 예수 그리스도 탄생 약 500년 후 경이다. 기독교 신학자이자 로마의 수도원장인 디오니시우스엑시구스(Dionysius Exiguus)가 부활절의 날짜를 계산하는 과정에서 예수 그리스도의 탄생을 기준으로 연도를 계산하였다.

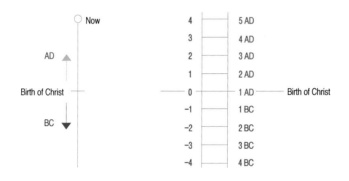

▶BC와 AD의 차이

예수 그리스도의 탄생을 기점으로, 기원전(BC)은 1년씩 거슬러 올라가고, 기원후(AD/anno Domini, 라틴어로 '우리 주님의 해)는 1년씩 더한다. 그러나 디오니시우스엑시구스가 조사과정에서 연도를 잘못 계산하였다는 주장도 있으며, 현재의 연도 표기법(BC)을 기준으로 실제 예수 탄생을 BC 2년, 또는 BC 4년, BC 6년으로 보기도 한다.

한눈에 명화로 보는

구약 성경

초판 1쇄 인쇄 | 2020년 12월 10일
중판 1쇄 발행 | 2023년 4월 15일

지 은 이 | 이선종
펴 낸 이 | 박효완
기　　획 | 마창현
편　　집 | 김주영
책임주간 | 권희중
책임디자인 | 김성진
마 케 팅 | 신용천
물류지원 | 오경수

발 행 처 | 아이템하우스
출판등록번호 | 제2001-000315호
출판등록 | 2001년 8월 7일

주　　소 | 서울 마포구 동교로 12길 12
전　　화 | 02-332-4337
팩　　스 | 02-3141-4347
이 메 일 | itembooks@nate.com

ISBN 979-11-5777-123-3

■ 파본이나 잘못된 책은 구입하신 곳에서 바꿔드립니다.
■ 이 책의 본문 성경 말씀은 대한성서공회 개역 개정판을 따릅니다.
■ 인명, 지명 등의 영문은 일반적으로 통용되는 표기를 따릅니다

이 도서의 국립중앙도서관 출판예정도서목록(CIP)은 서지정보유통지원시스템 홈페이지(http://seoji.nl.go.kr)와
국가자료공동목록시스템(http://www.nl.go.kr/kolisnet)에서 이용하실 수 있습니다.(CIP제어번호 : 2020046414)

"성경은 무한하고, 고귀한 지식과
덕(德)을 간직한 거대한 광산이다."
　　　　- 존 퀸시 애덤스(John Quincy Adams)

"성경을 깊이 연구하는 것이
모든 사람의 교양 교육이 된다."
– 프랭클린 루스벨트(Franklin D. Roosevelt)

"무엇이나 먼저 하나님께 구하는 일 없이
사람에게 구해서는 안 된다."

– 칼 힐티(Carl Hilty)

"하나님을 구하지 아니하는 사람의 눈에는
하나님이 존재하지 않는다."
– 레오 톨스토이(Leo Tolstoy)